I 32
a. 13?.
c.

HISTOIRE
DE
LA RÉVOLUTION.
FRANÇAISE.

TOME V.

TYPOGRAPHIE DE FIRMIN DIDOT FRÈRES,
RUE JACOB, N° 24.

HISTOIRE
DE
LA RÉVOLUTION
FRANÇAISE,

PAR M. A. THIERS,
DE L'ACADÉMIE FRANÇAISE, MINISTRE ET DÉPUTÉ.

TOME CINQUIÈME.

Quatrième Edition.

PARIS,
CHEZ LECOINTE, ÉDITEUR,
QUAI DES AUGUSTINS, Nº 49.

MDCCC XXXIV.

HISTOIRE
DE
LA RÉVOLUTION
FRANÇAISE.

CHAPITRE PREMIER

Projets des jacobins après le 31 mai. — Renouvellement des comités et du ministère. — Dispositions des départements après le 31 mai. Les girondins proscrits vont les soulever contre la convention. — Décrets de la convention contre les départements insurgés. — Assemblées et armées insurrectionnelles en Bretagne et en Normandie. — Événements militaires sur le Rhin et au Nord. Envahissement des frontières de l'Est par les coalisés ; retraite de Custine. Siège de Mayence par les Prussiens. — Échecs de l'armée des Alpes. Situation de l'armée des Pyrénées. — Les Vendéens s'emparent de Fontenay et de Saumur. — Dangers imminents de la république à l'intérieur et à l'extérieur. — Travaux administratifs de la convention; constitution de 1793. — Échecs des insurgés fédéralistes à Évreux. — Défaite des Vendéens devant Nantes. — Victoire contre les Espagnols dans le Roussillon. — Marat est assassiné par Charlotte Corday; honneurs funèbres rendus à sa mémoire; jugement et exécution de Charlotte Corday.

Le décret rendu le 2 juin contre les vingt-deux députés du côté droit, et contre les membres de la commission des *douze*, portait qu'ils seraient détenus chez eux, et gardés à vue par des gendarmes. Quelques-uns se soumirent volontairement à ce décret, et se constituèrent en état d'arrestation, pour faire preuve d'obéissance à la loi, et pour provoquer un jugement qui démontrât leur innocence. Gensonné, Valazé, pouvaient très-facilement se soustraire à la surveillance de leurs gardiens, mais ils se refusèrent constamment à chercher leur salut dans la fuite. Ils restèrent prisonniers avec leurs collègues Guadet, Pétion, Vergniaud, Biroteau, Gardien, Boileau, Bertrand, Mollevaut et Gommaire. Quelques autres, ne croyant devoir aucune obéissance à une loi arrachée par la force, et n'espérant aucune justice, s'éloignèrent de Paris, ou s'y cachèrent en attendant de pouvoir en sortir. Leur projet était de se rendre dans les départements, pour exciter un soulèvement contre la capitale. Ceux qui prirent cette résolution étaient Brissot, Gorsas, Salles, Louvet, Chambon, Buzot, Lydon, Rabaut Saint-Étienne, Lasource, Grangeneuve, Lesage, Vigée, Larivière, et Bergoing. Les deux ministres Lebrun et Clavière, destitués immédiatement après le 2 juin, furent frappés d'un mandat d'arrêt par la commune. Lebrun parvint à s'y soustraire. La même mesure fut prise contre Roland, qui, démissionnaire depuis le 21 janvier, demandait en vain à rendre ses comptes. Il échappa aux recherches de la commune, et alla se cacher à Rouen. Madame Roland, poursuivie aussi, ne songea qu'à favoriser l'évasion de son mari; remettant ensuite sa fille aux mains d'un ami sûr, elle se livra avec une noble indifférence au comité de sa section, et fut jetée dans les prisons avec une multitude d'autres victimes du 31 mai.

La joie était grande aux Jacobins. On s'y félicitait de l'énergie du peuple, de sa belle conduite dans les dernières journées, et du renversement de tous les obstacles que le côté droit n'avait cessé d'opposer à la marche de la révolution. On convint en même temps, comme c'était l'usage après tous les grands événements, de la manière dont on présenterait la dernière insurrection. — Le peuple, dit

Robespierre, a confondu tous ses calomniateurs par sa conduite. Quatre-vingt mille hommes ont été debout pendant près d'une semaine, sans qu'une propriété ait été violée, sans qu'une goutte de sang ait été répandue, et ils ont fait voir par là si leur but était, comme on le disait, de profiter du désordre pour se livrer au meurtre et au pillage. Leur insurrection a été spontanée, parce qu'elle était l'effet de la conviction générale; et la Montagne elle-même, faible, étonnée en voyant ce mouvement, a prouvé qu'elle n'avait pas concouru à le produire. Ainsi cette insurrection a été *toute morale* et toute populaire.

C'était là tout à la fois donner une couleur favorable à l'insurrection, adresser une censure indirecte à la Montagne, qui avait montré quelque hésitation le 2 juin, repousser le reproche de conspiration adressé aux meneurs du côté gauche, et flatter agréablement le parti populaire qui avait tout fait, et si bien, par lui-même. Après cette interprétation, reçue avec acclamation par les jacobins, et depuis répétée par tous les échos du parti victorieux, on se hâta de demander compte à Marat d'un mot qui faisait beaucoup de bruit. Marat, qui ne trouvait jamais qu'un moyen de terminer les hésitations révolutionnaires, la dictature, Marat, voyant qu'on tergiversait encore le 2 juin, avait répété, ce jour-là comme tous les autres : *Il nous faut un chef*. Sommé d'expliquer ce propos, il le justifia à sa manière, et les jacobins s'en contentèrent bien vite, satisfaits d'avoir prouvé leurs scrupules et la sévérité de leurs principes républicains. On présenta aussi quelques observations sur la tiédeur de Danton, qui semblait s'être amolli depuis la suppression de la commission des douze, et dont l'énergie, soutenue jusqu'au 31 mai, n'était pas allée jusqu'au 2 juin. Danton était absent; Camille Desmoulins, son ami, le défendit chaudement, et on se hâta de mettre fin à cette explication, par ménagement pour un personnage aussi important, et pour éviter des discussions trop délicates; car, bien que l'insurrection fût consommée, elle était loin d'être universellement approuvée dans le parti victorieux. On savait en effet que le comité de salut public, et beaucoup de montagnards, avaient vu avec effroi ce coup d'état populaire. La chose faite, il fallait en profiter, sans la remettre en discussion. On s'occupa donc aussitôt d'user promptement et utilement de la victoire.

Il y avait pour cela différentes mesures à prendre. Renouveler les comités où s'étaient placés tous les partisans du côté droit, s'emparer par les comités de la direction des affaires, changer les ministres, surveiller la correspondance, arrêter à la poste les écrits dangereux, ne laisser arriver dans les provinces que les écrits reconnus utiles (car, disait Robespierre, la liberté de la presse doit être entière, sans doute, mais ne pas être employée à perdre la liberté), former sur-le-champ l'armée révolutionnaire dont l'institution avait été décrétée, et dont l'intervention était indispensable pour faire exécuter à l'intérieur les décrets de la convention, effectuer l'emprunt forcé d'un milliard sur les riches : tels furent les moyens proposés et adoptés unanimement par les jacobins. Mais une mesure dernière fut jugée plus nécessaire encore que toutes les autres, c'était la rédaction, sous huit jours, de la constitution républicaine. Il importait de prouver que l'opposition des girondins avait seule empêché l'accomplissement de cette grande tâche, de rassurer la France par de bonnes lois, et de lui présenter un pacte d'union autour duquel elle pût se rallier tout entière. Tel fut le vœu émis à la fois par les jacobins, les cordeliers, les sections et la commune.

La convention, docile à ce vœu irrésistible

et répété sous tant de formes, renouvela tous ses comités de sûreté générale, des finances, de la guerre, de législation, etc. Le comité de salut public, déja chargé de trop d'affaires, et qui n'était point encore assez suspect pour qu'on osât en destituer brusquement tous les membres, fut seul maintenu. Lebrun fut remplacé aux relations extérieures par Deforgues, et Clavière aux finances par Destournelles. On regarda comme non avenu le projet de constitution présenté par Condorcet, d'après les vues des girondins; le comité de salut public dut en présenter un autre sous huit jours. On lui adjoignit cinq membres pour ce travail. Enfin il reçut ordre de préparer un mode d'exécution pour l'emprunt forcé, et un projet d'organisation pour l'armée révolutionnaire.

Les séances de la convention avaient un aspect tout nouveau depuis le 31 mai. Elles étaient silencieuses, et presque tous les décrets étaient adoptés sans discussion. Le côté droit et une partie du centre ne votaient plus; ils semblaient protester par leur silence contre toutes les décisions prises depuis le 2 juin, et attendre les nouvelles des départements. Marat avait cru devoir par justice se suspendre lui-même, jusqu'à ce que ses adversaires les girondins fussent jugés. En attendant, il renonçait, disait-il, à ses fonctions, et se bornait à éclairer la convention dans sa feuille. Les deux députés Doulcet et Fonfrède de Bordeaux rompirent seuls le silence de l'assemblée. Doulcet dénonça le comité d'insurrection, qui n'avait pas cessé de se réunir à l'Évêché, et qui, arrêtant les paquets à la poste, les décachetait, et les renvoyait décachetés à leur adresse, avec son timbre, portant ces mots : *Révolution du 31 mai*. La convention passa à l'ordre du jour. Fonfrède, membre de la commission des douze, mais excepté du décret d'arrestation, parce qu'il s'était opposé aux mesures de cette commission, Fonfrède monta à la tribune, et demanda l'exécution du décret qui ordonnait sous trois jours le rapport sur les détenus. Cette réclamation excita quelque tumulte. — « Il faut, dit Fonfrède, prouver au plus tôt l'innocence de nos collègues. Je ne suis resté ici que pour les défendre, et je vous déclare qu'une force armée s'avance de Bordeaux pour venger les attentats commis contre eux. » — De grands cris s'élevèrent à ces paroles, l'ordre du jour repoussa la proposition de Fonfrède, et on retomba aussitôt dans un silence profond. — Ce sont, dirent les jacobins, *les derniers cris des crapauds du marais*.

La menace faite par Fonfrède du haut de la

tribune n'était point vaine, et non seulement les Bordelais, mais les habitants de presque tous les départements étaient prêts à prendre les armes contre la convention. Leur mécontentement datait de plus loin que le 2 juin; il avait commencé avec les querelles entre les montagnards et les girondins. On doit se souvenir que, dans toute la France, les municipalités et les sections étaient divisées. Les partisans du système montagnard occupaient les municipalités et les clubs; les républicains modérés, qui, au milieu des crises de la révolution, voulaient conserver l'équité ordinaire, s'étaient tous retirés, au contraire, dans les sections. Déja la rupture avait éclaté dans plusieurs villes. A Marseille, les sections avaient dépouillé la municipalité de ses pouvoirs, pour les transporter à un *comité central*; elles avaient en outre institué de leur chef un tribunal populaire pour juger les patriotes accusés d'excès révolutionnaires. Les commissaires Bayle et Boisset cassèrent en vain ce comité et ce tribunal; leur autorité fut toujours méconnue, et les sections étaient restées en insurrection permanente contre la révolution. A Lyon, il y avait eu un combat sanglant. Il s'agissait de savoir si un arrêté municipal, portant l'institution d'une armée révolutionnaire et d'une taxe de guerre sur les riches, serait exécuté. Les sections qui s'y refusaient s'étaient déclarées en permanence : la municipalité avait voulu les dissoudre ; mais, aidées du directoire de département, elles avaient résisté. Le 29 mai, on en était venu aux mains, malgré la présence des deux commissaires de la convention, qui firent de vains efforts pour empêcher le combat. Les sections victorieuses, après avoir pris d'assaut l'arsenal et l'hôtel-de-ville, avaient destitué la municipalité, fermé le club jacobin, où Chalier excitait les plus grands orages, et s'étaient emparées de la souveraineté de Lyon. Il y avait eu quelques centaines de morts dans ce combat. Les représentants Nioche et Gauthier restèrent détenus tout un jour ; délivrés ensuite, ils se retirèrent auprès de leurs collègues Albite et Dubois-Crancé, qui, comme eux, avaient une mission pour l'armée des Alpes.

Telle était la situation de Lyon et du Midi dans les derniers jours de mai. Bordeaux n'offrait pas un aspect plus rassurant. Cette ville, avec toutes celles de l'Ouest, de la Bretagne et de la Normandie, attendait pour agir que les menaces, si long-temps répétées contre les députés des provinces, fussent réalisées. C'est dans ces dispositions que les départements apprirent les événements de la fin de mai. La journée du 27, où la commission des douze avait été supprimée une première fois, causa déjà beaucoup d'irritation, et de toutes parts il fut question de prendre des arrêtés improbateurs de ce qui se passait à Paris. Mais le 31 mai, le 2 juin, mirent le comble à l'indignation. La renommée, qui grossit toute chose, exagéra les faits. On répandit que trente-deux députés avaient été massacrés par la commune; que les caisses publiques étaient livrées au pillage; que les brigands de Paris s'étaient emparés du pouvoir, et allaient le transmettre ou à l'étranger, ou à Marat, ou à Orléans. On s'assembla pour faire des pétitions, et pour se disposer à prendre les armes contre la capitale. Dans ce moment les députés fugitifs vinrent rapporter eux-mêmes ce qui s'était passé, et donner plus de consistance aux mouvements qui éclataient de toutes parts.

Outre ceux qui s'étaient déjà évadés, plusieurs échappèrent encore aux gendarmes; d'autres même quittèrent l'assemblée pour aller fomenter l'insurrection. Gensonné, Valazé, Vergniaud, s'obstinèrent à demeurer, disant que, s'il était bon qu'une partie d'entre eux allât réveiller le zèle des départements, il était utile aussi que les autres restassent en otages dans les mains de leurs ennemis, pour y faire éclater par un procès, et au péril de leur tête, l'innocence de tous. Buzot, qui n'avait jamais voulu se soumettre au décret du 2 juin, se transporta dans son département de l'Eure, pour y exciter un mouvement parmi les Normands; Gorsas l'y suivit dans la même intention. Brissot se rendit à Moulins. Meilhan, qui n'était point arrêté, mais qui avait donné asile à ses collègues dans les nuits du 31 mai au 2 juin, Duchâtel, que les montagnards appelaient le revenant du 21 janvier, parce qu'il était sorti de son lit pour voter en faveur de Louis XVI, quittèrent la convention pour aller remuer la Bretagne. Biroteau échappa aux gendarmes, et alla avec Chasset diriger les mouvements des Lyonnais. Rebecqui, devançant Barbaroux, qui était encore retenu, se rendit dans les Bouches-du-Rhône. Rabaut Saint-Étienne accourut à Nîmes, pour faire concourir le Languedoc au mouvement général contre les oppresseurs de la convention.

Dès le 13 juin, le département de l'Eure s'assembla, et donna le premier signal de l'insurrection. La convention, disait-il, n'étant plus libre, et le devoir de tous les citoyens étant de lui rendre la liberté, il arrêtait qu'une force de quatre mille hommes serait levée pour marcher sur Paris, et que des commissaires envoyés à tous les départements voisins, iraient les engager à imiter leur exemple, et à concerter leurs opérations. Le département du Calvados, séant à Caen, fit arrêter les deux députés, Rome et Prieur de la Côte-d'Or, envoyés par la convention pour presser l'organisation de l'armée des côtes de Cherbourg. Il fut convenu que les départements de la Normandie s'assembleraient extraordinairement à Caen pour se fédérer. Tous les départements de la Bretagne, tels que ceux des Côtes-du-Nord, du Finistère, du Morbihan, d'Ille-et-Vilaine, de la Mayenne, de la Loire-Inférieure, prirent des arrêtés semblables, et députèrent des commissaires à Rennes, pour y établir l'autorité centrale de la Bretagne. Les départements du bassin de la Loire, excepté ceux qui étaient occupés par les Vendéens, suivirent l'exemple général, et proposèrent même d'envoyer des commissaires à Bourges, d'y former une convention composée de deux députés de chaque département, et d'aller détruire la convention usurpatrice ou opprimée, siégeant à Paris.

A Bordeaux, la sensation fut extrêmement vive. Toutes les autorités constituées se réunirent en assemblée, dite *commission populaire de salut public*, déclarèrent que la convention n'était plus libre, et qu'il fallait lui rendre la liberté; en conséquence, elles arrêtèrent qu'une force armée serait levée sur-le-champ, et qu'en attendant, une pétition serait adressée à la convention nationale, pour qu'elle s'expliquât et fît connaître la vérité sur les journées de juin. Elles dépêchèrent ensuite des commissaires à tous les départements, pour les inviter à une coalition générale. Toulouse, ancienne ville parlementaire, où beaucoup de partisans de l'ancien régime se cachaient derrière les girondins, avait déja institué une force départementale de mille hommes. Ses administrations déclarèrent, en présence des commissaires envoyés à l'armée des Pyrénées, qu'elles ne reconnaissaient plus la convention: elles élargirent beaucoup d'individus emprisonnés, en firent incarcérer beaucoup d'autres accusés d'être montagnards, et annoncèrent ouvertement qu'elles étaient prêtes à se fédérer avec les départements du Midi. Les départements supérieurs du Tarn, de Lot-et-Garonne, de l'Aveyron, du Cantal, du Puy-de-Dôme, de l'Hérault, suivirent l'exemple de Toulouse et de Bordeaux. Nîmes se déclara en état de résistance; Marseille rédigea une pétition foudroyante, remit en activité son tribunal populaire, commença une procédure contre les *tueurs*, et prépara une force de six mille hommes. A Grenoble, les sections furent convoquées, et leurs présidents, réunis aux autorités constituées, s'emparèrent de tous les pouvoirs, envoyèrent des députés à Lyon, et voulaient faire arrêter Dubois-Crancé et Gauthier, commissaires de la convention à l'armée des Alpes. Le département de l'Ain adopta la même marche. Celui du Jura, qui avait déjà levé un corps de cavalerie et une force départementale de 800 hommes, protesta de son côté contre l'autorité de la convention. A Lyon enfin, où les sections régnaient en souveraines depuis le combat du 29 mai, on reçut et on envoya des députés pour se concerter avec Marseille, Bordeaux et Caen; on instruisit sur-le-champ une procédure contre Chalier, président du club jacobin, et contre plusieurs autres montagnards. Il ne restait donc sous l'autorité de la convention que les départements du Nord, et ceux qui composaient le bassin de la Seine. Les départements insurgés s'élevaient à soixante ou soixante-dix, et Paris devait, avec quinze ou vingt, résister à tous les autres, et continuer la guerre avec l'Europe.

A Paris, les avis étaient partagés sur les moyens à prendre dans ce péril. Les membres du comité de salut public, Cambon, Barrère,

Bréard, Treilhard, Mathieu, patriotes accrédités, quoiqu'ils eussent improuvé le 2 juin, auraient voulu qu'on employât les voies de conciliation. Il fallait, suivant eux, prouver la liberté de la convention par des mesures énergiques contre les agitateurs, et, au lieu d'irriter les départements par des décrets sévères, les ramener en leur montrant le danger d'une guerre civile en présence de l'étranger. Barrère proposa, au nom du comité de salut public, un projet de décret tout-à-fait conçu dans cet esprit. Dans ce projet, les comités révolutionnaires, qui s'étaient rendus si redoutables par leurs nombreuses arrestations, devaient être cassés dans toute la France, ou ramenés au but de leur institution, qui était la surveillance des étrangers suspects; les assemblées primaires devaient être réunies à Paris pour nommer un autre commandant de la force armée, à la place d'Henriot, qui était de la nomination des insurgés; enfin, trente députés devaient être envoyés aux départements comme otages. Ces mesures semblaient propres à calmer et à rassurer les départements. La suppression des comités révolutionnaires mettait un terme à l'inquisition exercée contre les suspects; le choix d'un bon commandant assurait l'ordre à Paris; les trente députés envoyés devaient servir à la fois d'otages et de conciliateurs. Mais la Montagne n'était pas du tout disposée à négocier. Usant avec hauteur de ce qu'elle appelait l'autorité nationale, elle repoussa tous les moyens de conciliation. Robespierre fit ajourner le projet du comité. Danton, élevant encore sa voix dans cette circonstance périlleuse, rappela les crises fameuses de la révolution, les dangers de septembre au moment de l'invasion de la Champagne et de la prise de Verdun; les dangers de janvier, avant que la condamnation du dernier roi fût décidée; enfin les dangers bien plus grands d'avril, alors que Dumouriez marchait sur Paris, et que la Vendée se soulevait. La révolution, suivant lui, avait surmonté tous ces périls; elle était sortie victorieuse de toutes ces crises, elle sortirait victorieuse encore de la dernière. « C'est au moment, s'écria-t-il, « d'une grande production que les corps po- « litiques, comme les corps physiques, pa- « raissent toujours menacés d'une destruction « prochaine. Eh bien! la foudre gronde, et c'est « au milieu de ses éclats que le grand œuvre, « qui établira le bonheur de vingt-quatre « millions d'hommes, sera produit. » Danton voulait que, par un décret commun à tous les départements, il leur fût enjoint de se rétracter vingt-quatre heures après sa réception, sous peine d'être mis hors la loi. La voix puissante de Danton, qui n'avait jamais retenti dans les grands périls sans ranimer les courages, produisit son effet accoutumé. La convention, quoiqu'elle n'adoptât pas exactement les mesures proposées, rendit néanmoins les décrets les plus énergiques. Premièrement, elle déclara, quant au 31 mai et au 2 juin, que le peuple de Paris, en s'insurgeant, avait bien mérité de la patrie[*]; que les députés, qui d'abord devaient être mis en arrestation chez eux, et dont quelques-uns s'étaient évadés, seraient transférés dans une maison de force, pour y être détenus comme les prisonniers ordinaires; qu'un appel de tous les députés serait fait, et que les absents sans commission ou sans autorisation, seraient déchus et remplacés par leurs suppléants; que les autorités départementales ou municipales ne pourraient ni se déplacer, ni se transporter d'un lieu dans un autre; qu'elles ne pourraient correspondre entre elles, et que tous commissaires envoyés de département à département, dans le but de se coaliser, devaient être saisis sur-le-champ par les bons citoyens, et envoyés à Paris sous

---

[*] Décret du 13 juin.

escorte. Après ces mesures générales, la convention cassa l'arrêté du département de l'Eure; elle mit en accusation les membres du département du Calvados, qui avaient arrêté deux de ses commissaires; elle se conduisit de même à l'égard de Buzot, instigateur de la révolte des Normands; elle fit partir deux députés, Mathieu et Treilhard, pour les départements de la Gironde, de la Dordogne, de Lot-et-Garonne, qui demandaient des explications avant de s'insurger. Elle manda les autorités de Toulouse, cassa le tribunal et le comité central de Marseille, décréta Barbaroux, et mit les patriotes incarcérés sous la sauvegarde de la loi. Enfin, elle envoya Robert Lindet à Lyon, pour y aller prendre connaissance des faits, et y faire un rapport sur l'état de cette ville.

Ces décrets, rendus successivement dans le courant de juin, ébranlèrent beaucoup de départements, peu habitués à lutter avec l'autorité centrale. Intimidés, incertains, ils résolurent d'attendre l'exemple que leur donneraient des départements plus puissants, ou plus engagés dans la querelle.

Les administrations de la Normandie, excitées par la présence des députés qui s'étaient joints à Buzot, tels que Barbaroux, Guadet,

Louvet, Salles, Pétion, Bergoing, Lesage, Cussy, Kervélégan, poursuivirent leurs premières démarches, et fixèrent à Caen le siége d'un comité central des départements. L'Eure, le Calvados, l'Orne, y envoyèrent des commissaires. Les départements de la Bretagne, qui s'étaient d'abord confédérés à Rennes, décidèrent qu'ils se joindraient à l'assemblée centrale de Caen, et qu'ils y dépêcheraient des députés. Le 30 juin, en effet, les envoyés du Morbihan, du Finistère, des Côtes-du-Nord, de la Mayenne, d'Ille-et-Vilaine, de la Loire-Inférieure, réunis à ceux du Calvados, de l'Eure et de l'Orne, se constituent en *assemblée centrale de résistance à l'oppression*, promettent de maintenir l'égalité, l'unité, l'indivisibilité de la république; mais jurent haine aux anarchistes, et s'engagent à n'employer leurs pouvoirs que pour assurer le respect des personnes, des propriétés et de la souveraineté du peuple. Après s'être ainsi constitués, ils décident qu'il sera fourni par chaque département des contingents destinés à composer une force armée suffisante pour aller à Paris rétablir la représentation nationale dans son intégrité. Félix Wimpffen, général de l'armée qui devait s'organiser le long des côtes de Cherbourg, est nommé commandant de l'armée départementale. Il accepte, et se revêt aussitôt du titre qu'il vient de recevoir. Mandé à Paris par le ministre de la guerre, il répond qu'il n'y a qu'un moyen de faire la paix, c'est de révoquer tous les décrets rendus depuis le 31 mai; qu'à ce prix les départements fraterniseront avec la capitale, mais que, dans le cas contraire, il ne peut aller à Paris qu'à la tête de soixante mille Normands et Bretons.

Le ministre, en même temps qu'il appelait Wimpffen à Paris, ordonnait au régiment des dragons de la Manche, stationné dans la Normandie, de partir sur-le-champ pour se rendre à Versailles. A cette nouvelle, tous les fédérés déjà rassemblés à Évreux se mirent en bataille; la garde nationale se joignit à eux, et on ferma aux dragons le chemin de Versailles. Ceux-ci, ne voulant pas en venir aux mains, promirent de ne pas partir, et fraternisèrent en apparence avec les fédérés. Les officiers écrivirent secrètement à Paris qu'ils ne pouvaient obéir sans commencer la guerre civile. On leur permit alors de rester.

L'assemblée de Caen décida que les bataillons bretons déjà arrivés seraient dirigés de Caen sur Évreux, rendez-vous général de toutes les forces. On expédia sur ce point des vivres, des armes, des munitions, des fonds pris dans les caisses publiques. On y envoya des officiers gagnés à la cause du fédéralisme, et beaucoup de royalistes cachés qui se jetaient dans tous les soulèvements, et prenaient le masque du républicanisme pour combattre la révolution. Parmi les contre-révolutionnaires de cette espèce était le nommé Puisaye, qui affichait un grand zèle pour la cause des girondins, et que Wimpffen, royaliste déguisé, nomma général de brigade, et chargea du commandement de l'avant-garde déjà réunie à Évreux. Cette avant-garde pouvait s'élever à cinq ou six mille hommes, et s'augmentait tous les jours de nouveaux contingents. Les braves Bretons accouraient de toutes parts, et annonçaient d'autres bataillons qui devaient les suivre en plus grand nombre. Une circonstance les empêchait de venir tous en masse, c'était la nécessité de garder les côtes de l'Océan contre les flottes anglaises, et d'envoyer des bataillons contre la Vendée, qui débordait déjà jusqu'à la Loire, et semblait prête à la franchir. Quoique les Bretons des campagnes fussent dévoués au clergé, ceux des villes étaient républicains sincères, et, tout en combattant Paris, ils n'en voulaient pas moins continuer une guerre opiniâtre contre la Vendée.

Telle était la situation des choses dans la Bretagne et la Normandie vers les premiers jours de juillet. Dans les départements voisins de la Loire, on s'était ralenti; des commissaires de la convention, qui se trouvaient alors sur les lieux pour diriger les nouvelles levées sur la Vendée, avaient engagé les administrateurs à attendre les événements avant de se compromettre davantage. Là, pour le moment, on ne songeait plus à envoyer des députés à Bourges, et on observait une grande réserve.

A Bordeaux, l'insurrection était permanente et énergique. Les députés Treilhard et Mathieu furent gardés à vue dès leur arrivée, et il fut question d'abord de les garder comme otages : cependant, sans en venir à cette extrémité, on les somma de comparaître devant la commission populaire, où les bourgeois, qui les regardaient comme des envoyés *maratistes*, les accueillirent assez mal. On les interrogea sur ce qui s'était passé à Paris; et, après les avoir entendus, la commission déclara que, d'après leur déposition même, la convention n'avait pas été libre au 2 juin, ne l'était plus depuis cette époque; qu'ils n'étaient eux-mêmes que les envoyés d'une assemblée sans caractère légal, et qu'en conséquence ils n'avaient qu'à sortir du département. Ils furent en effet reconduits sur les limites, et immédiatement après, on décréta à Bordeaux les mesures qui venaient d'être prises à Caen. On prépara des subsistances et des armes; on détourna les fonds publics, et une avant-garde fut portée à Langon, en attendant le corps principal qui devait partir sous peu de jours. Ceci se passait encore dans les derniers jours de juin et les premiers de juillet.

Les députés Mathieu et Treilhard, trouvant moins de résistance, et pouvant mieux se faire entendre dans les départements de la Dordogne, de la Vienne, de Lot-et-Garonne, parvinrent à calmer les esprits, et réussirent, par leur caractère conciliateur, à empêcher des mesures hostiles, et à gagner du temps dans l'intérêt de la convention. Mais dans les départements plus élevés, dans les montagnes de la Haute-Loire, et sur leur revers, dans l'Hérault, le Gard, sur tous les bords du Rhône, l'insurrection fut générale : le Gard et l'Hérault mirent leurs bataillons en marche, et les envoyèrent au Pont-Saint-Esprit, pour y occuper les passages du Rhône, et faire leur jonction avec les Marseillais qui devaient remonter ce fleuve. Les Marseillais, en effet, refusant d'obtempérer aux décrets de la convention, maintinrent leur tribunal, n'élargirent point les patriotes incarcérés, et firent même commencer les exécutions. Ils formèrent une armée de six mille hommes, qui s'avança d'Aix sur Avignon, et qui, se liant aux Languedociens réunis au Pont-Saint-Esprit, devait soulever dans sa marche les rives du Rhône, de l'Isère et de la Drôme, et se coaliser enfin avec les Lyonnais et avec les montagnards de l'Ain et du Jura. A Grenoble, les administrations fédéralisées luttaient contre Dubois-Crancé, et menaçaient même de l'arrêter. N'osant encore lever des troupes, elles avaient envoyé des députés pour fraterniser avec Lyon. Dubois-Crancé, avec l'armée désorganisée des Alpes, se trouvait au milieu d'une ville presque révoltée, qui lui disait chaque jour que le Midi pouvait se passer du Nord; il avait à garder la Savoie, où les illusions inspirées d'abord par la liberté et par la domination française étaient dissipées, où l'on se plaignait des levées d'hommes et des assignats, et où l'on ne comprenait rien à cette révolution si agitée et si différente de ce qu'on l'avait crue d'abord. Il avait sur ses côtés la Suisse, où les émigrés s'agitaient, et où Berne voulait de nouveau envoyer garnison à Genève; et sur ses derrières enfin Lyon, qui interceptait sa correspondance avec le comité de salut public.

A Lyon on avait reçu Robert Lindet; mais on avait prêté en sa présence même le serment fédéraliste : UNITÉ, INDIVISIBILITÉ DE LA RÉPUBLIQUE; HAINE AUX ANARCHISTES, ET REPRÉSENTATION NATIONALE TOUT ENTIÈRE. Loin d'envoyer à Paris les patriotes arrêtés, on avait continué les procédures commencées contre eux. Une nouvelle autorité, composée des députés des communes et des membres des corps constitués, s'était formée sous le titre de *Commission populaire et républicaine de salut public de Rhône-et-Loire*. Cette assemblée venait de décréter l'organisation d'une force départementale, pour se coaliser avec les frères du Jura, de l'Isère, des Bouches-du-Rhône, de la Gironde et du Calvados. Cette force était déjà toute prête; on avait décidé en outre la levée d'un subside; et là, comme dans tous les autres départements, on n'attendait plus qu'un signal pour se mettre en mouvement. Dans le Jura, dès qu'on apprit la nouvelle que les deux députés Bassal et Garnier de Troyes, envoyés pour rétablir l'obéissance envers la convention, avaient réuni à Dôle quinze cents hommes de troupes de ligne, plus de quatorze mille montagnards avaient pris les armes, et se disposaient à les envelopper.

Si l'on considère l'état de la France dans les

premiers jours de juillet 1793*, on verra qu'une colonne sortie de la Bretagne et de la Normandie, et portée jusqu'à Evreux, ne se trouvait qu'à quelques lieues de Paris; qu'une autre s'avançait de Bordeaux, et pouvait entraîner à sa suite tous les départements du bassin de la Loire, encore incertains; que six mille Marseillais, postés à Avignon, en attendant les Languedociens au Pont-Saint-Esprit, occupé déjà par huit cents Nîmois, étaient à portée de se réunir à Lyon avec tous les fédérés de Grenoble, de l'Ain et du Jura, pour fondre, à travers la Bourgogne, sur Paris. En attendant cette jonction générale, les fédéralistes prenaient tous les fonds dans les caisses, interceptaient les subsistances et les munitions envoyées aux armées, et remettaient en circulation les assignats rentrés par la vente des biens nationaux. Une circonstance remarquable, et qui caractérise bien l'esprit des partis, c'est que les deux factions s'adressaient les mêmes reproches, et s'attribuaient le même but. Le parti de Paris et de la Montagne imputait aux fédéralistes de vouloir perdre la république en la divisant, et de s'entendre avec

* Rapport de Cambon sur les travaux du comité de salut public, depuis le 10 avril jusqu'au 10 juillet.

les Anglais pour faire un roi, qui serait ou le duc d'Orléans, ou Louis XVII, ou le duc d'York. De son côté, le parti des départements et des fédéralistes accusait la Montagne de vouloir amener la contre-révolution par l'anarchie, et disait que Marat, Robespierre, Danton, étaient vendus à l'Angleterre ou à d'Orléans. Ainsi des deux côtés, c'était la république qu'on prétendait sauver, et la monarchie dont on croyait combattre le retour. Déplorable et ordinaire aveuglement des partis!

Mais ce n'était là qu'une portion des dangers de notre malheureuse patrie. L'ennemi du dedans n'était à craindre qu'à cause de l'ennemi du dehors, devenu plus redoutable que jamais. Tandis que des armées de Français s'avançaient des provinces vers le centre, des armées d'étrangers entouraient de nouveau la France et la menaçaient d'une invasion presque inévitable. Depuis la bataille de Nerwinde et la défection de Dumouriez, une suite effrayante de revers nous avait fait perdre nos conquêtes et notre frontière du Nord. On se souvient que Dampierre, nommé général en chef, avait rallié l'armée sous les murs de Bouchain, et lui avait rendu là un peu d'ensemble et de courage. Heureusement pour la révolution, les coalisés, fidèles au plan méthodique arrêté au commencement de la campagne, ne voulaient percer sur aucun point, et ne devaient pénétrer en France que lorsque le roi de Prusse, après avoir pris Mayence, pourrait s'avancer dans le cœur de nos provinces. S'il s'était trouvé chez les généraux de la coalition un peu de génie ou un peu d'union, la cause de la révolution était perdue. Après Nerwinde et la défection de Dumouriez, ils auraient dû marcher en avant, ne laisser aucun repos à notre armée battue, divisée et trahie; et, soit qu'on la fît prisonnière, soit qu'on la rejetât dans les places fortes, nos campagnes restaient ouvertes à l'ennemi victorieux. Mais les alliés tinrent un congrès à Anvers pour régler les opérations ultérieures de la guerre. Le duc d'York, le prince de Cobourg, le prince d'Orange et divers généraux décidèrent entre eux ce qu'il convenait de faire. On résolut de prendre Condé et Valenciennes, pour donner à la maison d'Autriche de nouvelles places fortes dans les Pays-Bas, et de s'emparer de Dunkerque, pour assurer à l'Angleterre ce port si désiré sur le continent. Ces conventions faites, on recommença les opérations. Les Anglais, les Hollandais étaient arrivés en ligne. Le duc d'York commandait vingt mille Autrichiens et Hanovriens; le prince d'Orange quinze mille Hollandais; le prince de

Cobourg avait quarante-cinq mille Autrichiens et huit mille Hessois. Le prince de Hohenlohe occupait avec trente mille Autrichiens Namur et Luxembourg, et liait l'armée coalisée des Pays-Bas avec l'armée prussienne chargée du siége de Mayence. Ainsi quatre-vingt ou quatre-vingt-dix mille hommes menaçaient le Nord.

Déjà les coalisés faisaient le blocus de Condé, et la plus grande ambition du gouvernement français était de débloquer cette place. Dampierre, brave, mais se défiant de ses soldats, n'osait pas attaquer ces masses formidables. Cependant, pressé par les commissaires de la convention, il ramène notre armée au camp de Famars sous Valenciennes, et le 1er mai il attaque sur plusieurs colonnes les Autrichiens retranchés dans les bois de Vicogne et de Saint-Amant. Les combinaisons militaires étaient timides encore; former une masse, saisir le point faible de l'ennemi, et le frapper hardiment, était une tactique inconnue des deux partis. Dampierre se jette avec bravoure, mais en petites masses, sur un ennemi divisé lui-même, et qu'il eût été facile d'accabler sur un point; puni de sa faute, il est repoussé après un combat acharné. Le 9 mai il recommence l'attaque; il était moins divisé que la première fois, mais les ennemis avertis l'étaient moins aussi; et, tandis qu'il fait des efforts héroïques pour décider de la prise d'une redoute qui devait déterminer la jonction de deux de ses colonnes, il est atteint d'un boulet de canon, et blessé à mort. Le général Lamarche, revêtu du commandement provisoire, ordonne la retraite, et ramène l'armée dans le camp de Famars.

Le camp de Famars, situé sous les murs de Valenciennes, et lié à cette place, empêchait d'en faire le siége. Les coalisés résolurent de l'attaquer le 23 mai. Ils éparpillèrent leurs troupes, suivant leur méthode accoutumée, en dispersèrent inutilement une partie sur une foule de points que la prudence autrichienne voulait tous garder, et n'attaquèrent pas le camp avec toute la puissance qu'ils auraient pu déployer. Arrêtés une journée entière par l'artillerie, honneur de l'armée française, ils ne passèrent que vers le soir la Ronelle, qui défendait le front du camp. Lamarche décampa la nuit en bon ordre, et vint se poster au camp de César, qui se liait à la place de Bouchain, comme celui de Famars à Valenciennes. Ici encore il fallait nous poursuivre et nous disperser; mais l'égoïsme et la méthode fixèrent les coalisés autour de Valenciennes. Une partie de leur armée, disposée en corps d'observation, se plaça entre Valenciennes et Bouchain, et fit face au camp de César. Une autre division entreprit le siége de Valenciennes, et le reste continua le blocus de Condé, qui manquait de vivres, et qu'on espérait réduire sous peu de jours. Le siége régulier de Valenciennes fut commencé. Cent quatre-vingts bouches à feu venaient de Vienne; et cent autres de Hollande; quatre-vingt-treize mortiers étaient déja préparés. Ainsi en juin et en juillet on affamait Condé, on incendiait Valenciennes, et nos généraux occupaient le camp de César avec une armée battue et désorganisée. Condé et Valenciennes réduits, tout devenait à craindre.

L'armée de la Moselle, liant l'armée du Nord à celle du Rhin, avait passé sous les ordres de Ligneville, quand Beurnonville fut nommé ministre de la guerre. Elle se trouvait en présence du prince de Hohenlohe, et n'en avait rien à craindre, car ce prince occupant à la fois Namur, Luxembourg et Tréves, avec trente mille hommes au plus, ayant devant lui les places de Metz et Thionville, ne pouvait rien tenter de dangereux. On venait de l'affaiblir encore en détachant sept à huit mille hommes de son corps, pour les joindre à l'armée prussienne. Dès lors il devenait plus facile et plus convenable que jamais de joindre l'armée active de la Moselle à celle du Haut-Rhin, pour tenter des opérations importantes.

Sur le Rhin, la campagne précédente s'était terminée à Mayence. Custine, après ses ridicules démonstrations autour de Francfort, avait été contraint de se replier et de s'enfermer à Mayence, où il avait rassemblé une artillerie assez considérable, tirée de nos places fortes, et particulièrement de Strasbourg. Là, il formait mille projets; tantôt il voulait prendre l'offensive, tantôt garder Mayence, tantôt même abandonner cette place. Enfin il fut résolu qu'il la garderait, et il contribua même à décider le conseil exécutif à prendre cette détermination. Le roi de Prusse se vit alors forcé d'en faire le siège, et c'était la résistance qu'ils rencontraient sur ce point, qui empêchait les coalisés d'avancer au Nord.

Le roi de Prusse passa le Rhin à Bacharach, un peu au-dessous de Mayence; Wurmser, avec quinze mille Autrichiens et quelques mille hommes de Condé, le franchit un peu au-dessus: le corps hessois de Schœnfeld resta sur la rive droite devant le faubourg de Cassel. L'armée prussienne n'était pas encore aussi forte qu'elle devait l'être, d'après les engagements qu'avait pris Frédéric-Guillaume. Ayant envoyé un corps considérable en Pologne, il ne lui restait que cinquante-cinq mille hommes, en y comprenant les différents contingents, Hessois, Saxons et Bavarois. Ainsi, en comptant les sept à huit mille Autrichiens détachés de Hohenlohe, les quinze mille Autrichiens de Wurmser, les cinq ou six mille émigrés de Condé, et les cinquante-cinq mille hommes du roi de Prusse, on peut évaluer à près de quatre-vingt mille soldats l'armée qui menaçait la frontière de l'Est. Nos places fortes du Rhin renfermaient à peu près trente-huit mille hommes de garnison; l'armée active était de quarante à quarante-cinq mille hommes, celle de la Moselle de trente, et si l'on avait réuni ces deux dernières sous un seul commandement, et avec un point d'appui comme celui de Mayence, on aurait pu aller chercher le roi de Prusse lui-même et l'occuper au-delà du Rhin.

Les deux généraux de la Moselle et du Rhin auraient dû au moins s'entendre; ils auraient pu disputer, empêcher même le passage du fleuve, mais ils n'en firent rien. Dans le courant du mois de mars, le roi de Prusse traversa impunément le Rhin, et ne rencontra sur ses pas que des avant-gardes qu'il repoussa sans peine. Pendant ce temps, Custine était à Worms. Il n'avait pris soin de défendre ni les bords du Rhin, ni les revers des Vosges, qui, formant le pourtour de Mayence, auraient pu arrêter la marche des Prussiens. Il accourut, mais s'alarma subitement des échecs essuyés par ses avant-gardes; il crut avoir cent cinquante mille hommes sur les bras; il se figura surtout que Wurmser, qui devait déboucher par le Palatinat et au-dessus de Mayence, était sur ses derrières, et allait le séparer de l'Alsace; il demanda des secours à Ligneville, qui, tremblant de son côté, n'osa pas déplacer un régiment; alors il se mit à fuir, se retira tout d'un trait sur Landau, puis sur Wissembourg, et songea même à chercher une protection sous le canon de Strasbourg. Cette inconcevable retraite ouvrit tous les passages aux Prussiens, qui vinrent se grouper sous Mayence, et l'investirent sur les deux rives.

Vingt mille hommes s'étaient enfermés dans la place, et si c'était beaucoup pour la défense, c'était beaucoup trop pour l'état des vivres, qui ne pouvaient pas suffire à une garnison aussi considérable. L'incertitude de nos plans militaires avait empêché de prendre aucune mesure pour l'approvisionnement de la ville. Heureusement elle renfermait deux représentants du peuple, Rewbell et l'héroïque Merlin de Thionville, les généraux Kléber, Aubert-

Dubayet et l'ingénieur Meunier, enfin une garnison qui avait toutes les vertus guerrières, la bravoure, la sobriété, la constance. L'investissement commença en avril. Le général Kalkreuth formait le siége avec un corps prussien. Le roi de Prusse et Wurmser étaient en observation au pied des Vosges, et faisaient face à Custine. La garnison renouvelait fréquemment ses sorties et étendait fort loin sa défense. Le gouvernement français, sentant la faute qu'il avait commise en séparant les deux armées de la Moselle et du Rhin, les réunit sous Custine. Ce général, disposant de soixante à soixante-dix mille hommes, ayant les Prussiens et les Autrichiens éparpillés devant lui, et au-delà Mayence, gardée par vingt mille Français, ne songeait pas à fondre sur le corps d'observation, à le disperser, et à venir joindre la brave garnison qui lui tendait la main. Vers le milieu de mai, sentant le danger de son inaction, il fit une tentative mal combinée, mal secondée, et qui dégénéra en une déroute complète. Suivant son usage, il se plaignit des subordonnés, et fut transporté à l'armée du Nord pour rendre l'organisation et le courage aux troupes retranchées au camp de César. Ainsi la coalition qui faisait les siéges de Valenciennes et de Mayence, pouvait, après deux places prises, avancer sur notre centre, et effectuer sans obstacle l'invasion.

Du Rhin aux Alpes et aux Pyrénées, une chaîne de révoltes menaçait les derrières de nos armées, et interrompait leurs communications. Les Vosges, le Jura, l'Auvergne, la Lozère, forment, du Rhin aux Pyrénées, une masse presque continue de montagnes de différente étendue et de diverse hauteur. Les pays de montagnes sont, pour les institutions, les mœurs et les habitudes, des lieux de conservation. Dans presque toutes celles que nous venons de désigner, la population gardait un reste d'attachement pour son ancienne manière d'être, et, sans être aussi fanatisée que la Vendée, elle était néanmoins assez disposée à s'insurger. Les Vosges, à moitié allemandes, étaient travaillées par les nobles, par les prêtres, et montraient des dispositions d'autant plus menaçantes, que l'armée du Rhin chancelait davantage. Le Jura était tout entier insurgé pour la Gironde; et si dans sa rébellion il montrait plus d'esprit de liberté, il n'en était pas moins dangereux, car quinze à vingt mille montagnards se rassemblaient autour de Lons-le-Saulnier, et se liaient aux révoltés de l'Ain et du Rhône. On a vu dans quel état se trouvait Lyon. Les montagnes de la Lozère, qui séparent la Haute-Loire du Rhône, se remplissaient de révoltés à la manière des Vendéens. Commandés par un ex-constituant nommé Charrier, ils s'élevaient déjà au nombre de trente mille, et pouvaient se joindre par la Loire à la Vendée. Après, venaient les insurgés fédéralistes du Midi. Ainsi, de vastes révoltes, différentes de but et de principes, mais également formidables, menaçaient les derrières des armées du Rhin, des Alpes et des Pyrénées.

Le long des Alpes, les Piémontais étaient en armes, et voulaient reprendre sur nous la Savoie et le comté de Nice. Les neiges empêchaient le commencement des hostilités le long du Saint-Bernard, et chacun gardait ses postes dans les trois vallées de Sallenche, de la Tarentaise et de la Maurienne. Aux Alpes-Maritimes et à l'armée dite d'Italie, il en était autrement. Là, les hostilités avaient été reprises de bonne heure, et dès le mois de mai on avait recommencé à se disputer le poste si important de Saorgio, duquel dépendait la tranquille possession de Nice. En effet, ce poste une fois occupé, les Français étaient maîtres du Col de Tende, et tenaient la clef de la grande chaîne. Aussi les Piémontais avaient mis autant d'énergie à le défendre que nous à l'attaquer. Ils avaient tant en Savoie que du côté de Nice, quarante mille hommes, renforcés par huit mille Autrichiens auxiliaires. Leurs troupes, disséminées en plusieurs corps d'égale force depuis le Col de Tende jusqu'au grand Saint-Bernard, avaient suivi, comme toutes celles de la coalition, le système des cordons, et gardaient toutes les vallées. L'armée française d'Italie était dans le plus déplorable état; composée de quinze mille hommes au plus, dénuée de tout, faiblement commandée, il n'était pas possible d'en obtenir de grands efforts. Le général Biron, qui l'avait commandée un instant, l'augmenta de cinq mille hommes, mais il ne put la pourvoir de tout ce qui lui était nécessaire. Si une de ces grandes pensées qui nous auraient perdus au Nord s'était élevée au Midi, notre ruine n'eût pas été moins certaine de ce côté. Les Piémontais pouvaient, à la faveur des glaces qui paralysaient forcément toute action du côté des grandes Alpes, transporter toutes leurs forces aux Alpes du Midi, et, débouchant sur Nice avec une masse de trente mille hommes, culbuter notre armée d'Italie, la refouler sur les départements insurgés, la disperser entièrement, favoriser le soulèvement des deux rives du Rhône, s'avancer peut-être jusqu'à Grenoble et Lyon, prendre là par derrière notre armée engagée dans les plaines de la Savoie, et envahir ainsi toute une partie de la France. Mais il n'y avait pas plus un Amédée chez eux, qu'un Eugène chez les Autrichiens, ou qu'un Marlborough chez les Anglais. Ils s'étaient donc bornés à la défense de Saorgio.

Brunet, qui succéda à Anselme, avait fait, sur le poste de Saorgio, les mêmes efforts que Dampierre du côté de Condé. Après plusieurs combats inutiles et sanglants, on en livra enfin un dernier, le 12 juin, qui fut suivi d'une déroute complète. Alors encore, si l'ennemi eût puisé dans son succès un peu d'audace, il aurait pu nous disperser, nous faire évacuer Nice et repasser le Var. Kellermann était accouru de son quartier-général des Alpes, avait rallié l'armée au camp de Donjon, fixé des positions défensives, et ordonné, en attendant de nouvelles forces, une inaction absolue. Une circonstance rendait encore plus dangereuse la situation de cette armée, c'était l'apparition dans la Méditerranée de l'amiral anglais Hood, sorti de Gibraltar avec trente-sept vaisseaux, et de l'amiral Langara, venu avec des forces à peu près égales des ports d'Espagne. Des troupes de débarquement pouvaient occuper la ligne du Var et prendre les Français par derrière. La présence des escadres empêchait en outre les approvisionnements par mer, favorisait la révolte du Midi, et encourageait la Corse à se jeter dans les bras des Anglais. Nos flottes réparaient dans Toulon les dommages qu'elles avaient essuyés dans l'expédition si malheureuse de Sardaigne, et osaient à peine protéger les caboteurs qui apportaient des grains d'Italie. La Méditerranée n'était plus à nous, et le commerce du Levant passait de Marseille aux Grecs et aux Anglais. Ainsi l'armée d'Italie avait en face les Piémontais victorieux en plusieurs combats, et à dos la révolte du Midi et deux escadres.

Aux Pyrénées, la guerre avec l'Espagne, déclarée le 7 mars, à la suite de la mort de Louis XVI, venait à peine de commencer. Les préparatifs avaient été longs des deux côtés, parce que l'Espagne, lente, paresseuse et misérablement administrée, ne pouvait se hâter davantage, et parce que la France avait sur les bras d'autres ennemis qui occupaient toute son attention. Servan, général aux Pyrénées, avait passé plusieurs mois à organiser son armée, et à accuser Pache avec autant d'amertume que le faisait Dumouriez. Les choses étaient restées dans le même état sous Bouchotte, et, lorsque la campagne s'ouvrit, le général se plaignait encore du ministre, qui, disait-il, le laissait manquer de tout. Les deux pays communiquent l'un avec l'autre par deux points, Perpignan et Bayonne. Porter vigoureusement un corps d'invasion sur Bayonne et Bordeaux, et aboutir ainsi à la Vendée, était une tentative trop hardie pour ce temps-là ; d'ailleurs l'ennemi nous supposait de ce côté de plus grands moyens de résistance ; il lui aurait fallu traverser les Landes, la Garonne et la Dordogne, et de pareilles difficultés auraient suffi pour détourner de ce plan, si on y avait songé. La cour de Madrid préféra une attaque par Perpignan, parce qu'elle avait de ce côté une base plus solide en places fortes, parce qu'elle comptait sur les royalistes du Midi, d'après les promesses des émigrés, parce qu'enfin elle n'avait pas oublié ses anciennes prétentions sur le Roussillon. Quatre ou cinq mille hommes furent laissés à la garde de l'Aragon ; quinze ou dix-huit mille, moitié de troupes réglées et moitié de milices, durent guerroyer sous le général Caro dans les Pyrénées-Occidentales ; enfin le général Ricardos, avec vingt-quatre mille hommes, fut chargé d'attaquer sérieusement le Roussillon.

Deux vallées principales, celle du Tech et celle de la Tet, se détachent de la chaîne des Pyrénées, et débouchant vers Perpignan forment nos deux premières lignes défensives. Perpignan est placé sur la seconde, celle de la Tet. Ricardos, instruit de la faiblesse de nos moyens, débute par une pensée hardie. Il masque les forts Bellegarde et les Bains, situés sur la première ligne, et s'avance hardiment avec le projet de faire tomber tous nos détachements épars dans les vallées, en les dépassant. Cette tentative lui réussit. Il débouche le 15 avril, bat les détachements envoyés sous le général Villot pour l'arrêter, et répand une terreur panique sur toute la frontière. En avançant avec dix mille hommes, il était maître de Perpignan, mais il n'avait pas assez d'audace; d'ailleurs tous ses préparatifs n'étaient pas faits, et il laissa aux Français le temps de se reconnaître.

Le commandement, qui paraissait trop vaste, fut divisé. Servan eut les Pyrénées-Occidentales, et le général Deflers, qu'on a vu employé à l'expédition de Hollande, les Pyrénées-Orientales. Celui-ci rallia l'armée en avant de Perpignan dans une position dite *le Mas d'Eu.* Le 19 mai, Ricardos étant parvenu à réunir dix-huit mille hommes, attaqua le camp français. Le combat fut sanglant. Le brave général Dagobert, conservant dans un âge avancé toute la fougue d'un jeune homme, et joignant à son courage une grande intelligence, réussit à se maintenir sur le champ de bataille. Deflers arriva avec dix-huit cents hommes de réserve, et le terrain fut conservé. La fin du jour approchait et le combat paraissait devoir être heureux, mais vers la nuit nos soldats, accablés par la fatigue d'une longue résistance, cèdent tout-à-coup le terrain et se réfugient en désordre sous Perpignan. La garnison effrayée ferme les portes et tire sur nos troupes, qu'elle prend pour des Espagnols. C'était encore le cas de fondre hardiment sur Perpignan et de s'emparer de cette place, qui n'eût pas résisté; mais Ricardos, qui n'avait fait que masquer Bellegarde et les Bains, ne crut pas devoir pousser la hardiesse plus loin, et revint faire le siége de ces deux petites forteresses. Il s'en empara vers la fin de juin, et se porta de nouveau en présence de nos troupes, ralliées à peu près dans les mêmes positions qu'auparavant. Ainsi, en juillet, un combat malheureux pouvait nous faire perdre le Roussillon.

Nous voyons les calamités s'augmenter en nous approchant d'un autre théâtre de guerre, plus sanglant, plus terrible que tous ceux qu'on a déjà parcourus. La Vendée, en feu et en sang, allait vomir au-delà de la Loire une colonne formidable. Nous avons laissé les Vendéens enflammés par des succès inespérés, maîtres de la ville de Thouars, qu'ils avaient prise sur Quétineau, et commençant à méditer de plus grands projets. Au lieu de marcher sur Doué et Saumur, ils s'étaient rabattus au sud du théâtre de la guerre, et avaient voulu dégager le pays du côté de Fontenay et de Niort. MM. de Lescure et de Larochejacquelein, chargés de cette expédition, s'étaient portés sur Fontenay le 16 mai. Repoussés d'abord par le général Sandos, ils se replièrent à quelque distance; bientôt, profitant de la confiance aveugle que le général républicain venait de concevoir d'un premier succès, ils reparurent au nombre de quinze à vingt mille, s'emparèrent de Fontenay, malgré les efforts que le jeune Marceau déploya dans cette journée, et obligèrent Chalbos et Sandos à se retirer à Niort dans le plus grand désordre. Là, ils trouvèrent des armes, des munitions en grande quantité, et s'enrichirent de nouvelles ressources, qui, jointes à celles qu'ils s'étaient procurées à Thouars, leur permettaient de pousser la guerre avec l'espérance de nouveaux succès. Lescure fit une proclamation aux habitants, et les menaça des plus terribles peines, s'ils donnaient des secours aux républicains. Après quoi, les Vendéens se séparèrent suivant leur coutume, pour retourner aux travaux des champs, et un rendez-vous fut fixé pour le 1er juin dans les environs de Doué.

Dans la Basse-Vendée, où Charette dominait seul, sans lier encore ses mouvements avec ceux des autres chefs, les succès avaient été balancés. Canclaux, commandant à Nantes, s'était maintenu à Machecoul, mais avec peine; le général Boulard, qui commandait aux Sables, grace à ses bonnes dispositions et à la discipline de son armée, avait occupé pendant deux mois la Basse-Vendée, et avait même conservé des postes très-avancés jusqu'aux environs de Palluau. Le 17 mai cependant, il fut obligé de se retirer à la Motte-Achard, très-près des Sables, et il se trouvait dans le plus grand embarras, parce que ses deux meilleurs bataillons, tous composés de citoyens de Bordeaux, voulaient se retirer pour retourner à leurs affaires, qu'ils avaient quittées au premier bruit des succès remportés par les bandes vendéennes.

Les travaux des champs avaient amené quelque repos, dans la basse comme dans la haute Vendée, et, pour quelques jours, la guerre fut un peu moins active, et ajournée au commencement de juin.

Le général Berruyer, dont les ordres s'étendaient dans l'origine sur tout le théâtre de la guerre, avait été remplacé, et son commandement se trouvait divisé entre plusieurs généraux. Saumur, Niort, les Sables, composèrent l'armée dite des côtes de la Rochelle, qui fut confiée à Biron; Angers, Nantes et la Loire-Inférieure, formèrent l'armée dite des côtes de Brest, qu'on remit à Canclaux, général à Nantes. Enfin, les côtes de Cherbourg avaient été données à Wimpffen, devenu ensuite, comme on l'a vu, général des insurgés du Calvados.

Biron, transporté de la frontière du Rhin à celle d'Italie, et de cette dernière en Vendée, ne se rendit qu'avec répugnance sur ce théâtre de dévastations, et devait s'y perdre par son aversion à partager les fureurs de la guerre civile. Il arriva le 27 mai à Niort, et trouva l'armée dans un désordre affreux. Elle était composée de levées en masse, faites par force ou par entraînement dans les contrées voisines, et confusément jetées sur la Vendée, sans instruction, sans discipline, sans approvisionnements. Formées de paysans et de bourgeois industrieux des villes, qui avaient quitté à regret leurs occupations, elles étaient prêtes à se dissoudre au premier accident. Il eût beaucoup mieux valu les renvoyer pour la plupart, car elles faisaient faute dans les campagnes et dans les villes, encombraient inutilement le pays insurgé, l'affamaient par leur masse, y répandaient le désordre, les terreurs paniques, et entraînaient souvent dans leur fuite des bataillons organisés, qui, livrés à eux-mêmes, auraient beaucoup mieux résisté. Toutes ces bandes arrivaient avec leur chef, nommé dans la localité, qui se disait général, parlait de son armée, ne voulait pas obéir, et contrariait toutes les dispositions des chefs supérieurs. Du côté d'Orléans, on formait des bataillons, connus dans cette guerre sous le nom de *bataillons d'Orléans*. On les composait avec des commis, des garçons de boutique, des domestiques, avec tous les jeunes gens enfin recueillis dans les sections de Paris, et envoyés à la suite de Santerre. On les amalgamait avec des troupes tirées de l'armée du Nord, dont on avait détaché cinquante hommes par bataillon. Mais il fallait associer ces éléments hétérogènes, trouver des armes et des vêtements. Tout manquait, la paie même ne pouvait être fournie, et comme elle était inégale entre la troupe de ligne et les volontaires, elle occasionait souvent des révoltes.

Pour organiser cette multitude, la convention envoyait commissaires sur commissaires. Il y en avait à Tours, à Saumur, à Niort, à la Rochelle, à Nantes. Ils se contrariaient entre eux et contrariaient les généraux. Le conseil exécutif y entretenait aussi des agents, et le ministre Bouchotte avait inondé le pays de ses affidés, choisis tous parmi les jacobins et les cordeliers. Ceux-ci se croisaient avec les représentants, croyaient faire preuve de zèle en accablant le pays de réquisitions, et accusaient de despotisme et de trahison les généraux qui voulaient arrêter l'insubordination des troupes, ou empêcher des vexations inutiles. Il résultait de ce conflit d'autorités un chaos d'accusations et un désordre de commandement effroyables. Biron ne pouvait se faire obéir, et il n'osait mettre en marche son armée, de peur qu'elle ne se débandât au premier mouvement, ou pillât tout sur son passage. Tel est le tableau exact des forces que la république avait à cette époque dans la Vendée.

Biron se rendit à Tours, arrêta un plan éventuel avec les représentants, qui consistait, dès qu'on aurait un peu réorganisé cette multitude confuse, à porter quatre colonnes de dix mille hommes chacune de la circonférence au centre. Les quatre points de départ étaient les ponts de Cé, Saumur, Chinon et Niort. En attendant, il alla visiter la Basse-Vendée, où il supposait le danger plus grand que partout ailleurs. Biron craignait avec raison que des communications ne s'établissent entre les Vendéens et les Anglais. Des munitions et des troupes débarquées dans le Marais pouvaient aggraver le mal, et rendre la guerre interminable. Une flotte de dix voiles avait été signalée, et on savait que les émigrés bretons avaient reçu l'ordre de se rendre dans les îles de Jersey et Guernesey. Ainsi tout justifiait les craintes de Biron, et sa visite dans la Basse-Vendée.

Sur ces entrefaites, les Vendéens s'étaient réunis le 1er juin. Ils avaient introduit quelque régularité chez eux, et nommé un conseil pour gouverner le pays occupé par leurs armées. Un aventurier, qui se faisait passer pour évêque d'Agra et envoyé du pape, présidait ce conseil, et, en bénissant des drapeaux, en célébrant des messes solennelles, excitait l'enthousiasme des Vendéens, et leur rendait ainsi son imposture très-utile. Ils n'avaient pas encore choisi un généralissime; mais chaque chef commandait les paysans de son quartier, et il était convenu qu'ils se concerteraient entre eux dans toutes leurs opérations. Ces chefs avaient fait une proclamation au nom de Louis XVII et du comte de Provence, régent du royaume en la minorité du jeune prince, et ils s'appelaient *commandants des armées royales et catholiques*. Ils projetèrent d'abord d'occuper la ligne de la Loire, et de s'avancer sur Doué et Saumur. L'entreprise était hardie, mais facile en l'état des choses. Le 7 ils entrèrent à Doué, et arrivèrent le 9 devant Saumur. Dès que leur marche fut connue, le général Salomon, qui était à Thouars avec trois mille hommes de bonnes troupes, reçut l'ordre de marcher sur leurs derrières. Salomon obéit, mais les trouva trop en force; il n'aurait pu essayer de les entamer sans se faire écraser; il revint à Thouars, et de Thouars à Niort. Les troupes de Saumur avaient pris position aux environs de la ville, sur le chemin de Fontevrault, dans les retranchements de Nantilly et sur les hauteurs de Bournan. Les Vendéens s'approchent, attaquent la colonne de Berthier, sont repoussés par une artillerie bien dirigée, mais reviennent en force, et font plier Berthier, qui est blessé. Les gendarmes à pied, deux bataillons d'Orléans et les cuirassiers résistent encore; mais ceux-ci perdent leur colonel; alors la défaite commence, et tous sont ramenés dans la place, où les Vendéens pénètrent à leur suite. Il restait encore en dehors le général Constard, commandant les bataillons postés sur les hauteurs de Bournan. Il se voit séparé des troupes républicaines, qui avaient été refoulées dans Saumur, et forme la résolution hardie d'y rentrer, en prenant les Vendéens par derrière. Il fallait traverser un pont où les vainqueurs venaient de placer une batterie. Le brave Coustard ordonne à un corps de cuirassiers qu'il avait à ses ordres, de charger sur la batterie. — Où nous envoyez-vous? disent ceux-ci. — A la mort, répond Coustard; le salut de la république l'exige. — Les cuirassiers s'élancent, mais les bataillons d'Orléans se débandent, et abandonnent le général et les cuirassiers qui chargent la batterie. La lâcheté des uns rend inutile l'héroïsme des autres, et Coustard, ne pouvant rentrer dans Saumur, se retire à Angers.

Saumur fut occupé le 9 juin, et le lendemain le château se rendit. Les Vendéens étant maîtres du cours de la Loire, pouvaient marcher ou sur Nantes, ou sur la Flèche, le Mans et Paris. La terreur les précédait, et tout devait céder devant eux. Pendant ce temps, Biron était dans la Basse-Vendée, où il croyait, en s'occupant des côtes, parer aux dangers les plus réels et les plus graves.

Tous les périls nous menaçaient à la fois. Les coalisés faisant les siéges de Valenciennes, de Condé, de Mayence, étaient à la veille de prendre ces places, boulevarts de nos frontières.

Les Vosges en mouvement, le Jura révolté, ouvraient l'accès le plus facile à l'invasion du côté du Rhin. L'armée d'Italie, repoussée par les Piémontais, avait à dos la révolte du Midi et les escadres anglaises. Les Espagnols, en présence du camp français sous Perpignan, menaçaient de l'enlever par une attaque, et de se rendre maîtres du Roussillon. Les révoltés de la Lozère étaient prêts à donner la main aux Vendéens le long de la Loire, et c'était le projet de l'auteur de cette révolte. Les Vendéens, maîtres de Saumur et du cours de la Loire, n'avaient qu'à vouloir, et possédaient tous les moyens d'exécuter les plus hardies tentatives sur l'intérieur. Enfin les fédéralistes, marchant de Caen, de Bordeaux et de Marseille, se disposaient à soulever la France sur leurs pas.

Notre situation, dans le mois de juillet 1793, était d'autant plus désespérante, qu'il y avait sur tous les points un coup mortel à porter à la France. Les coalisés du Nord, en négligeant les places fortes, n'avaient qu'à marcher sur Paris, et ils auraient rejeté la convention sur la Loire, où elle aurait été reçue par les Vendéens. Les Autrichiens et les Piémontais pouvaient exécuter une invasion par les Alpes-Maritimes, anéantir notre armée et remonter tout le Midi en vainqueurs. Les Espagnols étaient en position de s'avancer par Bayonne et d'aller joindre la Vendée; ou bien, s'ils préféraient le Roussillon, de marcher hardiment vers la Lozère, peu distante de la frontière, et de mettre le Midi en feu. Enfin les Anglais, au lieu de croiser dans la Méditerranée, avaient le moyen de débarquer des troupes dans la Vendée, et de les conduire de Saumur à Paris.

Mais les ennemis extérieurs et intérieurs de la convention n'avaient point ce qui assure la victoire dans une guerre de révolution. Les coalisés agissaient sans union, et, sous les apparences d'une guerre sainte, cachaient les vues les plus personnelles. Les Autrichiens voulaient Valenciennes; le roi de Prusse, Mayence; les Anglais, Dunkerque; les Piémontais aspiraient à recouvrer Chambéry et Nice; les Espagnols, les moins intéressés de tous, songeaient néanmoins quelque peu au Roussillon; les Anglais enfin pensaient plutôt à couvrir la Méditerranée de leurs flottes, et à y gagner quelque port, que de porter d'utiles secours dans la Vendée. Outre cet égoïsme universel qui empêchait les coalisés d'étendre leur vue au-delà de leur utilité immédiate, ils étaient tous méthodiques et timides à la guerre, et défendaient avec la vieille routine militaire les vieilles routines politiques pour lesquelles ils s'étaient armés. Quant aux Vendéens, insurgés en hommes simples contre le génie de la révolution, ils combattaient en tirailleurs braves, mais bornés. Les fédéralistes répandus sur tout le sol de la France, ayant à s'entendre à de grandes distances pour concerter leurs opérations, ne se soulevant qu'avec timidité contre l'autorité centrale, et n'étant animés que de passions médiocres, ne pouvaient agir qu'avec incertitude et lenteur. D'ailleurs ils se faisaient un reproche secret, celui de compromettre leur patrie par une diversion coupable. Ils commençaient à sentir qu'il était criminel de discuter s'il fallait être révolutionnaire comme Pétion et Vergniaud, ou comme Robespierre et Danton, dans un moment où toute l'Europe fondait sur nous; et ils s'apercevaient que dans de telles circonstances, il n'y avait qu'une bonne manière de l'être, c'est-à-dire la plus énergique. Déjà en effet toutes les factions, surgissant autour d'eux, les avertissaient de leur faute. Ce n'étaient pas seulement les constituants, c'étaient les agents de l'ancienne cour, les sectateurs de l'ancien clergé, tous les partisans, en un mot, du pouvoir absolu, qui se levaient à la fois, et il devenait évident pour eux que toute opposition à la révolution tournait au profit des ennemis de toute liberté et de toute nationalité.

Telles étaient les causes qui rendaient les coalisés si malhabiles et si timides, les Vendéens si bornés, les fédéralistes si incertains, et qui devaient assurer le triomphe de la convention sur les révoltes intérieures et sur l'Europe. Les montagnards, animés seuls d'une passion forte, d'une pensée unique, le salut de la révolution, éprouvant cette exaltation d'esprit qui découvre les moyens les plus neufs et les plus hardis, qui ne les croit jamais ni trop hasardeux, ni trop coûteux, s'ils sont salutaires, devaient déconcerter, par une défense imprévue et sublime, des ennemis lents, routiniers, décousus, et étouffer des factions qui voulaient de l'ancien régime à tous les degrés, de la révolution à tous les degrés, et qui n'avaient ni accord, ni but déterminé.

La convention, au milieu des circonstances extraordinaires où elle était placée, n'éprouva pas un seul instant de trouble. Pendant que des places fortes ou des camps retranchés arrêtaient un moment les ennemis sur les différentes frontières, le comité de salut public travaillait jour et nuit à réorganiser les armées, à les compléter au moyen de la levée de trois cent mille hommes décrétée en mars, à envoyer des instructions aux généraux, à dépêcher des fonds et des munitions. Il parlementait avec toutes les administrations locales qui voulaient retenir, au profit de la cause fédéraliste, les approvisionnements destinés aux armées, et parvenait à les faire désister par la grande considération du salut public.

Pendant que ces moyens étaient employés à l'égard de l'ennemi du dehors, la convention n'en prenait pas de moins efficaces à l'égard de l'ennemi du dedans. La meilleure ressource contre un adversaire qui doute de ses droits et de ses forces, c'est de ne pas douter des siens. C'est ainsi que se conduisit la convention. On a déjà vu les décrets énergiques qu'elle avait rendus au premier mouvement de révolte. Beaucoup de villes n'ayant pas voulu céder, l'idée ne lui vint pas un instant de transiger avec celles dont les actes prenaient le caractère décidé de la rébellion. Les Lyonnais ayant refusé d'obéir, et de renvoyer à Paris les patriotes incarcérés, elle ordonna à ses commissaires près l'armée des Alpes d'employer la force, sans s'inquiéter ni des difficultés, ni des périls que ces commissaires couraient à Grenoble, où ils avaient les Piémontais en face, et tous les révoltés de l'Isère et du Rhône sur leurs derrières. Elle leur prescrivit de faire rentrer Marseille dans le devoir. Elle ne laissa que trois jours à toutes les administrations pour rétracter leurs arrêtés équivoques, et enfin elle envoya à Vernon quelques gendarmes et quelques mille citoyens de Paris, pour soumettre sur-le-champ les insurgés du Calvados, les plus rapprochés de la capitale.

La grande ressource de la constitution ne fut pas négligée, et huit jours suffirent pour achever cet ouvrage, qui était plutôt un moyen de ralliement qu'un véritable plan de législation. Hérault de Séchelles en avait été le rédacteur. D'après ce projet, tout Français âgé de vingt-un ans était citoyen, et pouvait exercer ses droits politiques, sans aucune condition de fortune ni de propriété. Les citoyens réunis nommaient un député par cinquante mille âmes. Les députés, composant une seule assemblée, ne pouvaient siéger qu'un an. Ils faisaient des décrets pour tout ce qui concernait les besoins pressants de l'état, et ces décrets étaient exécutoires sur-le-champ. Ils faisaient des lois pour tout ce qui concernait les matières d'un intérêt général et moins urgent, et ces lois n'étaient sanctionnées que lorsque, dans un délai donné, les assemblées primaires n'avaient pas réclamé. Le premier jour de mai, les assemblées primaires se formaient de droit et sans convocation, pour renouveler la députation. Les assemblées primaires pouvaient demander des conventions pour modifier l'acte constitutionnel. Le pouvoir exécutif était confié à vingt-quatre membres nommés par des électeurs, et c'était la seule élection médiate. Les assemblées primaires nommaient les électeurs, ces électeurs nommaient des candidats, et le corps législatif réduisait par élimination les candidats à vingt-quatre. Ces vingt-quatre membres du conseil choisissaient les généraux, les ministres, les agents de toute espèce, et les prenaient hors de leur sein. Ils devaient les diriger, les surveiller, et ils étaient continuellement responsables. Le conseil exécutif se renouvelait tous les ans par moitié. Enfin, cette constitution si courte, si démocratique, où le gouvernement se réduisait à un simple commissariat temporaire, respectait cependant un seul vestige de l'ancien régime, les communes, et n'en changeait ni la circonscription ni les attributions. L'énergie dont elles avaient fait preuve leur avait valu d'être conservées sur cette table rase, où ne subsistait pas une seule trace du passé. Presque sans discussion, et en huit jours, cette constitution fut adoptée*, et à l'instant où l'en-

* Elle fut décrétée le 24 juin. Le projet avait été présenté le 10.

semble en fut voté, le canon retentit dans Paris, et des cris d'allégresse s'élevèrent de toutes parts. Elle fut imprimée à des milliers d'exemplaires, pour être envoyée à toute la France. Elle n'essuya qu'une seule contradiction, ce fut de la part de quelques-uns des agitateurs qui avaient préparé le 31 mai.

On se souvient du jeune Varlet, pérorant sur les places publiques; du jeune Lyonnais Leclerc, si violent dans ses discours aux Jacobins, et suspect même à Marat par ses emportements; de ce Jacques Roux, si dur envers l'infortuné Louis XVI, qui voulait lui remettre son testament : tous ces hommes s'étaient signalés dans la dernière insurrection, et avaient une grande influence au comité de l'Évêché et aux Cordeliers. Ils trouvèrent mauvais que la constitution ne renfermât rien contre les accapareurs; ils rédigèrent une pétition, la firent signer dans les rues, et coururent soulever les Cordeliers, en disant que la constitution était incomplète, puisqu'elle ne contenait aucune disposition contre les plus grands ennemis du peuple. Legendre voulut en vain résister à ce mouvement; on le traita de modéré, et la pétition, adoptée par la société, fut présentée par elle à la convention. A cette nouvelle, toute la Montagne fut indignée. Robespierre, Collot-d'Herbois, s'emportèrent, firent repousser la pétition, et se rendirent aux Jacobins pour montrer le danger de ces exagérations perfides, qui ne tendaient, disaient-ils, qu'à égarer le peuple, et ne pouvaient être que l'ouvrage d'hommes payés par les ennemis de la république. « La constitution la plus populaire qui « ait jamais été, dit Robespierre, vient de sortir « d'une assemblée jadis contre-révolutionnaire, « mais purgée maintenant des hommes qui « contrariaient sa marche et mettaient obstacle « à ses opérations. Aujourd'hui pure, cette as- « semblée a produit le plus bel ouvrage, le « plus populaire qui ait jamais été donné aux « hommes; et un individu couvert du manteau « du patriotisme, qui se vante d'aimer le peuple « plus que nous, ameute des citoyens de tout « état, et veut prouver qu'une constitution, « qui doit rallier toute la France, ne leur con- « vient pas! Défiez-vous de telles manœuvres, « défiez-vous de ces ci-devant prêtres coalisés « avec les Autrichiens! Prenez garde au nou- « veau masque dont les aristocrates vont se « couvrir! J'entrevois un nouveau crime dans « l'avenir, qui n'est peut-être pas loin d'écla- « ter; mais nous le dévoilerons, et nous écra- « serons les ennemis du peuple sous quelque « forme qu'ils puissent se présenter. » Collot-d'Herbois parla aussi vivement que Robespierre; il soutint que les ennemis de la république voulaient pouvoir dire aux départements : « *Vous voyez, Paris approuve le langage de* « *Jacques Roux !* »

Des acclamations unanimes accueillirent les deux orateurs. Les jacobins, qui se piquaient de réunir la politique à la passion révolutionnaire, la prudence à l'énergie, envoyèrent une députation aux Cordeliers. Collot-d'Herbois en était l'orateur. Il fut reçu aux Cordeliers avec la considération qui était due à l'un des membres les plus renommés des Jacobins et de la Montagne. On professa pour la société qui l'envoyait un respect profond. La pétition fut rétractée, Jacques Roux et Leclerc furent exclus, Varlet n'obtint son pardon qu'en raison de son âge, et Legendre reçut des excuses pour les paroles peu convenables qu'on lui avait adressées dans la séance précédente. La constitution ainsi vengée fut envoyée à la France pour être sanctionnée par toutes les assemblées primaires.

Ainsi la convention présentait aux départements, d'une main la constitution, de l'autre le décret qui ne leur donnait que trois jours pour se décider. La constitution justifiait la Montagne de tout projet d'usurpation, fournissait un prétexte de se rallier à une autorité justifiée; et le décret des trois jours ne donnait pas le temps d'hésiter, et obligeait à préférer le parti de l'obéissance.

Beaucoup de départements en effet cédèrent, et d'autres persistèrent dans leurs premières démarches. Mais ceux-ci échangeant des adresses, s'envoyant des députations, semblaient s'attendre les uns les autres pour agir. Les distances ne permettaient pas de correspondre rapidement et de former un ensemble. En outre, le défaut de génie révolutionnaire empêchait de trouver les ressources nécessaires pour réussir. Quelque bien disposées que soient les masses, elles ne sont jamais prêtes à tous les sacrifices, si des hommes passionnés ne les y obligent pas. Il aurait fallu des moyens violents pour soulever les bourgeois modérés des villes, pour les obliger à marcher, à contribuer, à se hâter. Mais les girondins, qui condamnaient tous ces moyens chez les montagnards, ne pouvaient les employer eux-mêmes. Les négociants bordelais croyaient avoir beaucoup fait quand ils avaient parlé avec un peu de vivacité dans les sections, mais ils n'étaient pas sortis de leurs murs. Les Marseillais, un peu plus prompts, avaient envoyé six mille hommes à Avignon, mais ils ne composaient pas eux-mêmes cette petite armée ; ils s'étaient fait remplacer par des soldats payés. Les Lyonnais attendaient la jonction des Provençaux et des Languedociens; les Normands paraissaient un peu refroidis ; les Bretons seuls ne s'étaient pas démentis, et avaient rempli eux-mêmes les cadres de leurs bataillons.

On s'agitait beaucoup à Caen, centre principal de l'insurrection. C'étaient les colonnes parties de ce point qui devaient rencontrer les premières les troupes de la convention, et ce premier engagement ne pouvait qu'avoir une grande importance. Les députés proscrits et assemblés autour de Wimpffen se plaignaient de ses lenteurs, et croyaient entrevoir en lui un royaliste. Wimpffen, pressé de toutes parts, ordonna enfin à Puisaye de porter, le 13 juillet, son avant-garde à Vernon, et annonça qu'il allait marcher lui-même avec toutes ses forces. Le 13, en effet, Puisaye s'avança vers Pacy, et rencontra les levées de Paris, accompagnées de quelques centaines de gendarmes. Quelques coups de fusil furent tirés de part et d'autre dans les bois. Le lendemain 14, les fédéralistes occupèrent Pacy et parurent avoir un léger avantage. Mais le jour suivant les troupes de la convention se montrèrent avec du canon. A la première décharge, la terreur se répandit dans les rangs des fédéralistes; ils se dispersèrent et s'enfuirent confusément à Évreux. Les Bretons, plus fermes, se retirèrent avec moins de désordre, mais ils furent entraînés dans le mouvement rétrograde des autres. A cette nouvelle, la consternation se répandit dans le Calvados, et toutes les administrations commencèrent à se repentir de leurs imprudentes démarches. Dès qu'on apprit cette déroute à Caen, Wimpffen assembla les députés, leur proposa de se retrancher dans cette ville, et d'y faire une résistance opiniâtre. Wimpffen, s'ouvrant ensuite davantage, leur dit qu'il ne voyait qu'un moyen de soutenir cette lutte, c'était de se ménager un allié puissant, et que, s'ils voulaient, il leur en procurerait un; il leur laissa même deviner qu'il s'agissait du cabinet anglais. Il ajouta qu'il croyait la république impossible, et qu'à ses yeux le retour à la monarchie ne serait pas un malheur. Les girondins repoussèrent avec force toute offre de ce genre, et témoignèrent la plus franche indignation. Quelques-uns commencèrent à sentir alors l'imprudence de leur tentative, et le danger de lever un étendard quelconque, puisque toutes les factions venaient s'y rallier pour renverser la république. Ils ne perdirent cependant pas tout espoir, et songèrent à se

retirer à Bordeaux, où quelques-uns croyaient
pouvoir opérer un mouvement sincèrement
républicain, et plus heureux que celui du Calvados et de la Bretagne. Ils partirent donc avec
les bataillons bretons qui retournaient chez
eux, et projetèrent d'aller s'embarquer à Brest.
Ils prirent l'habit de soldat, et se confondirent
dans les rangs du bataillon du Finistère. Ils
avaient besoin de se cacher depuis l'échec de
Vernon, parce que toutes les administrations,
empressées de se soumettre et de donner des
preuves de zèle à la convention, auraient pu
les faire arrêter. Ils parcoururent ainsi une
partie de la Normandie et de la Bretagne au
milieu de dangers continuels et de souffrances
affreuses, et vinrent se cacher aux environs
de Brest, pour se rendre ensuite à Bordeaux.
Barbaroux, Pétion, Salles, Louvet, Meilhan,
Guadet, Kervélégan, Gorsas, Girey-Dupré,
collaborateur de Brissot, Marchenna, jeune
Espagnol qui était venu chercher la liberté
en France, Riouffe, jeune homme attaché par
enthousiasme aux girondins, composaient cette
troupe d'illustres fugitifs, poursuivis comme
traîtres à la patrie, quoique tout prêts cependant à donner leur vie pour elle, et croyant
même encore la servir alors qu'ils la compro-
mettaient par la plus dangereuse diversion.

Dans la Bretagne, dans les départements de l'Ouest et du bassin supérieur de la Loire, les administrations s'empressèrent de se rétracter pour éviter d'être mises hors la loi. La constitution, transportée en tous lieux, était le prétexte d'une soumission universelle. La convention, disait-on, n'entendait ni s'éterniser, ni s'emparer du pouvoir, puisqu'elle donnait une constitution ; cette constitution devait terminer bientôt le règne des factions, et paraissait contenir le gouvernement le plus simple qu'on eût jamais vu. Pendant ce temps, les municipalités montagnardes, les clubs jacobins, redoublaient d'énergie, et les honnêtes partisans de la Gironde cédaient devant une révolution qu'ils n'avaient pas assez de force pour combattre, et qu'ils n'auraient pas eu assez de force pour défendre. Dès ce moment, Toulouse chercha à se justifier. Les Bordelais, plus prononcés, ne se soumirent pas formellement, mais ils firent rentrer leur avant-garde, et cessèrent d'annoncer leur marche sur Paris. Deux autres événements importants vinrent terminer les dangers de la convention dans l'Ouest et le Midi : ce fut la défense de Nantes, et la dispersion des rebelles de la Lozère.

On a vu les Vendéens à Saumur, maîtres du cours de la Loire, et pouvant, s'ils avaient apprécié leur position, faire sur Paris une tentative qui eût peut-être réussi, car la Flèche et le Mans étaient sans aucun moyen de résistance. Le jeune Bonchamps, qui portait seul ses vues au-delà de la Vendée, aurait voulu qu'on fît une incursion en Bretagne, pour se donner un port sur l'Océan, et marcher ensuite sur Paris. Mais il n'y avait pas assez de génie chez ses compagnons d'armes pour qu'il fût compris. La véritable capitale sur laquelle il fallait marcher, selon eux, c'était Nantes : ni leur esprit ni leurs vœux n'allaient au-delà. Il y avait cependant plusieurs raisons d'en agir ainsi; car Nantes ouvrait les communications avec la mer, assurait la possession de tout le pays, et rien n'empêchait les Vendéens, après la prise de cette ville, de tenter des projets plus hardis : d'ailleurs, ils n'arrachaient pas leurs soldats de chez eux, considération importante avec des paysans qui ne voulaient jamais perdre leur clocher de vue. Charette, maître de la Basse-Vendée, après avoir fait une fausse démonstration sur les Sables, s'était emparé de Machecoul, et se trouvait aux portes de Nantes. Il ne s'était jamais concerté avec les chefs de la Haute-Vendée, mais il offrait cette fois de s'entendre avec eux. Il promettait d'attaquer Nantes par la rive gauche, tandis que la grande armée l'attaquerait par la rive droite, et il semblait difficile de ne pas réussir avec un tel concours de moyens.

Les Vendéens évacuèrent donc Saumur, descendirent vers Angers, et se disposèrent à marcher d'Angers sur Nantes, en filant le long de la rive droite de la Loire. Leur armée était fort diminuée, parce que beaucoup de paysans ne voulaient pas s'engager dans une expédition aussi longue; cependant elle se composait encore de trente mille hommes à peu près. Ils nommèrent un généralissime, et firent choix du voiturier Cathelineau, pour flatter les paysans et se les attacher davantage. M. de Lescure, blessé, dut rester dans l'intérieur du pays pour faire de nouveaux rassemblements, pour tenir les troupes de Niort en échec, et empêcher que le siége de Nantes ne fût troublé.

Pendant ce temps, la commission des représentants séant à Tours demandait des secours à tout le monde, et pressait Biron, qui visitait la côte, de se porter en toute hâte sur les derrières des Vendéens. Ne se contentant même pas de rappeler Biron, elle ordonnait des mouvements en son absence, et faisait marcher vers Nantes toutes les troupes qu'on avait pu réunir à Saumur. Biron répondit aussitôt aux instances de la commission. Il consentait, disait-il, au mouvement exécuté sans ses ordres, mais il était obligé de garder les Sables et la Rochelle, villes plus importantes à ses yeux que Nantes ; les bataillons de la Gironde, les meilleurs de l'armée, allaient le quitter, et il fallait qu'il les remplaçât ; il lui était impossible de mouvoir son armée sans la voir se débander et se livrer au pillage, tant elle était indisciplinée : il pouvait donc tout au plus en détacher trois mille hommes organisés, et il y aurait de la folie, ajoutait-il, à marcher sur Saumur, et à s'enfoncer dans le pays avec des forces si peu considérables. Biron écrivit en même temps au comité de salut public qu'il donnait sa démission, puisque les représentants voulaient ainsi s'arroger le commandement. Le comité lui répondit qu'il avait toute raison, que les représentants pouvaient conseiller ou proposer certaines opérations, mais ne devaient pas les ordonner, et que c'était à lui seul à prendre les mesures qu'il croirait convenables pour conserver Nantes, la Rochelle et Niort. Biron n'en fit pas moins tous ses efforts pour se composer une petite armée plus mobile, et avec laquelle il pût aller au secours de la ville assiégée.

Les Vendéens, dans cet intervalle, quittèrent Angers le 27, et se trouvèrent le 28 en vue de Nantes. Ils firent une sommation menaçante qui ne fut pas même écoutée, et se préparèrent à l'attaque. Elle devait avoir lieu sur les deux rives le 29, à deux heures du matin. Canclaux n'avait, pour garder un espace immense, coupé par plusieurs bras de la Loire, que cinq mille hommes de troupes réglées, et à peu près autant de gardes nationales. Il fit les meilleures dispositions, et communiqua le plus grand courage à la garnison. Le 29, Charette attaqua, à l'heure convenue, du côté des ponts; mais Cathelineau, qui agissait par la rive droite, et avait la partie la plus difficile de l'entreprise, fut arrêté par le poste de Nort, où quelques cents hommes firent la résistance la plus héroïque. L'attaque retardée de ce côté en devint plus difficile. Cependant les Vendéens se répandirent derrière les haies et les jardins, et serrèrent la ville de très-près. Canclaux, général en chef, et Beysser, commandant de la place, maintinrent partout les troupes républicaines. De son côté, Cathelineau redoubla d'efforts; déjà il s'était fort avancé dans un faubourg, lorsqu'une balle vint le frapper mortellement. Ses soldats se retirèrent consternés en l'emportant sur leurs épaules. Dès ce moment, l'attaque se ralentit. Après dix-huit heures de combat, les Vendéens se dispersèrent, et la place fut sauvée.

Tout le monde dans cette journée avait fait son devoir. La garde nationale avait rivalisé avec les troupes de ligne, et le maire lui-même reçut une blessure. Le lendemain, les Vendéens se jetèrent dans des barques, et rentrèrent dans l'intérieur du pays. Dès ce moment, l'occasion des grandes entreprises fut perdue pour eux; ils ne devaient plus aspirer à exécuter rien d'important, et pouvaient espérer tout au plus d'occuper leur propre pays. Dans ce moment, Biron, se hâtant de secourir Nantes, arrivait à Angers avec ce qu'il avait pu réunir de troupes, et Westermann se rendait dans la Vendée avec sa légion germanique.

Nantes était à peine délivrée, que l'administration, toute disposée en faveur des girondins, voulut se réunir aux insurgés du Calvados. Elle rendit en effet un arrêté hostile contre la convention. Canclaux s'y opposa de toutes ses forces, et réussit à ramener les Nantais à l'ordre.

Les dangers les plus graves étaient donc surmontés de ce côté. Un événement non moins important se passait dans la Lozère; c'était la soumission de trente mille révoltés, qui auraient pu communiquer avec les Vendéens, ou avec les Espagnols par le Roussillon.

Par une circonstance des plus heureuses, le

député Fabre, envoyé à l'armée des Pyrénées-Orientales, se trouvait sur les lieux au moment de la révolte; il y déploya l'énergie qui plus tard lui fit chercher et trouver la mort aux Pyrénées. Il s'empara des administrations, mit la population entière sous les armes, et appela à lui toutes les forces des environs en gendarmerie et troupes réglées; il souleva le Cantal, la Haute-Loire, le Puy-de-Dôme, et les révoltés frappés, dès le premier moment, poursuivis de toutes parts, furent dispersés, rejetés dans les bois, et leur chef, l'ex-constituant Charrier, tomba lui-même au pouvoir des vainqueurs. On acquit, par ses papiers, la preuve que son projet était lié à la grande conspiration découverte six mois auparavant en Bretagne, et dont le chef, La Rouarie, était mort sans pouvoir réaliser ses projets. Dans les montagnes du Centre et du Midi, la tranquillité était donc assurée, les derrières de l'armée des Pyrénées étaient garantis, et la vallée du Rhône n'avait plus l'un de ses flancs couvert par des montagnes insurgées.

Une victoire inattendue sur les Espagnols dans le Roussillon achevait d'assurer la soumission du Midi. On les a vus, après leur première marche dans les vallées du Tech et de la Tet, rétrograder pour prendre Bellegarde et les

Bains, et revenir ensuite se placer devant le camp français. Après l'avoir long-temps observé, ils l'attaquèrent le 17 juillet. Les Français avaient à peine douze mille jeunes soldats : les Espagnols au contraire comptaient quinze ou seize mille hommes parfaitement aguerris. Ricardos, dans l'intention de nous envelopper, avait trop divisé son attaque. Nos jeunes volontaires, soutenus par le général Barbantane et le brave Dagobert, tenaient ferme dans leurs retranchements, et après des efforts inouïs, les Espagnols parurent décidés à se retirer. Dagobert, qui attendait ce moment, se précipite sur eux, mais un de ses bataillons se débande tout-à-coup, et se laisse ramener en désordre. Heureusement à cette vue, Deflers, Barbantane, viennent au secours de Dagobert, et tous s'élancent avec tant de violence, que l'ennemi est culbuté au loin. Ce combat du 17 juillet releva le courage de nos soldats, et, suivant le témoignage d'un historien, produisit aux Pyrénées l'effet que Valmy avait produit dans la Champagne l'année précédente.

Du côté des Alpes, Dubois-Crancé, placé entre la Savoie mécontente, la Suisse incertaine, Grenoble et Lyon révoltés, se conduisait avec autant de force que de bonheur. Tandis que les autorités sectionnaires prêtaient devant lui le serment fédéraliste, il faisait prêter le serment opposé au club et à son armée, et attendait le premier mouvement favorable pour agir. Ayant saisi en effet la correspondance des autorités, il y trouva la preuve qu'elles cherchaient à se coaliser avec Lyon; alors il les dénonça au peuple de Grenoble comme voulant amener la dissolution de la république par une guerre civile, et profitant d'un moment de chaleur, il les fit destituer, et rendit tous les pouvoirs à l'ancienne municipalité. Dès ce moment, tranquille sur Grenoble, il s'occupa de réorganiser l'armée des Alpes, afin de conserver la Savoie et de faire exécuter les décrets de la convention contre Lyon et Marseille. Il changea tous les états-majors, rétablit l'ordre dans ses bataillons, incorpora les recrues provenant de la levée des trois cent mille hommes; et quoique les départements de la Lozère, de la Haute-Loire, eussent employé leur contingent à étouffer la révolte de leurs montagnes, il tâcha d'y suppléer par des réquisitions. Après ces premiers soins, il fit partir le général Carteaux avec quelques mille hommes d'infanterie, et avec la légion levée en Savoie sous le nom de légion des Allobroges, pour se rendre à Valence, y occuper le cours du Rhône, et empêcher la jonction des Marseillais avec les Lyonnais. Carteaux, parti dans les premiers jours de juillet, se porta rapidement sur Valence, et de Valence sur le Pont-Saint-Esprit, où il enleva le corps des Nîmois, dispersa les uns, s'incorpora les autres, et s'assura les deux rives du Rhône. Il se jetta immédiatement après sur Avignon, où les Marseillais s'étaient établis quelque temps auparavant.

Tandis que ces événements se passaient à Grenoble, Lyon affectant toujours la plus grande fidélité à la république, promettant de maintenir son *unité*, son *indivisibilité*, n'obéissait pourtant pas au décret de la convention, qui évoquait au tribunal révolutionnaire de Paris les procédures intentées contre divers patriotes. Sa commission et son état-major se remplissaient de royalistes cachés. Rambaud, président de la commission, Précy, commandant de la force départementale, étaient secrètement dévoués à la cause de l'émigration. Égarés par de dangereuses suggestions, les malheureux Lyonnais allaient se compromettre avec la convention, qui, désormais obéie et victorieuse, devait faire tomber sur la dernière ville restée en révolte tout le châtiment réservé au fédéralisme vaincu. En attendant, ils s'armaient à Saint-Étienne, réunissaient des déserteurs de toute espèce; mais cherchant toujours à ne pas se montrer en révolte ouverte, ils laissaient passer les convois destinés aux frontières, et ordonnaient l'élargissement des députés Noël-Pointe, Santeyra et Lesterpt-Beauvais, arrêtés par les communes environnantes.

Le Jura était un peu calmé; les représentants Bassal et Garnier, qu'on y a vus avec quinze cents hommes enveloppés par quinze mille, avaient éloigné leurs forces trop insuffisantes, et tâché de négocier. Ils réussirent, et les administrations révoltées leur avaient promis de mettre fin à ce mouvement par l'acceptation de la constitution.

Près de deux mois s'étaient écoulés depuis le 2 juin (car on touchait à la fin de juillet); Valenciennes et Mayence étaient toujours menacées; mais la Normandie, la Bretagne et presque tous les départements de l'Ouest étaient rentrés sous l'obéissance. Nantes venait d'être délivrée des Vendéens, les Bordelais n'osaient pas sortir de leurs murs, la Lozère était soumise; les Pyrénées se trouvaient garanties pour le moment, Grenoble était pacifiée, Marseille était isolée de Lyon par les succès de Carteaux, et Lyon, quoique refusant d'obéir aux décrets, n'osait cependant pas déclarer la guerre. L'autorité de la convention était donc à peu près rétablie dans l'intérieur. D'une part, la lenteur des fédéralistes, leur défaut d'ensemble, leurs demi-moyens; de l'autre, l'énergie de la convention, l'unité de sa puissance, sa position centrale, son habitude du commandement, sa politique tour à tour habile et forte, avaient décidé le triomphe de la Montagne sur ce dernier effort des girondins. Applaudissons-nous de ce résultat, car dans un moment où la France était attaquée de toutes parts, le plus digne de commander c'était le plus fort. Les fédéralistes vaincus se condamnaient par leurs propres paroles : Les honnêtes gens, disaient-ils, n'ont jamais su avoir de l'énergie.

Mais, tandis que les fédéralistes succombaient de tous côtés, un dernier accident allait exciter contre eux les plus grandes fureurs.

A cette époque vivait dans le Calvados une jeune fille, âgée de vingt-cinq ans, réunissant à une grande beauté un caractère ferme et indépendant. Elle se nommait Charlotte Corday d'Armans. Ses mœurs étaient pures, mais son esprit était actif et inquiet. Elle avait quitté la maison paternelle pour aller vivre avec plus de liberté chez une de ses amies à Caen. Son père avait autrefois, par quelques écrits, réclamé les priviléges de sa province, à l'époque où la France était réduite encore à réclamer des priviléges de villes et de provinces. La jeune

Corday s'était enflammée pour la cause de la révolution, comme beaucoup de femmes de son temps, et, de même que madame Roland, elle était enivrée de l'idée d'une république soumise aux lois et féconde en vertus. Les girondins lui paraissaient vouloir réaliser son rêve; les montagnards semblaient seuls y apporter des obstacles; et, à la nouvelle du 31 mai, elle résolut de venger ses orateurs chéris. La guerre du Calvados commençait; elle crut que la mort du chef des anarchistes, concourant avec l'insurrection des départements, assurerait la victoire de ces derniers; elle résolut donc de faire un grand acte de dévouement, et de consacrer à sa patrie une vie dont un époux, des enfants, une famille, ne faisaient ni l'occupation ni le charme. Elle trompa son père, et lui écrivit que les troubles de la France devenant tous les jours plus effrayants, elle allait chercher le calme et la sécurité en Angleterre. Tout en écrivant cela, elle s'acheminait vers Paris. Avant son départ, elle voulut voir à Caen les députés, objet de son enthousiasme et de son dévouement. Pour parvenir jusqu'à eux, elle imagina un prétexte, et demanda à Barbaroux une lettre de recommandation auprès du ministre de l'intérieur, ayant, disait-elle, des papiers à réclamer pour une amie, ancienne chanoinesse. Barbaroux lui en donna une pour le député Duperret, ami de Garat. Ses collègues, qui la virent comme lui, et comme lui l'entendirent exprimer sa haine contre les montagnards, et son enthousiasme pour une république pure et régulière, furent frappés de sa beauté et touchés de ses sentiments. Tous ignoraient ses projets.

Arrivée à Paris, Charlotte Corday songea à choisir sa victime. Danton et Robespierre étaient assez célèbres dans la Montagne pour mériter ses coups, mais Marat était celui qui avait paru le plus effrayant aux provinces, et qu'on regardait comme le chef des anarchistes. Elle voulait d'abord frapper Marat au faîte même de la Montagne et au milieu de ses amis, mais elle ne le pouvait plus, car Marat se trouvait dans un état qui l'empêchait de siéger à la convention. On se rappelle sans doute qu'il s'était suspendu volontairement pendant quinze jours; mais, voyant que le procès des girondins ne pouvait être vidé encore, il mit fin à cette ridicule comédie, et reparut à sa place. Bientôt une de ces maladies inflammatoires qui, dans les révolutions, terminent ces existences orageuses que ne termine pas l'échafaud, l'obligea à se retirer et à rentrer dans sa demeure. Là, rien ne pouvait calmer sa dévorante activité; il passait une partie du jour dans son bain, entouré de plumes et de papier, écrivant sans cesse, rédigeant son journal, adressant des lettres à la convention, et se plaignant de ce qu'on ne leur donnait pas assez d'attention. Il en écrivit une dernière, disant que, si on ne la lisait pas, il allait se faire transporter malade à la tribune, et la lire lui-même. Dans cette lettre, il dénonçait deux généraux, Custine et Biron. « Custine, disait-il, transporté du Rhin au Nord, y faisait comme Dumouriez, il médisait des *anarchistes*, il composait ses états-majors à sa fantaisie, armait certains bataillons, désarmait certains autres, et les distribuait conformément à ses plans, qui, sans doute, étaient ceux d'un conspirateur. » (On se souvient que Custine profitait du siége de Valenciennes pour réorganiser l'armée du Nord au camp de César.) « Quant à Biron, c'était un ancien valet de cour; il affectait une grande crainte des Anglais pour se tenir dans la Basse-Vendée, et laisser à l'ennemi la possession de la Vendée supérieure. Évidemment il n'attendait qu'une descente, pour lui-même se réunir aux Anglais et leur livrer notre armée. La guerre de la Vendée aurait dû être déja finie. Un homme judicieux, après avoir vu les Vendéens se battre une fois, devait trouver le moyen de les détruire. Pour lui, qui possédait aussi la science militaire, il avait imaginé une manœuvre infaillible, et si son état de santé n'avait pas été aussi mauvais, il se serait fait transporter sur les bords de la Loire pour mettre lui-même ce plan à exécution. Custine et Biron étaient les deux Dumouriez du moment; et, après les avoir arrêtés, il fallait prendre une dernière mesure qui répondrait à toutes les calomnies, et engagerait tous les députés sans retour dans la révolution, c'était de mettre à mort les Bourbons prisonniers, et de mettre à prix la tête des Bourbons fugitifs. De cette manière, on n'accuserait plus les uns de destiner Orléans au trône, et on empêcherait les autres de faire leur paix avec la famille des Capet. »

C'était toujours, comme on le voit, la même vanité, la même fureur, et la même promptitude à devancer les craintes populaires. Custine et Biron, en effet, allaient devenir les deux objets de la fureur générale, et c'était Marat qui, malade et mourant, avait encore eu l'honneur de l'initiative.

Charlotte Corday, pour l'atteindre, était donc obligée d'aller le chercher chez lui. D'abord elle remit la lettre qu'elle avait pour Duperret, remplit sa commission auprès du ministre de l'intérieur, et se prépara à consommer

son projet. Elle demanda à un cocher de fiacre la demeure de Marat, s'y rendit et fut refusée. Alors elle lui écrivit, et lui dit qu'arrivée du Calvados, elle avait d'importantes choses à lui apprendre. C'était assez pour obtenir son introduction. Le 13 juillet, en effet, elle se présente à huit heures du soir. La gouvernante de Marat, jeune femme de 27 ans, avec laquelle il vivait maritalement, lui oppose quelques difficultés; Marat, qui était dans son bain, entend Charlotte Corday, et ordonne qu'on l'introduise. Restée seule avec lui, elle rapporte ce qu'elle a vu à Caen, puis l'écoute, le considère avant de le frapper. Marat demande avec empressement le nom des députés présents à Caen; elle les nomme, et lui, saisissant un crayon, se met à les écrire, en ajoutant : « C'est bien, ils iront tous à la guillotine. » — A la guillotine!... reprend la jeune Corday indignée; alors elle tire un couteau de son sein, frappe Marat sous le téton gauche, et enfonce le fer jusqu'au cœur. — *A moi!* s'écrie-t-il, *à moi, ma chère amie!* — Sa gouvernante s'élance à ce cri; un commissionnaire qui ployait des journaux accourt de son côté; tous deux trouvent Marat plongé dans son sang, et la jeune Corday calme, sereine, immobile. Le commissionnaire la renverse d'un coup de chaise, la gouvernante la foule aux pieds. Le tumulte attire du monde, et bientôt tout le quartier est en rumeur. La jeune Corday se relève, et brave avec dignité les outrages et les fureurs de ceux qui l'entourent. Des membres de la section, accourus à ce bruit, et frappés de sa beauté, de son courage, du calme avec lequel elle avoue son action, empêchent qu'on ne la déchire, et la conduisent en prison, où elle continue à tout confesser avec la même assurance.

Cet assassinat, comme celui de Lepelletier, causa une rumeur extraordinaire. On répandit sur-le-champ que c'étaient les girondins qui avaient armé Charlotte Corday. On avait dit la même chose pour Lepelletier, et on le répétera dans toutes les occasions semblables. Une opinion opprimée se signale presque toujours par un coup de poignard; ce n'est qu'une ame plus exaspérée qui a conçu et exécuté l'acte, on l'impute cependant à tous les partisans de la même opinion, et on s'autorise ainsi à exercer sur eux de nouvelles vengeances, et à faire un martyr. On était embarrassé de trouver des crimes aux députés détenus; la révolte départementale fournit un premier prétexte de les immoler, en les déclarant complices des députés fugitifs; la mort de Marat servit de complément à leurs crimes supposés, et aux raisons qu'on voulait se procurer pour les envoyer à l'échafaud.

La Montagne, les jacobins, et surtout les cordeliers, qui se faisaient gloire d'avoir possédé Marat les premiers, d'être demeurés plus particulièrement liés avec lui, et de ne l'avoir jamais désavoué, témoignèrent une grande douleur. Il fut convenu qu'il serait enterré dans leur jardin, et sous les arbres même où le soir il lisait sa feuille au peuple. La convention décida qu'elle assisterait en corps à ses funérailles. Aux Jacobins, on proposa de lui décerner des honneurs extraordinaires; on voulut lui donner le Panthéon, bien que la loi ne permît d'y transporter un individu que vingt ans après sa mort. On demandait que toute la société se rendît en masse à son convoi; que les presses de l'Ami du Peuple fussent achetées par la société, pour qu'elles ne tombassent pas en des mains indignes; que son journal fût continué par des successeurs capables, sinon de l'égaler, du moins de rappeler son énergie et de remplacer sa vigilance. Robespierre, qui s'attachait à rendre les jacobins toujours plus imposants, en s'opposant à toutes leurs vivacités, et qui d'ailleurs voulait ramener à lui l'attention, trop fixée sur le martyr, prit la parole dans cette circonstance. « Si je

« parle aujourd'hui, dit-il, c'est que j'ai le
« droit de le faire. Il s'agit des poignards, ils
« m'attendent, je les ai mérités, et c'est l'effet
« du hasard si Marat a été frappé avant moi.
« J'ai donc le droit d'intervenir dans la discus-
« sion, et je le fais pour m'étonner que votre
« énergie s'épuise ici en vaines déclamations,
« et que vous ne songiez qu'à de vaines pompes.
« Le meilleur moyen de venger Marat, c'est
« de poursuivre impitoyablement ses ennemis.
« La vengeance qui cherche à se satisfaire en
« vains honneurs funéraires s'apaise bientôt,
« et ne songe plus à s'exercer d'une manière
« plus réelle et plus utile. Renoncez donc à
« d'inutiles discussions, et vengez Marat d'une
« manière plus digne de lui. » Toute discussion
fut écartée par ces paroles, et on ne songea
plus aux propositions qui avaient été faites.
Néanmoins, les jacobins, la convention, les
cordeliers, toutes les sociétés populaires et les
sections, se préparèrent à lui décerner des honneurs magnifiques. Son corps resta exposé pendant plusieurs jours ; il était découvert, et on
voyait la blessure qu'il avait reçue. Les sociétés
populaires, les sections venaient processionnel-
lement jeter des fleurs sur son cercueil. Chaque
président prononçait un discours. La section
de la république vient la première : « Il est

« mort, s'écrie son président, il est mort l'ami
« du peuple.... il est mort assassiné!.... Ne pro-
« nonçons point son éloge sur ses dépouilles
« inanimées. Son éloge c'est sa conduite, ses
« écrits, sa plaie sanglante, et sa mort!.... Ci-
« toyennes, jetez des fleurs sur le corps pâle
« de Marat! Marat fut notre ami, il fut l'ami
« du peuple, c'est pour le peuple qu'il a vécu,
« c'est pour le peuple qu'il est mort. » Après
ces paroles, des jeunes filles font le tour du
cercueil, et jettent des fleurs sur le corps de
Marat. L'orateur reprend : « Mais c'est assez
« se lamenter; écoutez la grande ame de Ma-
« rat, qui se réveille et vous dit : Républicains,
« mettez un terme à vos pleurs.... Les républi-
« cains ne doivent verser qu'une larme, et son-
« ger ensuite à la patrie. Ce n'est pas moi qu'on
« a voulu assassiner, c'est la république : ce
« n'est pas moi qu'il faut venger, c'est la répu-
« blique, c'est le peuple, c'est vous! »

Toutes les sociétés, toutes les sections vinrent ainsi l'une après l'autre autour du cercueil
de Marat; et si l'histoire rappelle de pareilles
scènes, c'est pour apprendre aux hommes à
réfléchir sur l'effet des préoccupations du moment, et pour les engager à bien s'examiner
eux-mêmes lorsqu'ils pleurent les puissants ou
maudissent les vaincus du jour.

Pendant ce temps, le procès de la jeune Corday s'instruisait avec la rapidité des formes révolutionnaires. On avait impliqué dans son affaire deux députés; l'un était Duperret, avec lequel elle avait eu des rapports, et qui l'avait conduite chez le ministre de l'intérieur; l'autre était Fauchet, ancien évêque, devenu suspect à cause de ses liaisons avec le côté droit, et qu'une femme, ou folle ou méchante, prétendait faussement avoir vu aux tribunes avec l'accusée.

Charlotte Corday, conduite en présence du tribunal, conserve le même calme. On lui lit son acte d'accusation, après quoi on procède à l'audition des témoins : — Corday interrompt le premier témoin, et ne laissant pas le temps de commencer sa déposition : C'est moi, dit-elle, qui ai tué Marat. — Qui vous a engagée à commettre cet assassinat? lui demande le président. — Ses crimes. — Qu'entendez-vous par ses crimes? — Les malheurs dont il est cause depuis la révolution. — Qui sont ceux qui vous ont engagée à cette action? — Moi seule, reprend fièrement la jeune fille. Je l'avais résolu depuis long-temps, et je n'aurais jamais pris conseil des autres pour une pareille action. J'ai voulu donner la paix à mon pays. — Mais croyez-vous avoir tué tous les Marat? — Non, reprend tristement l'accusée, non. Elle laisse ensuite achever les témoins, et après chaque déposition, elle répète chaque fois : « C'est vrai, le déposant a raison. » Elle ne se défend que d'une chose, c'est de sa prétendue complicité avec les girondins. Elle ne dément qu'un seul témoin, c'est la femme qui implique Duperret et Fauchet dans sa cause; puis elle se rassied et écoute le reste de l'instruction avec une parfaite sérénité. « Vous le voyez, dit pour toute défense son avocat Chauveau-Lagarde, l'accusée avoue tout avec une inébranlable assurance. Ce calme et cette abnégation, sublimes sous un rapport, ne peuvent s'expliquer que par le fanatisme politique le plus exalté. C'est à vous de juger de quel poids cette considération morale doit être dans la balance de la justice. »

Charlotte Corday est condamnée à la peine de mort. Son beau visage n'en paraît pas ému; elle rentre dans sa prison avec le sourire sur les lèvres; elle écrit à son père pour lui demander pardon d'avoir disposé de sa vie; elle écrit à Barbaroux, auquel elle raconte son voyage et son action dans une lettre charmante, pleine de grace, d'esprit et d'élévation; elle lui dit que ses amis ne doivent pas la regretter, car une imagination vive, un cœur sensible, promettent une vie bien orageuse à ceux qui en sont doués. Elle ajoute qu'elle s'est bien vengée de Pétion, qui à Caen suspecta un moment ses sentiments politiques. Enfin elle le prie de dire à Wimpffen qu'elle l'a aidé à gagner plus d'une bataille. Elle termine par ces mots : « Quel triste peuple pour « former une république ! il faut au moins fon- « der la paix ; le gouvernement viendra comme « il pourra. »

Le 15, Charlotte Corday subit son jugement avec le calme qui ne l'avait pas quittée. Elle répondit par l'attitude la plus modeste et la plus digne aux outrages de la vile populace. Cependant tous ne l'outrageaient pas ; beaucoup plaignaient cette fille si jeune, si belle, si désintéressée dans son action, et l'accompagnaient à l'échafaud d'un regard de pitié et d'admiration.

Marat fut transporté en grande pompe au jardin des Cordeliers. « Cette pompe, disait le « rapport de la commune, n'avait rien que de « simple et de patriotique : le peuple, rassem- « blé sous les bannières des sections, suivait « paisiblement. Un désordre en quelque sorte « imposant, un silence respectueux, une cons- « ternation générale, offraient le spectacle le « plus touchant. La marche a duré depuis six

« heures du soir jusqu'à minuit ; elle était for-
« mée de citoyens de toutes les sections, des
« membres de la convention, de ceux de la
« commune et du département, des électeurs
« et des sociétés populaires. Arrivé dans le jar-
« din des Cordeliers, le corps de Marat a été
« déposé sous les arbres, dont les feuilles, lé-
« gèrement agitées, réfléchissaient et multi-
« pliaient une lumière douce et tendre. Le
« peuple environnait le cercueil en silence. Le
« président de la convention a d'abord fait un
« discours éloquent, dans lequel il a annoncé
« que le temps arriverait bientôt où Marat se-
« rait vengé ; mais qu'il ne fallait pas, par des
« démarches hâtives et inconsidérées, s'attirer
« des reproches des ennemis de la patrie. Il a
« ajouté que la liberté ne pouvait périr, et que
« la mort de Marat ne ferait que la consolider.
« Après plusieurs discours, qui ont été vive-
« ment applaudis, le corps de Marat a été dé-
« posé dans la fosse. Les larmes ont coulé, et
« chacun s'est retiré l'ame navrée de douleur. »

Le cœur de Marat, disputé par plusieurs sociétés, resta aux cordeliers. Son buste, répandu partout avec celui de Lepelletier et de
Brutus, figura dans toutes les assemblées et
les lieux publics. Le scellé mis sur ses papiers
fut levé ; on ne trouva chez lui qu'un assignat

de cinq francs, et sa pauvreté fut un nouveau sujet d'admiration. Sa gouvernante, qu'il avait, selon les paroles de Chaumette, prise pour épouse, *un jour de beau temps, à la face du soleil*, fut appelée sa veuve, et nourrie aux frais de l'état.

Telle fut la fin de cet homme, le plus étrange de cette époque si féconde en caractères. Jeté dans la carrière des sciences, il voulut renverser tous les systèmes; jeté dans les troubles politiques, il conçut tout d'abord une pensée affreuse, une pensée que les révolutions réalisent chaque jour, à mesure que leurs dangers s'accroissent, mais qu'elles ne s'avouent jamais, la destruction de tous leurs adversaires. Marat, voyant que, tout en les condamnant, la révolution n'en suivait pas moins ses conseils, que les hommes qu'il avait dénoncés étaient dépopularisés et immolés au jour qu'il avait prédit, se regarda comme le plus grand politique des temps modernes, fut saisi d'un orgueil et d'une audace extraordinaires, et resta toujours horrible pour ses adversaires, et au moins étrange pour ses amis eux-mêmes. Il finit par un accident aussi singulier que sa vie, et succomba au moment même où les chefs de la république, se concertant pour former un gouvernement cruel et sombre, ne pouvaient plus s'accommoder d'un collègue maniaque, systématique et audacieux, qui aurait dérangé tous leurs plans par ses saillies. Incapable, en effet, d'être un chef actif et entraînant, il fut l'apôtre de la révolution; et lorsqu'il ne fallait plus d'apostolat, mais de l'énergie et de la tenue, le poignard d'une jeune fille indignée vint à propos en faire un martyr, et donner un saint au peuple, qui, fatigué de ses anciennes images, avait besoin de s'en créer de nouvelles.

CHAPITRE II.

Distribution des partis depuis le 31 mai, dans la convention, dans le comité de salut public et la commune. — Divisions dans la Montagne. *Discrédit de Danton. — Politique de Robespierre. — Événements en Vendée. Défaites de Westermann à Châtillon, et du général Labarolière à Vihiers. — Siége et prise de Mayence par les Prussiens et les Autrichiens. Prise de Valenciennes. — Dangers extrêmes de la république en août 1793. — État financier. Discrédit des assignats. Établissement du* maximum. *Détresse publique. Agiotage.*

Des triumvirs si fameux, il ne restait plus que Robespierre et Danton. Pour se faire une idée de leur influence, il faut voir comment s'étaient distribués les pouvoirs, et quelle marche avaient suivie les esprits depuis la suppression du côté droit.

Dès le jour même de son institution, la

convention fut en réalité saisie de tous les pouvoirs. Elle ne voulut cependant pas les garder ostensiblement dans ses mains, afin d'éviter les apparences du despotisme; elle laissa donc exister hors de son sein un fantôme de pouvoir exécutif, et conserva des ministres. Mécontente de leur administration, dont l'énergie n'était pas proportionnée aux circonstances, elle établit immédiatement après la défection de Dumouriez, un comité de salut public, qui entra en fonctions le 10 avril, et qui eut sur le gouvernement une inspection supérieure. Il pouvait suspendre l'exécution des mesures prises par les ministres, y suppléer quand il les jugeait insuffisantes, ou les révoquer lorsqu'il les croyait mauvaises. Il rédigeait les instructions des représentants envoyés en mission, et pouvait seul correspondre avec eux. Placé de cette manière au-dessus des ministres et des représentants, qui étaient eux-mêmes placés au-dessus des fonctionnaires de toute espèce, il avait sous sa main le gouvernement tout entier. Quoique, d'après son titre, cette autorité ne fût qu'une simple inspection, en réalité elle devenait l'action même, car un chef d'état n'exécute jamais rien lui-même, et se borne à tout faire faire sous ses yeux, à choisir les agents, à diriger les opérations. Or, par son seul droit d'inspection, le comité pouvait tout cela, et il l'accomplit. Il régla les opérations militaires, commanda les approvisionnements, ordonna les mesures de sûreté, nomma les généraux et les agents de toute espèce, et les ministres tremblants se trouvaient trop heureux de se décharger de toute responsabilité en se réduisant au rôle de simples commis. Les membres qui composaient le comité de salut public étaient Barrère, Delmas, Bréard, Cambon, Robert Lindet, Danton, Guyton-Morveau, Mathieu et Ramel. Ils étaient reconnus pour des hommes habiles et laborieux, et quoiqu'ils fussent suspects d'un peu de modération, on ne les suspectait pas au point de les croire, comme les girondins, complices de l'étranger. En peu de temps, ils réunirent dans leurs mains toutes les affaires de l'état, et bien qu'ils n'eussent été nommés que pour un mois, on ne voulut pas les interrompre dans leurs travaux, et on les prorogea de mois en mois, du 10 avril au 10 mai, du 10 mai au 10 juin, du 10 juin au 10 juillet. Au-dessous de ce comité, le comité de sûreté générale exerçait la haute police, chose si importante en temps de défiance ; mais, dans ses fonctions même, il dépendait du comité de salut public, qui, chargé en général de tout ce qui intéressait le salut de l'état, devenait compétent pour rechercher les complots contre la république.

Ainsi, par ses décrets, la convention avait la volonté suprême; par ses représentants et son comité, elle avait l'exécution; de manière que, tout en ne voulant pas réunir les pouvoirs dans ses mains, elle avait été invinciblement conduite par les circonstances, et par le besoin de faire exécuter, sous ses yeux et par ses propres membres, ce qu'elle croyait mal fait par des agents étrangers.

Cependant, quoique toute l'autorité s'exerçât dans son sein, elle ne participait aux opérations du gouvernement que par son approbation, et ne les discutait plus. Les grandes questions d'organisation sociale étaient résolues par la constitution, qui établissait la démocratie pure. La question de savoir si on emploierait, pour se sauver, les moyens les plus révolutionnaires, et si on s'abandonnerait à tout ce que la passion pourrait inspirer, était résolue par le 31 mai. Ainsi la constitution de l'état et la morale politique se trouvaient fixées. Il ne restait donc plus à examiner que des mesures administratives, financières et militaires. Or, les sujets de cette nature peuvent rarement être compris par une nombreuse assemblée, et sont livrés à l'arbitraire des hommes qui s'en occupent spécialement. La convention s'en remettait volontiers à cet égard aux comités qu'elle avait chargés des affaires. Elle n'avait à soupçonner ni leur probité, ni leurs lumières, ni leur zèle. Elle était donc réduite à se taire; et la dernière révolution, en lui ôtant le courage de discuter, lui en avait enlevé l'occasion. Elle n'était plus qu'un conseil d'état, où des comités, chefs de travaux, venaient rendre des comptes toujours applaudis, et proposer des décrets toujours adoptés. Les séances, devenues silencieuses, sombres, et assez courtes, ne se prolongeaient plus, comme auparavant, pendant les journées et les nuits.

Au-dessous de la convention, qui s'occupait des matières générales de gouvernement, la commune s'occupait du régime municipal, et y faisait une véritable révolution. Ne songeant plus, depuis le 31 mai, à conspirer et à se servir de la force locale de Paris contre la convention, elle s'occupait de la police, des subsistances, des marchés, des cultes, des spectacles, des filles publiques même, et rendait, sur tous ces objets de régime intérieur et privé, des arrêtés qui devenaient bientôt modèles dans toute la France. Chaumette, procureur-général de la commune, était, par ses réquisitoires toujours écoutés et applaudis par le peuple, le rapporteur de cette législature municipale. Cherchant sans cesse de nouvelles matières à régler, envahissant continuellement sur la liberté privée, ce législateur des halles et des marchés devenait chaque jour plus importun et plus redoutable. Pache, toujours impassible, laissait tout faire sous ses yeux, donnait son approbation aux mesures proposées, et abandonnait à Chaumette les honneurs de la tribune municipale.

La convention laissant agir librement ses comités, et la commune étant exclusivement occupée de ses attributions, la discussion sur les matières de gouvernement était restée aux jacobins; seuls, ils discutaient avec leur audace accoutumée les opérations du gouvernement, et la conduite de chacun de ses agents. Depuis long-temps, comme on l'a vu, ils avaient acquis une très-grande importance par leur nombre, par l'illustration et le haut rang de la plupart de leurs membres, par le vaste cortége de leurs sociétés affiliées, enfin par leur ancienneté et leur longue influence sur la révolution. Mais depuis le 31 mai, ayant fait taire le côté droit de l'assemblée, et fait prédominer le système d'une énergie sans bornes, ils avaient acquis une puissance d'opinion immense, et avaient hérité de la parole abdiquée en quelque sorte par la convention. Ils poursuivaient les comités d'une surveillance continuelle, examinaient leur conduite ainsi que celle des représentants, des ministres, des généraux, avec cette fureur de personnalités qui leur était propre; ils exerçaient ainsi sur tous les agents une censure inexorable, souvent inique, mais toujours utile par la terreur qu'elle inspirait et le dévouement qu'elle imposait à tous. Les autres sociétés populaires avaient aussi leur liberté et leur influence, mais se soumettaient cependant à l'autorité des jacobins. Les cordeliers, par exemple, plus turbulents, plus prompts à agir, reconnaissaient néanmoins la supériorité de raison de leurs aînés, et se laissaient ramener par leurs conseils, quand il leur arrivait de devancer le moment d'une proposition, par excès d'impatience révolutionnaire. La pétition de Jacques Roux contre la constitution, rétractée par les cordeliers à la voix des jacobins, était une preuve de cette déférence.

Telle était, depuis le 31 mai, la distribution des pouvoirs et des influences : on voyait à la fois un comité gouvernant, une commune occupée de réglements municipaux, et des jacobins exerçant sur le gouvernement une censure continuelle et rigoureuse.

Deux mois ne s'étaient pas écoulés sans que l'opinion s'exerçât sévèrement contre l'administration actuelle. Les esprits ne pouvaient pas s'arrêter au 31 mai; leur exigence devait aller au-delà, et il était naturel qu'ils demandassent toujours et plus d'énergie, et plus de célérité, et plus de résultats. Dans la réforme générale des comités, réclamée le 2 juin, on avait épargné le comité de salut public, rempli d'hommes laborieux, étrangers à tous les partis, et chargés de travaux qu'il était dangereux d'interrompre; mais on se souvenait qu'il avait hésité au 31 mai et au 2 juin, qu'il avait voulu négocier avec les départements, et leur envoyer des otages, et on ne tarda pas à le trouver insuffisant pour les circonstances. Institué dans le moment le plus difficile, on lui imputait des défaites qui étaient le malheur de notre situation et non sa faute. Centre de toutes les opérations, il était encombré d'affaires, et on lui reprochait de s'ensevelir dans les papiers, de s'absorber dans les détails, d'être en un mot usé et incapable. Établi cependant au moment de la défection de Dumouriez, lorsque toutes les armées étaient désorganisées, lorsque la Vendée se levait, et que l'Espagne commençait la guerre, il avait réorganisé l'armée du Nord et celle du Rhin, il avait créé celles des Pyrénées et de la Vendée, qui n'existaient pas, et approvisionné cent vingt-six places ou forts; et quoiqu'il restât encore beaucoup à faire pour mettre nos forces sur le pied nécessaire, c'était beaucoup d'avoir exécuté de pareils travaux en si peu de temps et à travers les obstacles de l'insurrection départementale. Mais la défiance publique exigeait toujours plus qu'on ne faisait, plus qu'on ne pouvait faire, et c'est en cela même qu'elle provoquait une énergie si grande et proportionnée au danger. Pour augmenter la force du comité, et remonter son énergie révolutionnaire, on avait adjoint à ses membres, Saint-Just, Jean-Bon-Saint-André et Couthon. Néanmoins, on n'était pas satisfait encore, et on disait que les derniers venus étaient excellents sans doute, mais que leur influence était neutralisée par les autres.

L'opinion ne s'exerçait pas moins sévèrement contre les ministres. Celui de l'intérieur, Garat, d'abord assez bien vu à cause de sa neutralité entre les girondins et les jacobins, n'était plus qu'un modéré depuis le 2 juin. Chargé de préparer un écrit pour éclairer les départements sur les derniers événements, il avait fait une longue dissertation, où il expliquait et compensait tous les torts avec une impartialité très-philosophique sans doute, mais peu appropriée aux dispositions du moment. Robespierre, auquel il communiqua cet écrit beaucoup trop sage, le repoussa. Les jacobins en furent bientôt instruits, et ils reprochèrent à Garat de n'avoir rien fait pour combattre le poison répandu par Roland. Il en était de même du ministre de la marine, d'Albarade, qu'on accusait de laisser, dans les états-majors des escadres, tous les anciens aristocrates. Il est vrai en effet qu'il en avait conservé beaucoup, et les événements de Toulon le prouvèrent bientôt; mais les épurations étaient plus difficiles dans les armées de mer que dans celles de terre, parce que les connaissances spéciales qu'exige la marine ne permettaient pas de remplacer les vieux officiers par de nouveaux, et de faire, en six mois, d'un paysan un soldat, un sous-officier, un général. Le ministre de la guerre, Bouchotte, s'était seul conservé en faveur, parce que, à l'exemple de Pache, son prédécesseur, il avait livré ses bureaux aux jacobins et aux cordeliers, et avait calmé leur défiance en les appelant eux-mêmes dans son administration. Presque tous les généraux étaient accusés, et particulièrement les nobles; mais deux surtout étaient devenus l'épouvantail du jour : Custine, au Nord, et Biron à l'Ouest. Marat, comme on l'a vu, les avait dénoncés quelques jours avant sa mort; et depuis cette accusation, tous les esprits se demandaient pourquoi Custine restait au camp de César sans débloquer Valenciennes? pourquoi Biron, inactif dans la Basse-Vendée, avait laissé prendre Saumur et assiéger Nantes?

La même défiance régnait à l'intérieur : la calomnie errait sur toutes les têtes et s'égarait sur les meilleurs patriotes. Comme il n'y avait plus de côté droit auquel on pût tout attribuer, comme il n'y avait plus un Roland, un Brissot, un Guadet, à qui on pût, à chaque crainte, imputer une trahison, le reproche menaçait les républicains les plus décidés. Il régnait une fureur incroyable de soupçons et d'accusations. La vie révolutionnaire la plus longue et la mieux soutenue n'était plus une garantie, et on pouvait, en un jour, en une heure, être assimilé aux plus grands ennemis de la république. Les imaginations ne pouvaient pas se désenchanter sitôt de ce Danton, dont l'audace et l'éloquence avaient soutenu les courages dans toutes les circonstances décisives; mais Danton portait dans la révolution la passion la plus violente pour le but, sans aucune haine contre les individus, et ce n'était pas assez. L'esprit d'une révolution se compose de passion pour le but, et de haine pour ceux qui font obstacle : Danton n'avait que l'un de ces deux sentiments. En fait de mesures révolutionnaires tendant à frapper les riches, à mettre en action les indifférents, et à développer les ressources de la nation, il n'avait rien ménagé, et avait imaginé les moyens les plus hardis et les plus violents; mais, tolérant et facile pour les individus, il ne voyait pas des ennemis dans tous; il y voyait des hommes divers de caractère, d'esprit, qu'il fallait ou gagner, ou accepter avec le degré de leur énergie. Il n'avait pas pris Dumouriez pour un perfide, mais pour un mécontent poussé à bout. Il n'avait pas vu dans les girondins les complices de Pitt, mais d'honnêtes gens incapables, et il aurait voulu qu'on les écartât sans les immoler. On disait même qu'il s'était offensé de la consigne donnée par Henriot le 2 juin. Il touchait la main à des généraux nobles, dînait avec des fournisseurs, s'entretenait familièrement avec les hommes de tous les partis, recherchait les plaisirs, et en avait beaucoup pris dans la révolution. On savait tout cela, et on répandait sur son énergie et sa probité les bruits les plus équivoques. Un jour, on disait que Danton ne paraissait plus aux Jacobins; on parlait de sa paresse, de ses

continuelles distractions, et on disait que la révolution n'avait pas été une carrière sans jouissances pour lui. Un autre jour, un jacobin disait à la tribune : « Danton m'a quitté pour aller toucher la main à un général. » Quelquefois on se plaignait des individus qu'il avait recommandés aux ministres. N'osant pas toujours l'attaquer lui-même, on attaquait ses amis. Le boucher Legendre, son collègue dans la députation de Paris, son lieutenant dans les rues et les faubourgs, et l'imitateur de son éloquence brute et sauvage, était traité de modéré par Hébert et les autres turbulents des Cordeliers. — « Moi un modéré! s'écriait Le-
« gendre aux Jacobins, quand je me fais quel-
« quefois des reproches d'exagération; quand
« on écrit de Bordeaux que j'ai assommé Gua-
« det; quand on met dans tous les journaux
« que j'ai saisi Lanjuinais au collet, et que
« je l'ai traîné sur le pavé! » On traitait encore de modéré un autre ami de Danton, patriote aussi connu et aussi éprouvé, Camille Desmoulins, l'écrivain à la fois le plus naïf, le plus comique et le plus éloquent de la révolution. Camille connaissait beaucoup le général Dillon, qui, placé par Dumouriez au poste des Islettes dans l'Argonne, y avait déployé tant de fermeté et de bravoure. Camille s'était con-

vaincu par lui-même que Dillon n'était qu'un brave homme, sans opinion politique, mais doué d'un grand instinct guerrier, et ne demandant qu'à servir la république. Tout-à-coup, par l'effet de cette incroyable défiance qui régnait, on répand que Dillon va se mettre à la tête d'une conspiration pour rétablir Louis XVII sur le trône. Le comité de salut public le fait aussitôt arrêter. Camille, qui s'était convaincu par ses yeux qu'un tel bruit n'était qu'une fable, veut défendre Dillon devant la convention. — Alors de toutes parts on lui dit : Vous dînez avec les aristocrates. — Billaud-Varennes, en lui coupant la parole, s'écrie : Qu'on ne laisse pas Camille se déshonorer ! — On me coupe la parole, répond alors Camille, eh bien ! à moi mon écritoire ! — Et il écrit aussitôt un pamphlet intitulé, *Lettre à Dillon*, plein de grace et de raison, où il frappe dans tous les sens et sur toutes les têtes. Il dit au comité de salut public : « Vous avez usurpé tous les pouvoirs, amené toutes les affaires à vous, et vous n'en terminez aucune. Vous étiez trois chargés de la guerre ; l'un est absent, l'autre malade, et le troisième n'y entend rien ; vous laissez à la tête de nos armées les Custine, les Biron, les Menou, les Berthier, tous aristocrates, ou fayettistes, ou incapables. » Il dit à Cambon : « Je n'entends rien à ton système de finances, mais ton papier ressemble fort à celui de Law, et court aussi vite de mains en mains. » Il dit à Billaud-Varennes : « Tu en veux à Arthur Dillon, parce qu'étant commissaire à son armée, il te mena au feu; » — à Saint-Just : « Tu te respectes, et portes ta tête comme un *Saint-Sacrement*; » — à Bréard, à Delmas, à Barrère et autres : « Vous avez voulu donner votre démission le 2 juin, parce que vous ne pouviez pas considérer cette révolution de sang-froid, tant elle vous paraissait affreuse. » Il ajoute que Dillon n'est ni républicain, ni fédéraliste, ni aristocrate, qu'il est soldat, et qu'il ne demande qu'à servir ; qu'il vaut en patriotisme le comité de salut public et tous les états-majors conservés à la tête des armées; que du moins il est grand militaire, qu'on est trop heureux d'en pouvoir conserver quelques-uns, et qu'il ne faut pas s'imaginer que tout sergent puisse être général. « Depuis, ajoute-t-il, qu'un officier inconnu, Dumouriez, a vaincu malgré lui à Jemmapes, et a pris possession de toute la Belgique et de Breda, comme un maréchal-des-logis *avec de la craie*, les succès de la république nous ont donné la même ivresse que les succès de son règne donnèrent à Louis XIV. Il prenait ses généraux dans son antichambre, et nous croyons pouvoir prendre les nôtres dans les rues; nous sommes même allés jusqu'à dire que nous avions trois millions de généraux. »

On voit, à ce langage, à ces attaques croisées, que la confusion régnait dans la Montagne. Cette situation est ordinairement celle de tout parti qui vient de vaincre, qui va se diviser, mais dont les fractions ne sont pas encore clairement détachées. Il ne s'était pas formé encore de nouveau parti dans le parti vainqueur. L'accusation de modéré ou d'exagéré planait sur toutes les têtes, sans se fixer positivement sur aucune. Au milieu de ce désordre d'opinions, une réputation restait toujours inaccessible aux attaques, c'était celle de Robespierre. Il n'avait certainement jamais eu de l'indulgence pour les individus; il n'avait aimé aucun proscrit, ni frayé avec aucun général, avec aucun financier ou député. On ne pouvait l'accuser d'avoir pris aucun plaisir dans la révolution, car il vivait obscurément chez un menuisier, et entretenait, dit-on, avec l'une de ses filles, un commerce tout-à-fait ignoré. Sévère, réservé, intègre, il était, et passait pour incorruptible. On ne pouvait lui reprocher que l'orgueil, espèce de vice qui ne souille pas comme la corruption, mais qui fait

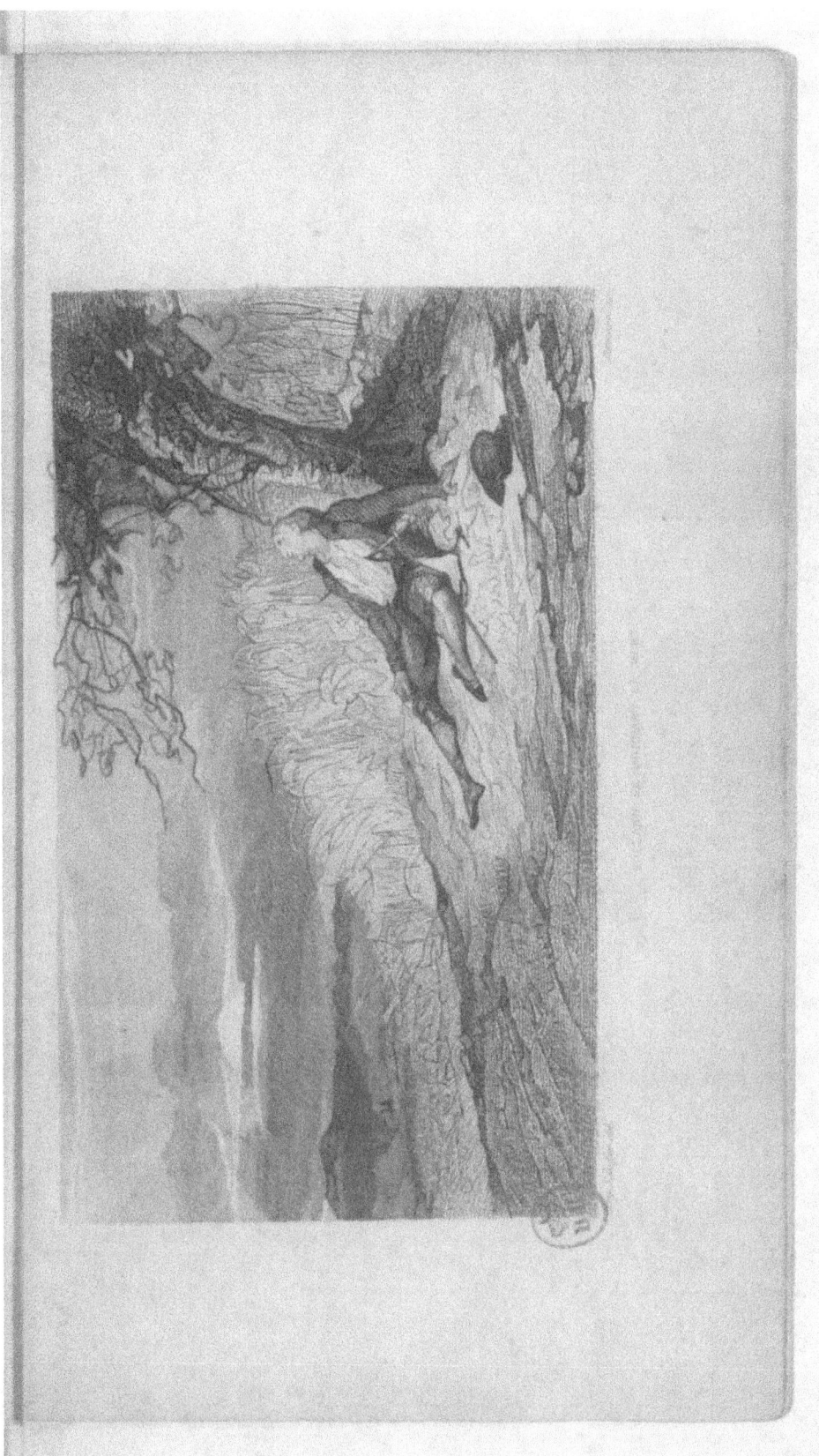

de grands maux dans les discordes civiles, et qui devient terrible chez les hommes austères, chez les dévots religieux ou politiques, parce qu'étant leur seule passion, ils la satisfont sans distraction et sans pitié.

Robespierre était le seul individu qui pût réprimer certains mouvements d'impatience révolutionnaire, sans qu'on imputât sa modération à des liaisons de plaisir ou d'intérêt. Sa résistance, quand il en opposait, n'était jamais attribuée qu'à de la raison. Il sentait cette position, et il commença alors, pour la première fois, à se faire un système. Jusque-là, tout entier à sa haine, il n'avait songé qu'à pousser la révolution sur les girondins; maintenant, voyant dans un nouveau débordement des esprits, un danger pour les patriotes, il pensa qu'il fallait maintenir le respect pour la convention et le comité de salut public, parce que toute l'autorité résidait en eux, et ne pouvait passer en d'autres mains sans une confusion épouvantable. D'ailleurs il était dans cette convention, il ne pouvait manquer d'être bientôt dans le comité de salut public, et, en les défendant, il soutenait à la fois une autorité indispensable, et une autorité dont il allait faire partie. Comme toute opinion se formait d'abord aux Jacobins, il songea à s'en em-

parer toujours davantage, à les rattacher autour de la convention et des comités, sauf à les déchaîner ensuite s'il le jugeait nécessaire. Toujours assidu, mais assidu chez eux seuls, il les flattait de sa présence; ne prenant plus que rarement la parole à la convention, où, comme nous l'avons dit, on ne parlait presque plus, il se faisait souvent entendre à leur tribune, et ne laissait jamais passer une proposition importante sans la discuter, la modifier ou la repousser. En cela, sa conduite était bien mieux calculée que celle de Danton. Rien ne blesse les hommes et ne favorise les bruits équivoques comme l'absence. Danton, négligent comme un génie ardent et passionné, était trop peu chez les jacobins. Quand il reparaissait, il était réduit à se justifier, à assurer qu'il serait toujours bon patriote, à dire que « si quelquefois il usait de certains ménage-
« ments pour ramener des esprits faibles, mais
« excellents, on pouvait être assuré que son
« énergie n'en était pas diminuée ; qu'il veillait
« toujours avec la même ardeur aux intérêts de
« la république, et qu'elle serait victorieuse. »
Vaines et dangereuses excuses! Dès qu'on s'explique, dès qu'on se justifie, on est dominé par ceux auxquels on s'adresse. Robespierre, au contraire, toujours présent, toujours prêt

à écarter les insinuations, n'était jamais réduit à se justifier; il prenait au contraire le ton accusateur; il gourmandait ses fidèles jacobins, et il avait justement saisi ce point où la passion qu'on inspire étant bien prononcée, on ne fait que l'augmenter par des rigueurs.

On a vu de quelle manière il traita Jacques Roux, qui avait proposé une pétition contre l'acte constitutionnel; il en faisait de même dans toutes les circonstances où il s'agissait de la convention. Cette assemblée était épurée, disait-il; elle ne méritait que des respects; quiconque l'accusait était un mauvais citoyen. Le comité de salut public n'avait sans doute pas fait tout ce qu'il devait faire (car tout en les défendant, Robespierre ne manquait pas de censurer ceux qu'il défendait); mais ce comité était dans une meilleure voie; l'attaquer, c'était détruire le centre nécessaire de toutes les autorités, affaiblir l'énergie du gouvernement, et compromettre la république. Quand on voulait fatiguer le comité ou la convention de pétitions trop répétées, il s'y opposait en disant qu'on usait l'influence des jacobins, et qu'on faisait perdre le temps aux dépositaires du pouvoir. Un jour, on voulait que les séances du comité fussent publiques; il s'emporta contre cette proposition; il dit qu'il y avait des ennemis cachés, qui, sous le masque du patriotisme, faisaient les propositions les plus incendiaires, et il commença à soutenir que l'étranger payait deux espèces de conspirateurs en France : les exagérés, qui poussaient tout au désordre, et les modérés, qui voulaient tout paralyser par la mollesse.

Le comité de salut public avait été prorogé trois fois ; le 10 juillet, il devait être prorogé une quatrième, ou renouvelé. Le 8, grande séance aux Jacobins. De toutes parts, on dit que les membres du comité doivent être changés, et qu'il ne faut pas les proroger de nouveau, comme on l'a fait trois mois de suite. — « Sans doute, dit Bourdon, le comité a de bonnes intentions ; je ne veux pas l'inculper ; mais un malheur attaché à l'espèce humaine est de n'avoir d'énergie que quelques jours seulement. Les membres actuels du comité ont déjà passé cette époque ; ils sont usés : changeons-les. Il nous faut aujourd'hui des hommes révolutionnaires, des hommes à qui nous puissions confier le sort de la république, et qui nous en répondent corps pour corps. »

L'ardent Chabot succède à Bourdon. « Le comité, dit-il, doit être renouvelé, et il ne faut pas souffrir une nouvelle prorogation. Lui adjoindre quelques membres de plus, reconnus bons patriotes, ne suffirait pas, car on en a la preuve dans ce qui est arrivé. Couthon, Saint-Just, Jean-Bon-Saint-André, adjoints récemment, sont annulés par leurs collègues. Il ne faut pas non plus qu'on renouvelle le comité au scrutin secret, car le nouveau ne vaudrait pas mieux que l'ancien, qui ne vaut rien du tout. J'ai entendu Mathieu, poursuit Chabot, tenir les discours les plus inciviques à la société des femmes révolutionnaires. Ramel a écrit à Toulouse que les propriétaires pouvaient seuls sauver la chose publique, et qu'il fallait se garder de remettre les armes aux mains des sans-culottes. Cambon est un fou qui voit tous les objets trop gros, et s'en effraie cent pas à l'avance. Guyton-Morveau est un honnête homme, un quaker qui tremble toujours. Delmas, qui avait la partie des nominations, n'a fait que de mauvais choix, et a rempli l'armée de contre-révolutionnaires; enfin ce comité était l'ami de Lebrun, et il est ennemi de Bouchotte. »

Robespierre s'empresse de répondre à Chabot. « A chaque phrase, à chaque mot, dit-il, du discours de Chabot, je sens respirer le patriotisme le plus pur; mais j'y vois aussi le patriotisme trop exalté qui s'indigne que tout ne tourne pas au gré de ses désirs, qui s'irrite de ce que le comité de salut public n'est pas parvenu dans ses opérations à une perfection impossible, et que Chabot ne trouvera nulle part.

« Je le crois comme lui, ce comité n'est pas composé d'hommes également éclairés, également vertueux; mais quel corps trouvera-t-il composé de cette manière? Empêchera-t-il les hommes d'être sujets à l'erreur? N'a-t-il pas vu la convention, depuis qu'elle a vomi de son sein les traîtres qui la déshonoraient, reprendre une nouvelle énergie, une grandeur qui lui avait été étrangère jusqu'à ce jour, un caractère plus auguste dans sa représentation? Cet exemple ne suffit-il pas pour prouver qu'il n'est pas toujours nécessaire de détruire, et qu'il est plus prudent quelquefois de s'en tenir à réformer?

« Oui, sans doute, il est dans le comité de salut public des hommes capables de remonter la machine et de donner une nouvelle force à ses moyens. Il ne faut que les y encourager. Qui oubliera les services que ce comité a rendus à la chose publique, les nombreux complots qu'il a découverts, les heureux aperçus que nous lui devons, les vues sages et profondes qu'il nous a développées!

« L'assemblée n'a point créé un comité de salut public pour l'influencer elle-même, ni pour diriger ses décrets; mais ce comité lui a été utile pour démêler, dans les mesures proposées, ce qui était bon d'avec ce qui, présenté sous une forme séduisante, pouvait entraîner les conséquences les plus dangereuses; mais il a donné les premières impulsions à plusieurs déterminations essentielles qui ont sauvé peut-être la patrie; mais il lui a sauvé les inconvénients d'un travail pénible, souvent infructueux, en lui présentant les résultats, déja heureusement trouvés, d'un travail qu'elle ne connaissait qu'à peine, et qui ne lui était pas assez familier.

« Tout cela suffit pour prouver que le comité de salut public n'a pas été d'un si petit secours qu'on voudrait avoir l'air de le croire. Il a fait des fautes sans doute; est-ce à moi de les dissimuler? Pencherais-je vers l'indulgence, moi qui crois qu'on n'a point assez fait pour la patrie quand on n'a pas tout fait? Oui, il a fait des fautes, et je veux les lui reprocher avec vous; mais il serait impolitique en ce moment d'appeler la défaveur du peuple sur un comité qui a besoin d'être investi de toute sa confiance, qui est chargé de grands intérêts, et dont la patrie attend de grands secours; et, quoiqu'il n'ait pas l'agrément des citoyennes républicaines révolutionnaires, je ne le crois pas moins propre à ses importantes opérations. »

Toute discussion fut fermée après les réflexions de Robespierre. Le surlendemain, le comité fut renouvelé et réduit à neuf individus, comme dans l'origine. Ses nouveaux membres étaient Barrère, Jean-Bon-Saint-André, Gasparin, Couthon, Hérault-Séchelles, Saint-Just, Thuriot, Robert Lindet, Prieur de la Marne. Tous les membres accusés de faiblesse étaient congédiés, excepté Barrère, à qui sa grande facilité à rédiger des rapports, et à se plier aux circonstances, avait fait pardonner le passé. Robespierre n'y était pas encore, mais avec quelques jours de plus, avec un peu plus de danger sur les frontières, et de terreur dans la convention, il allait y arriver.

Robespierre eut encore plusieurs autres occasions d'employer sa nouvelle politique. La marine commençant à donner des inquiétudes, on ne cessait de se plaindre du ministre d'Albarade, de son prédécesseur Monge, de l'état déplorable de nos escadres, qui, revenues de Sardaigne dans les chantiers de Toulon, ne se réparaient pas, et qui étaient commandées par de vieux officiers presque tous aristocrates. On se plaignait même de quelques individus nouvellement agrégés au bureau de la marine. On accusait beaucoup entre autres un nommé Peyron, envoyé pour réorganiser l'armée à Toulon. Il n'avait pas fait, disait-on, ce qu'il aurait dû faire : on en rendait le ministre responsable, et le ministre rejetait la responsabilité sur un grand patriote, qui lui avait recommandé Peyron. On désignait avec affectation ce patriote célèbre, sans oser le nommer. — Son nom! s'écrient plusieurs voix. — Eh bien! reprend le dénonciateur, ce patriote célèbre, c'est Danton! — A ces mots, des murmures éclatent. Robespierre accourt : « Je demande, dit-il, que la farce cesse et que la séance commence... On accuse d'Albarade; je ne le connais que par la voix publique, qui le proclame un ministre patriote; mais que lui reproche-t-on ici? une erreur. Quel homme n'en est pas capable? Un choix qu'il a fait n'a pas répondu à l'attente générale! Bouchotte et Pache aussi ont fait des choix défectueux, et cependant ce sont deux vrais républicains, deux sincères amis de la patrie. Un homme est en place, il suffit, on le calomnie. Eh! quand cesserons-nous d'ajouter foi aux contes ridicules ou perfides dont on nous accable de toutes parts!

« Je me suis aperçu qu'on avait joint à cette dénonciation assez générale du ministre une dénonciation particulière contre Danton. Serait-ce lui qu'on voudrait vous rendre suspect? Mais si, au lieu de décourager les patriotes en leur cherchant avec tant de soin des crimes où il existe à peine une erreur légère, on s'occupait un peu des moyens de leur faciliter leurs opérations, de rendre leur travail plus clair et moins épineux, cela serait plus honnête, et la patrie en profiterait. On a dénoncé Bouchotte on a dénoncé Pache, car il était écrit que les meilleurs patriotes seraient dénoncés. Il est bien temps de mettre fin à ces scènes ridicules et affligeantes; je voudrais que la société des jacobins s'en tînt à une série de matières qu'elle traiterait avec fruit; qu'elle restreignît le grand nombre de celles qui s'agitent dans son sein, et qui, pour la plupart, sont aussi futiles que dangereuses. »

Ainsi, Robespierre, voyant le danger d'un nouveau débordement des esprits, qui aurait anéanti tout gouvernement, s'efforçait de rattacher les jacobins autour de la convention, des comités et des vieux patriotes. Tout était profit pour lui dans cette politique louable et utile. En préparant la puissance des comités, il préparait la sienne propre; en défendant les patriotes de même date et de même énergie que lui, il se garantissait, et empêchait l'opinion de faire des victimes à ses côtés; il plaçait fort au-dessous de lui ceux dont il devenait le protecteur; enfin il se faisait, par sa sévérité même, adorer des jacobins, et se donnait une haute réputation de sagesse. En cela, Robespierre ne mettait d'autre ambition que celle de tous les chefs révolutionnaires, qui jusque-là avaient voulu arrêter la révolution au point où ils s'arrêtaient eux-mêmes; et cette politique, qui les avait tous dépopularisés, ne devait pas le dépopulariser lui, parce que la révolution approchait du terme de ses dangers et de ses excès.

Les députés détenus avaient été mis en accusation immédiatement après la mort de Marat, et on préparait leur jugement. On disait déjà qu'il fallait faire tomber les têtes des Bourbons qui restaient encore, quoique ces têtes fussent celles de deux femmes, l'une épouse, l'autre sœur du dernier roi; et celle de ce duc d'Orléans, si fidèle à la révolution, et aujourd'hui prisonnier à Marseille, pour prix de ses services.

On avait ordonné une fête pour l'acceptation de la constitution. Toutes les assemblées primaires devaient envoyer des députés qui viendraient exprimer leur vœu, et se réuniraient au champ de la fédération dans une fête solennelle. La date n'en était plus fixée au 14 juillet, mais au 10 août, car la prise des Tuileries avait amené la république, tandis que la prise de la Bastille, laissant subsister la monarchie, n'avait aboli que la feodalité. Aussi les républicains et les royalistes constitutionnels se distinguaient-ils, en ce que les uns célébraient le 10 août, et les autres le 14 juillet.

Le fédéralisme expirait, et l'acceptation de la constitution était générale. Bordeaux gardait toujours la plus grande réserve, ne faisait aucun acte décisif ni de soumission ni d'hostilité, mais acceptait la constitution. Lyon poursuivait les procédures évoquées au tribunal révolutionnaire ; mais, rebelle en ce point seul, il se soumettait quant aux autres, et adhérait aussi à la constitution. Marseille seule refusait son adhésion. Mais sa petite armée, déjà séparée de celle du Languedoc, venait, dans les derniers jours de juillet, d'être chassée d'Avignon, et de repasser la Durance. Ainsi le fédéralisme était vaincu, et la constitution triomphante. Mais le danger s'aggravait sur les frontières ; il devenait imminent dans la Vendée, sur le Rhin et dans le Nord ; de nouvelles victoires dédommageaient les Vendéens de leur échec devant Nantes ; et Mayence, Valenciennes, étaient pressées plus vivement que jamais par l'ennemi.

Nous avons interrompu notre récit des événements militaires au moment où les Vendéens, repoussés de Nantes, rentrèrent dans leur pays, et nous avons vu Biron arriver à Angers, après la délivrance de Nantes, et convenir d'un plan avec le général Canclaux. Pendant ce temps, Westermann s'était rendu à Niort avec la légion germanique, et avait obtenu de Biron la permission de s'avancer dans l'intérieur du pays. Westermann était ce même Alsacien qui s'était distingué au 10 août, et avait décidé le succès de cette journée; qui, ensuite, avait servi glorieusement sous Dumouriez, s'était lié avec lui et avec Danton, et fut enfin dénoncé par Marat, qu'il avait bâtonné, dit-on, pour diverses injures. Il était du nombre de ces patriotes dont on reconnaissait les grands services, mais auxquels on commençait à reprocher les plaisirs qu'ils avaient pris dans la révolution, et dont on se dégoûtait déjà, parce qu'ils exigeaient de la discipline dans les armées, des connaissances dans les officiers, et ne voulaient pas exclure tout général noble, ni qualifier de traître tout général battu. Westermann avait formé une légion dite *germanique*, de quatre ou cinq mille hommes, renfermant infanterie, cavalerie et artillerie. A la tête de cette petite armée, dont il s'était rendu maître, et où il maintenait une discipline sévère, il avait déployé la plus grande audace et fait des exploits brillants. Transporté dans la Vendée avec sa légion, il l'avait réorganisée de nouveau, et en avait chassé les lâches qui étaient allés le dénoncer. Il témoignait un mépris très-haut pour ces bataillons informes qui pillaient et désolaient le pays; il affichait les mêmes sentiments que Biron, et était rangé avec lui parmi les aristocrates militaires. Le ministre de la guerre Bouchotte avait, comme on l'a vu, répandu ses agents jacobins et cordeliers dans la Vendée. Là, ils rivalisaient avec les représentants et les généraux, autorisaient les pillages et les vexations sous le titre de réquisitions de guerre, et l'indiscipline sous prétexte de défendre le soldat contre le despotisme des officiers. Le premier commis de la guerre, sous Bouchotte, était Vincent, jeune cordelier frénétique, l'esprit le plus dangereux et le plus turbulent de cette époque; il gouvernait Bouchotte, faisait tous les choix, et poursuivait les généraux avec une rigueur extrême. Ronsin, cet ordonnateur envoyé à Dumouriez, lorsque ses marchés furent annulés, était l'ami de Vincent et de Bouchotte, et le chef de leurs agents dans la Vendée, sous le titre d'adjoint-ministre. Sous lui se trouvaient les nommés Momoro, imprimeur, Grammont, comédien, et plusieurs autres qui agissaient dans le même sens et avec la même violence. Westermann, déja peu d'accord avec eux, se les aliéna tout-à-fait par un acte d'énergie. Le nommé Rossignol, ancien ouvrier orfèvre, qui s'était fait remarquer au 20 juin et au 10 août, et qui commandait l'un des bataillons de la formation d'Orléans, était du nombre de ces nouveaux officiers favorisés par le ministère cordelier. Étant un jour à boire avec des soldats de Westermann, il disait que les soldats ne devaient pas être les esclaves des officiers, que Biron était un *ci-devant*, un traître, et que l'on devait chasser les bourgeois des maisons pour y loger les troupes. Westermann le fit arrêter, et le livra aux tribunaux militaires. Ronsin se hâta de le réclamer, et envoya tout de suite à Paris une dénonciation contre Westermann.

Westermann, sans s'inquiéter de cet événement, se mit en marche avec sa légion pour pénétrer jusqu'au cœur même de la Vendée. Partant du côté opposé à la Loire, c'est-à-dire du midi du théâtre de la guerre, il s'empara d'abord de Parthenay, puis entra dans Amaillou, et mit le feu dans ce dernier bourg, pour user de représailles envers M. de Lescure. Celui-ci, en effet, en entrant à Parthenay, avait exercé des rigueurs contre les habitants, qui étaient accusés d'esprit révolutionnaire. Westermann fit enlever tous les habitants d'Amaillou, et les envoya à ceux de Parthenay, comme dédommagement; il brûla ensuite le château de Clisson, appartenant à Lescure, et répandit partout la terreur par sa marche rapide et le bruit exagéré de ses exécutions militaires. Westermann n'était pas cruel, mais il commença ces désastreuses représailles qui ruinèrent les pays neutres, accusés par chaque parti d'avoir favorisé le parti contraire. Tout avait fui jusqu'à Châtillon, où s'étaient réunis les familles des chefs vendéens et les débris de leurs armées. Le 3 juillet, Westermann, ne craignant pas de se hasarder au centre du pays insurgé, entra dans Châtillon, et en chassa le conseil supérieur et l'état-major, qui y siégeaient comme dans leur capitale. Le bruit de cet exploit audacieux se répandit au loin; mais la position de Westermann était hasardée. Les chefs vendéens s'étaient repliés, avaient sonné le tocsin, rassemblé une armée considérable, et se disposaient à surprendre Westermann du côté où il s'y attendait le moins. Il avait placé sur un moulin et hors de Châtillon un poste qui commandait tous les environs. Les Vendéens, s'avançant à la dérobée, suivant leur tactique ordinaire, entourent ce poste et se mettent à l'assaillir de toutes parts. Westermann, averti un peu tard, s'empresse de le faire soutenir, mais les détachements qu'il envoie sont repoussés et ramenés dans Châtillon. L'alarme se répand alors dans l'armée républicaine; elle abandonne Châtillon en désordre; et Westermann lui-même, après avoir fait des prodiges de bravoure, est emporté dans la fuite, et obligé de se sauver à la hâte, en laissant derrière lui un grand nombre d'hommes morts ou prisonniers. Cet échec causa autant de découragement dans les esprits, que la témérité et le succès de l'expédition avaient causé de présomption et d'espérance.

Pendant que ces choses se passaient à Châtillon, Biron venait de convenir d'un plan avec Canclaux. Ils devaient descendre tous deux jusqu'à Nantes, balayer la rive gauche de la Loire, tourner ensuite vers Machecoul, donner la main à Boulard, qui partirait des Sables, et, après avoir ainsi séparé les Vendéens de la mer, marcher vers la Haute-Vendée pour soumettre tout le pays. Les représentants ne voulurent pas de ce plan; ils prétendirent qu'il fallait partir du point même où l'on était, pour pénétrer dans le pays, marcher en conséquence sur les ponts de Cé avec les troupes réunies à Angers, et se faire appuyer vis-à-vis par une colonne qui s'avancerait de Niort. Biron, se voyant contrarié, donna sa démission. Mais, dans ce moment même, on apprit la déroute de Châtillon, et on imputa tout à Biron. On lui reprocha d'avoir laissé assiéger Nantes, et de n'avoir pas secondé Westermann. Sur la dénonciation de Ronsin et de ses agents, il fut mandé à la barre : Westermann fut mis en jugement, et Rossignol élargi sur-le-champ. Tel était le sort des généraux dans la Vendée au milieu des agents jacobins.

Le général Labarolière prit le commandement des troupes laissées à Angers par Biron, et se disposa, selon le vœu des représentants, à s'avancer dans le pays par les ponts de Cé. Après avoir laissé quatorze cents hommes à Saumur, et quinze cents aux ponts de Cé, il se porta vers Brissac, où il plaça un poste pour assurer ses communications. Cette armée indisciplinée commit les plus affreuses dévastations sur un pays dévoué à la république. Le 15 juillet, elle fut attaquée au camp de Fline par vingt mille Vendéens. L'avant-garde, composée de troupes régulières, résista avec vigueur. Cependant le corps de bataille allait céder, lorsque les Vendéens, plus prompts à lâcher le pied, se retirèrent en désordre. Les nouveaux bataillons montrèrent alors un peu plus d'ardeur; et, pour les encourager, on leur donna des éloges qui n'étaient mérités que par l'avant-garde. Le 17, on s'avança près de Vihiers; et une nouvelle attaque, reçue et soutenue avec la même vigueur par l'avant-garde, avec la même hésitation par la masse de l'armée, fut repoussée de nouveau. On arriva dans le jour à Vihiers même. Plusieurs généraux, pensant que ces bataillons d'Orléans étaient trop mal organisés pour tenir la campagne, et qu'on ne pouvait pas avec une telle armée rester au milieu du pays, étaient d'avis de se retirer. Labarolière décida qu'il fallait attendre à Vihiers, et se défendre si on y était attaqué. Le 18, à une heure après midi, les Vendéens se présentent; l'avant-garde républicaine se conduit avec la même valeur; mais le reste de l'armée chancelle à la vue de l'ennemi, et se replie malgré les efforts des généraux. Les bataillons de Paris, aimant mieux crier à la trahison que se battre, se retirent en désordre. La confusion devient générale; Santerre, qui s'était jeté dans la mêlée avec le plus grand courage, manque d'être pris. Le représentant Bourbotte court le même danger; et l'armée fuit si vite, qu'elle est en quelques heures à Saumur. La division de Niort, qui allait se mettre en mouvement, s'arrêta; et le

20, il fut décidé qu'elle attendrait la réorganisation de la colonne de Saumur. Comme il fallait que quelqu'un répondît de la défaite, Ronsin et ses agents dénoncèrent le chef d'état-major Berthier, et le général Menou, qui passaient tous deux pour être aristocrates, parce qu'ils recommandaient la discipline. Berthier et Menou furent aussitôt mandés à Paris, comme l'avaient été Biron et Westermann.

Tel avait été jusqu'à cette époque l'état de cette guerre. Les Vendéens se levant tout-à-coup en avril et en mai, avaient pris Thouars, Loudun, Doué, Saumur, grace à la mauvaise qualité des troupes composées de nouvelles recrues. Descendus jusqu'à Nantes en juin, ils avaient été repoussés de Nantes par Canclaux, des Sables par Boulard, deux généraux qui avaient su introduire parmi leurs soldats l'ordre et la discipline. Westermann, agissant avec audace, et ayant quelques bonnes troupes, avait pénétré jusqu'à Châtillon vers les premiers jours de juin; mais, trahi par les habitants, surpris par les insurgés, il avait essuyé une déroute; enfin la colonne de Tours, voulant s'avancer dans le pays avec les bataillons d'Orléans, avait éprouvé le sort ordinaire aux armées désorganisées. A la fin de juillet, les Vendéens dominaient donc dans toute l'étendue de leur territoire. Quant au brave et malheureux Biron, accusé de n'être pas à Nantes, tandis qu'il visitait la Basse-Vendée, de n'être pas auprès de Westermann, tandis qu'il arrêtait un plan avec Canclaux, contrarié, interrompu dans toutes ses opérations, il venait d'être enlevé à l'armée sans avoir eu le temps d'agir, et n'y avait paru que pour y être continuellement accusé. Canclaux restait à Nantes; mais le brave Boulard ne commandait plus aux Sables, et les deux bataillons de la Gironde venaient de se retirer. Tel est donc le tableau de la Vendée en juillet : déroute de toutes les colonnes dans le haut pays ; plaintes, dénonciations des agents ministériels contre les généraux prétendus aristocrates, et plaintes des généraux contre les désorganisateurs envoyés par le ministère et les jacobins.

A l'Est et au Nord, les siéges de Mayence et de Valenciennes faisaient des progrès alarmants.

Mayence, placée sur la rive gauche du Rhin, du côté de France, et vis-à-vis l'embouchure du Mein, forme un grand arc de cercle dont le Rhin peut être considéré comme la corde. Un faubourg considérable, celui de Cassel, jeté sur l'autre rive, communique avec la place par un pont de bateaux. L'île de Petersau, située au-dessous de Mayence, remonte dans le fleuve, et sa pointe s'avance assez haut pour battre le pont de bateaux, et prendre les défenses de la place à revers. Du côté du fleuve, Mayence n'est protégée que par une muraille en briques; mais, du côté de la terre, elle est extrêmement fortifiée. En partant de la rive, à la hauteur de la pointe de Petersau, elle est défendue par une enceinte et par un fossé, dans lequel le ruisseau de Zalbach coule pour se rendre dans le Rhin. A l'extrémité de ce fossé, le fort de Haupstein prend le fossé en long, et joint la protection de ses feux à celle des eaux. A partir de ce point, l'enceinte continue et va rejoindre le cours supérieur du Rhin; mais le fossé se trouve interrompu, et il est remplacé par une double enceinte parallèle à la première. Ainsi, de ce côté, deux rangs de murailles exigent un double siége. La citadelle, liée à la double enceinte, vient encore en augmenter la force.

Telle était Mayence en 1793, avant même que les fortifications en eussent été perfectionnées. La garnison s'élevait à vingt mille hommes, parce que le général Schaal, qui devait se retirer avec une division, avait été rejeté dans la place et n'avait pu rejoindre l'armée de Custine. Les vivres n'étaient pas proportionnés à cette garnison. Dans l'incertitude de savoir si on garderait ou non Mayence, on s'était peu hâté de l'approvisionner. Custine en avait enfin donné l'ordre. Les juifs s'étaient présentés, mais ils offraient un marché astucieux; ils voulaient que tous les convois arrêtés en route par l'ennemi leur fussent payés. Rewbell et Merlin refusèrent ce marché, de crainte que les juifs ne fissent eux-mêmes enlever les convois. Néanmoins les grains ne manquaient pas; mais on prévoyait que si les moulins placés sur le fleuve étaient détruits, la mouture deviendrait impossible. La viande était en petite quantité, et les fourrages surtout étaient absolument insuffisants pour les trois mille chevaux de la garnison. L'artillerie se composait de cent trente pièces en bronze, et de soixante en fer, qu'on avait trouvées, et qui étaient fort mauvaises; les Français en avaient apporté quatre-vingts en bon état. Les pièces de rempart existaient donc en assez grand nombre, mais la poudre n'était pas en quantité suffisante. Le savant et héroïque Meunier, qui avait exécuté les travaux de Cherbourg, fut chargé de défendre Cassel et les postes de la rive droite; Doyré dirigeait les travaux dans le corps de la place; Aubert-Dubayet et Kléber commandaient les troupes; les représentants Merlin et Rewbell animaient la garnison de leur présence. Elle campait dans l'intervalle des deux enceintes, et occupait au loin des postes très-avancés. Elle était animée du meilleur esprit, avait grande confiance dans la place, dans ses chefs, dans ses forces; et, de plus, elle savait qu'elle avait à défendre un point très-important pour le salut de la France.

Le général Schœnfeld, campé sur la rive droite, cernait Cassel avec dix mille Hessois. Les Autrichiens et les Prussiens réunis faisaient la grande attaque de Mayence. Les Autrichiens occupaient la droite des assiégeants. En face de la double enceinte, les Prussiens formaient le centre de Marienbourg; là, se trouvait le quartier-général du roi de Prusse. La gauche, composée encore de Prussiens, campait en face du Haupstein, et du fossé inondé par les eaux du ruisseau de Zalbach. Cinquante mille hommes à peu près composaient cette armée de siége. Le vieux Kalkreuth la dirigeait. Brunswick commandait le corps d'observation du côté des Vosges, où il s'entendait avec Wurmser pour protéger cette grande opération. La grosse artillerie de siége manquant, on négocia avec les états de Hollande, qui vidèrent encore une partie de leurs arsenaux, pour aider les progrès de leurs voisins les plus redoutables.

L'investissement commença en avril. En attendant les convois d'artillerie, l'offensive appartint à la garnison, qui ne cessa de faire les sorties les plus vigoureuses. Le 11 avril, et quelques jours après l'investissement, nos généraux résolurent d'essayer une surprise contre les dix mille Hessois, qui s'étaient trop étendus sur la rive droite. Le 11, dans la nuit, ils sortirent de Cassel sur trois colonnes. Meunier marcha devant lui sur Hochein; les deux autres colonnes descendirent la rive droite vers Biberik; mais un coup de fusil, parti à l'improviste dans la colonne du général Schaal, répandit la confusion. Les troupes, toutes neuves encore, n'avaient pas l'aplomb qu'elles acquirent bientôt sous leurs généraux. Il fallut se retirer. Kléber, avec sa colonne, protégea la retraite de la manière la plus imposante. Cette sortie valut aux assiégés quarante bœufs ou vaches, qui furent salés.

Le 16, les généraux ennemis voulaient faire enlever le poste de Weissenau, qui, placé près du Rhin et à la droite de leur attaque, les inquiétait beaucoup. Les Français, malgré l'incendie du village, se retranchèrent dans un cimetière; le représentant Merlin s'y plaça avec eux, et, par des prodiges de valeur, ils conservèrent le poste.

Le 26, les Prussiens dépêchèrent un faux parlementaire, qui se disait envoyé par le général de l'armée du Rhin pour engager la garnison à se rendre. Les généraux, les représentants, les soldats déjà attachés à la place, et convaincus qu'ils rendaient un grand service en arrêtant l'armée du Rhin sur la frontière, repoussèrent toute proposition. Le 3 mai, le roi de Prusse voulut faire prendre un poste de la rive droite vis-à-vis Cassel, celui de Kosteim. Meunier le défendait. L'attaque, tentée le 3 mai avec une grande opiniâtreté, et recommencée le 8, fut repoussée avec une perte considérable pour les assiégeants. Meunier, de son côté, essaya l'attaque des îles placées à l'embouchure du Mein; il les prit, les perdit ensuite, et déploya à chaque occasion la plus grande audace.

Le 30 mai, les Français résolurent une sortie générale sur Marienbourg, où était le roi Frédéric-Guillaume. Favorisés par la nuit, six mille hommes pénétrèrent à travers la ligne ennemie, s'emparèrent des retranchements, et arrivèrent jusqu'au quartier-général. Cependant l'alarme répandue leur mit toute l'armée sur les bras; ils rentrèrent après avoir perdu beaucoup de leurs braves. Le lendemain, le roi de Prusse, courroucé, fit couvrir la place de feux. Ce même jour, Meunier faisait une nouvelle tentative sur l'une des îles du Mein. Blessé au genou, il expira, moins de sa blessure que de l'irritation qu'il éprouvait d'être obligé de quitter les travaux du siége. Toute la garnison assista à ses funérailles; le roi de Prusse fit suspendre le feu pendant qu'on rendait les derniers honneurs à ce héros, et le fit saluer d'une salve d'artillerie. Le corps fut déposé à la pointe du bastion de Cassel, qu'il avait fait élever.

Les grands convois étaient arrivés de Hollande. Il était temps de commencer les travaux du siége. Un officier prussien conseillait de s'emparer de l'île de Petersau, dont la pointe remontait entre Cassel et Mayence, d'y établir des batteries, de détruire le pont de bateaux et les moulins, et de donner l'assaut à Cassel, une fois qu'on l'aurait isolé et privé des secours de la place. Il proposait ensuite de se diriger vers le fossé où coulait la Zalbach, de s'y jeter sous la protection des batteries de Petersau qui enfileraient ce fossé, et de tenter un assaut sur ce front, qui n'était formé que d'une seule enceinte. Le projet était hardi et périlleux, car il fallait débarquer à Petersau, puis se jeter dans un fossé au milieu des eaux et sous le feu du Haupstein; mais aussi les résultats devaient être très-prompts. On aima mieux ouvrir la tranchée du côté de la double enceinte, et vis-à-vis la citadelle, sauf à faire un double siége.

Le 16 juin, une première parallèle fut tracée à huit cents pas de la première enceinte. Les assiégés mirent le désordre dans les travaux; il fallut reculer. Le 18, une autre parallèle fut tracée beaucoup plus loin, c'est-à-dire à quinze cents pas, et cette distance excita les sarcasmes de ceux qui avaient proposé l'attaque hardie par l'île de Petersau. Du 24 au 25, on se rapprocha; on s'établit à huit cents pas, et on éleva des batteries. Les assiégés interrompirent encore les travaux et enclouèrent les canons; mais ils furent enfin repoussés et accablés de feux continuels. Le 18 et le 19, deux cents pièces étaient dirigées sur la place, et la couvraient de projectiles de toute espèce. Des batteries flottantes, placées sur le Rhin, incendiaient l'intérieur de la ville par le côté le plus ouvert, et lui causaient un dommage considérable.

Cependant la dernière parallèle n'était pas encore ouverte, la première enceinte n'était pas encore franchie, et la garnison pleine d'ardeur ne songeait point à se rendre. Pour se délivrer des batteries flottantes, de braves Français se jetaient à la nage, et allaient couper les câbles des bateaux ennemis. On en vit un amener à la nage un bateau chargé de quatre-vingts soldats, qui furent faits prisonniers.

Mais la détresse était au comble. Les moulins avaient été incendiés, et il avait fallu recourir, pour moudre le grain, à des moulins à bras. Encore les ouvriers ne voulaient-ils pas y travailler, parce que l'ennemi, averti, ne manquait pas d'accabler d'obus le lieu où ils étaient placés. D'ailleurs on manquait presque tout-à-fait de blé; depuis long-temps on n'avait plus que de la chair de cheval; les soldats mangeaient des rats, et allaient sur les bords du Rhin pêcher les chevaux morts que le fleuve entraînait. Cette nourriture devint funeste à plusieurs d'entre eux; il fallut la leur défendre, et les empêcher même de la rechercher, en plaçant des gardes au bord du Rhin. Un chat valait six francs; la chair de cheval mort quarante-cinq sous la livre. Les officiers ne se traitaient pas mieux que les soldats, et Aubert-Dubayet, invitant à dîner son état-major, lui fit servir, comme régal, un chat flanqué de douze souris. Ce qu'il y avait de plus douloureux pour cette malheureuse garnison, c'était la privation absolue de toute nouvelle. Les communications étaient si bien interceptées, que depuis trois mois elle ignorait absolument ce qui se passait en France. Elle avait essayé de faire connaître sa détresse, tantôt par une dame qui allait voyager en Suisse, tantôt par un prêtre qui avait pris le chemin des Pays-Bas, tantôt enfin par un espion qui devait traverser le camp ennemi. Mais aucune de ces dépêches n'était parvenue. Espérant que peut-être on songerait à leur envoyer des nouvelles du Haut-Rhin, au moyen de bouteilles jetées dans le fleuve, les assiégés y placèrent des filets. Ils les levaient chaque jour, mais ils n'y trouvaient jamais rien. Les Prussiens, qui avaient pratiqué toute espèce de ruses, avaient fait imprimer à Francfort de faux *Moniteurs*, portant que Dumouriez avait renversé la convention, et que Louis XVII régnait avec une régence. Les Prussiens placés aux avant-postes transmettaient ces faux *Moniteurs* aux soldats de la garnison ; et cette lecture répandait les plus grandes inquiétudes, et ajoutait aux souffrances qu'on endurait déjà, la douleur de défendre peut-être une cause perdue. Cependant on attendait en se disant : L'armée du Rhin va bientôt arriver. Quelquefois on disait : Elle arrive. Pendant une nuit, on entend une canonnade vigoureuse très-loin de la place. On s'éveille avec joie, on court aux armes, et on s'apprête à marcher vers le canon français, et à mettre l'ennemi entre deux feux. Vain espoir! le bruit cesse, et l'armée libératrice ne paraît pas. Enfin la détresse était devenue si insupportable, que deux mille habitants demandèrent à sortir. Aubert-Dubayet le leur permit; mais ils ne furent pas reçus par les assiégeants, restèrent entre deux feux, et périrent en partie sous les murs de la place. Le matin, on vit les soldats rapporter dans leurs manteaux des enfants blessés.

Pendant ce temps, l'armée du Rhin et de la Moselle ne s'avançait pas. Custine l'avait commandée jusqu'au mois de juin. Encore tout abattu de sa retraite, il n'avait cessé d'hésiter pendant les mois d'avril et de mai. Il disait qu'il n'était pas assez fort; qu'il avait besoin de beaucoup de cavalerie pour soutenir, dans les plaines du Palatinat, les efforts de la cavalerie ennemie; qu'il n'avait point de fourrages pour nourrir ses chevaux; qu'il lui fallait attendre que les seigles fussent assez avancés pour en faire du fourrage, et qu'alors il marcherait au secours de Mayence*. Beauharnais, son successeur, hésitant comme lui, perdit l'occasion de sauver la place. La ligne

* Voyez le procès de Custine.

des Vosges, comme on sait, longe le Rhin, et vient finir non loin de Mayence. En occupant les deux versants de la chaîne et ses principaux passages, on a un avantage immense, parce qu'on peut se porter ou tout d'un côté ou tout d'un autre, et accabler l'ennemi de ses masses réunies. Telle était la position des Français. L'armée du Rhin occupait le revers oriental, et celle de la Moselle le revers occidental; Brunswick et Wurmser étaient disséminés, à la terminaison de la chaîne, sur un cordon fort étendu. Disposant des passages, les deux armées françaises pouvaient se réunir sur l'un ou l'autre des versants, accabler ou Brunswick ou Wurmser, venir prendre les assiégeants par derrière et sauver Mayence. Beauharnais, brave, mais peu entreprenant, ne fit que des mouvements incertains, et ne secourut pas la garnison.

Les représentants et les généraux enfermés dans Mayence, pensant qu'il ne fallait pas pousser les choses au pire; que si on attendait huit jours de plus, on pourrait manquer de tout, et être obligé de rendre la garnison prisonnière; qu'au contraire, en capitulant, on obtiendrait la libre sortie avec les honneurs de la guerre, et que l'on conserverait vingt mille hommes, devenus les plus braves soldats du monde sous Kléber et Dubayet, décidèrent qu'il fallait rendre la place. Sans doute, avec quelques jours de plus, Beauharnais pouvait la sauver, mais après avoir attendu si long-temps il était permis de ne plus penser à un secours et les raisons de se rendre étaient déterminantes. Le roi de Prusse fut facile sur les conditions; il accorda la sortie avec armes et bagages et n'imposa qu'une condition, c'est que la garnison ne servirait pas d'une année contre les coalisés. Mais il restait assez d'ennemis à l'intérieur pour utiliser ces admirables soldats, nommés depuis les *Mayençais*. Ils étaient tellement attachés à leur poste, qu'ils ne voulaient pas obéir à leurs généraux lorsqu'il fallut sortir de la place : singulier exemple de l'esprit de corps qui s'établit sur un point, et de l'attachement qui se forme pour un lieu qu'on a défendu quelques mois ! Cependant la garnison céda; et, tandis qu'elle défilait, le roi de Prusse, plein d'admiration pour sa valeur, appelait par leur nom les officiers qui s'étaient distingués pendant le siége, et les complimentait avec une courtoisie chevaleresque. L'évacuation eut lieu le 25 juillet.

On a vu les Autrichiens bloquant la place de Condé, et faisant le siége régulier de Valenciennes. Ces opérations, conduites simultanément avec celles du Rhin, approchaient de leur terme. Le prince de Cobourg, à la tête du corps d'observation, faisait face au camp de César; le duc d'York commandait le corps de siége. L'attaque, d'abord projetée sur la citadelle, fut ensuite dirigée entre le faubourg de Marly et la porte de Mons. Ce front présentait beaucoup plus de développement, mais il était moins défendu, et fut préféré comme plus accessible. On se proposa de battre les ouvrages pendant le jour, et d'incendier la ville pendant la nuit, afin d'augmenter la désolation des habitants et de les ébranler plus tôt. La place fut sommée le 14 juin. Le général Ferrand et les représentants Cochon et Briest répondirent avec la plus grande dignité. Ils avaient réuni une garnison de sept mille hommes, inspiré de très-bonnes dispositions aux habitants, dont ils organisèrent une partie en compagnies de canonniers, qui rendirent les plus grands services.

Deux parallèles furent successivement ouvertes dans les nuits des 14 et 19 juin, et armées de batteries formidables. Elles causèrent dans la place des ravages affreux. Les habitants et la garnison répondirent à la vigueur de l'attaque, et détruisirent plusieurs fois tous les travaux des assiégeants. Le 25 juin surtout fut terrible. L'ennemi incendia la place jusqu'à midi, sans qu'elle répondît de son côté; mais à cette heure un feu terrible, parti des remparts, plongea dans les tranchées, y mit la confusion, et y reporta la terreur et la mort qui avaient régné dans la ville. Le 28 juin, une troisième parallèle fut tracée, et le courage des habitants commença à s'ébranler. Déjà une partie de cette ville opulente était incendiée. Les enfants, les vieillards et les femmes avaient été mis dans des souterrains. La reddition de Condé, qui venait d'être pris par famine, augmentait encore le découragement des assiégés. Des émissaires avaient été envoyés pour les travailler. Des rassemblements commencèrent à se former et à demander une capitulation. La municipalité partageait les dispositions des habitants, et s'entendait secrètement avec eux. Les représentants et le général Ferrand répondirent avec la plus grande vigueur aux demandes qui leur furent adressées; et avec le secours de la garnison, dont le courage était parvenu au plus haut degré d'exaltation, ils dissipèrent les rassemblements.

Le 25 juillet, les assiégeants préparèrent leurs mines et se disposèrent à l'assaut du chemin couvert. Par bonheur pour eux, trois globes de compression éclatèrent au moment même où les mines de la garnison allaient jouer, et détruire leurs ouvrages. Ils s'élancèrent alors sur trois colonnes, franchirent les palissades, et pénétrèrent dans le chemin couvert. La garnison effrayée se retirait, abandonnant déjà ses batteries; mais le général Ferrand la ramena sur les remparts. L'artillerie, qui avait fait des prodiges pendant tout le siège, causa encore de grands dommages aux assiégeants, et les arrêta presqu'aux portes de la place. Le lendemain 26, le duc d'York somma le général Ferrand de se rendre; il annonça qu'après la journée écoulée, il n'écouterait plus aucune proposition, et que la garnison et les habitants seraient passés au fil de l'épée. A cette menace, les attroupements devinrent considérables; une multitude, où se trouvaient en grand nombre des hommes armés de pistolets et de poignards, entoura la municipalité. Douze individus prirent la parole pour tous, et firent la réquisition formelle de rendre la place. Le conseil de guerre se tenait au milieu du tumulte; aucun des membres ne pouvait en sortir, et ils étaient tous consignés jusqu'à ce qu'ils eussent décidé la reddition. Deux brèches, des habitants mal disposés, un assiégeant vigoureux, ne permettaient plus de résister. La place fut rendue le 28 juillet. La garnison sortit avec les honneurs de la guerre, fut contrainte de déposer les armes, mais put rentrer en France, avec la seule condition de ne pas servir d'un an contre les coalisés. C'était encore sept mille braves soldats, qui pouvaient rendre de grands services contre les ennemis de l'intérieur. Valenciennes avait essuyé quarante-un jours de bombardement, et avait été accablée de quatre-vingt-quatre mille boulets, de vingt mille obus, et de quarante-huit mille bombes. Le général et la garnison avaient fait leur devoir, et l'artillerie s'était couverte de gloire.

Dans ce même moment, la guerre du fédéralisme se réduisait à ces deux calamités réelles : la révolte de Lyon d'une part, celle de Marseille et de Toulon de l'autre.

Lyon consentait bien à reconnaître la convention, mais refusait d'obtempérer à deux décrets, celui qui évoquait à Paris les procédures commencées contre les patriotes, et celui qui destituait les autorités et ordonnait la formation d'une nouvelle municipalité provisoire. Les aristocrates cachés dans Lyon effrayaient cette ville du retour de l'ancienne municipalité montagnarde, et, par la crainte de dangers incertains, l'entraînaient dans les dangers réels d'une révolte ouverte. Le 15 juillet, les Lyonnais firent mettre à mort les deux patriotes Chalier et Riard, et dès ce jour ils furent déclarés en état de rébellion. Les deux girondins Chasset et Biroteau, voyant surgir le royalisme, se retirèrent. Cependant le président de la commission populaire, qui était dévoué aux émigrés, ayant été remplacé, les déterminations étaient devenues un peu moins hostiles. On reconnaissait la constitution, et on offrait de se soumettre, mais toujours à condition de ne pas exécuter les deux principaux décrets. Dans cet intervalle, les chefs fondaient des canons, accaparaient des munitions, et les difficultés ne semblaient devoir se terminer que par la voie des armes.

Marseille était beaucoup moins redoutable. Ses bataillons, rejetés au-delà de la Durance par Carteaux, ne pouvaient opposer une longue résistance; mais elle avait communiqué à la ville de Toulon, jusque-là si républicaine, son esprit de révolte. Ce port, l'un des premiers du monde, et le premier de la Méditerranée, faisait envie aux Anglais, qui croisaient devant ses rivages. Des émissaires de l'Angleterre y intriguaient sourdement, et y préparaient une trahison infame. Les sections s'y étaient réunies le 13 juillet, et, procédant comme toutes celles du Midi, avaient destitué la municipalité et fermé le club jacobin. L'autorité, transmise aux mains des fédéralistes, risquait de passer successivement, de factions en factions, aux émigrés et aux Anglais. L'armée de Nice, dans son état de faiblesse, ne pouvait prévenir un tel malheur. Tout devenait donc à craindre; et ce vaste orage, amoncelé sur l'horizon du Midi, s'était fixé sur deux points, Lyon et Toulon.

Depuis deux mois, la situation s'était donc expliquée, et le danger, moins universel, moins étourdissant, était mieux déterminé et plus grave. A l'Ouest, c'était la plaie dévorante de la Vendée; à Marseille, une sédition obstinée; à Toulon, une trahison sourde; à Lyon, une résistance ouverte et un siége. Au Rhin et au Nord, c'était la perte des deux boulevarts qui avaient si long-temps arrêté la coalition et empêché l'ennemi de marcher sur la capitale. En septembre 1792, lorsque les Prussiens marchaient sur Paris et avaient pris Longwy et Verdun; en avril 1793, après la retraite de la Belgique, après la défaite de Nerwinde, la défection de Dumouriez et le premier soulèvement de la Vendée; au 31 mai 1793, après l'insurrection universelle des départements, l'invasion du Roussillon par les Espagnols, et la perte du camp de Famars; à ces trois époques, les dangers avaient été effrayants, sans doute, mais jamais peut-être aussi réels qu'à cette quatrième époque d'août 1793. C'était la quatrième et dernière crise de la révolution. La France était moins ignorante et moins neuve à la guerre qu'en septembre 1792, moins effrayée de trahisons qu'en avril 1793, moins embarrassée d'insurrections qu'au 31 mai et au 12 juin ; mais, si elle était plus aguerrie et mieux obéie, elle était envahie à la fois sur tous les points, au Nord, au Rhin, aux Alpes, aux Pyrénées.

Cependant on ne connaîtrait pas encore tous les maux qui affligeaient alors la république, si on se bornait à considérer seulement les cinq ou six champs de bataille sur lesquels ruisselait le sang humain. L'intérieur offrait un spectacle tout aussi déplorable. Les grains étaient toujours chers et rares. On se battait à la porte des boulangers pour obtenir une modique quantité de pain. On se disputait en vain avec les marchands pour leur faire accepter les assignats en échange des objets de première nécessité. La souffrance était au comble. Le peuple se plaignait des accapareurs qui retenaient les denrées, des agioteurs qui les faisaient renchérir, et qui discréditaient les assignats par leur trafic. Le gouvernement, tout aussi malheureux que le peuple, n'avait, pour exister aussi, que les assignats, qu'il fallait donner en quantité trois ou quatre fois plus considérable pour payer les mêmes services, et qu'on n'osait plus émettre, de peur de les avilir encore davantage. On ne savait donc plus comment faire vivre ni le peuple ni le gouvernement.

La production générale n'avait pourtant pas diminué. Bien que la nuit du 4 août n'eût pas encore produit ses immenses effets, la France ne manquait ni de blé, ni de matières premières, ni de matières ouvrées; mais la distribution égale et paisible en était devenue impossible, par les effets du papier-monnaie. La révolution qui, en abolissant la monarchie, avait voulu néanmoins payer sa dette; qui, en détruisant la vénalité des offices, s'était engagée à en rembourser la valeur; qui, en défendant enfin le nouvel ordre de choses contre l'Europe conjurée, était obligée de faire les frais d'une guerre universelle, avait, pour suffire à toutes ces charges, les biens nationaux enlevés au clergé et aux émigrés. Pour mettre en circulation la valeur de ces biens, elle avait imaginé les assignats, qui en étaient la représentation, et qui, par le moyen des achats, devaient rentrer au trésor et être brûlés. Mais comme on doutait du succès de la révolution et du maintien des ventes, on n'achetait pas les biens. Les assignats restaient dans la circulation, comme une lettre de change non acceptée, et s'avilissaient par le doute et par la quantité.

Le numéraire seul restait toujours comme mesure réelle des valeurs; et rien ne nuit à une monnaie contestée, comme la rivalité d'une monnaie certaine et incontestée. L'une se resserre et refuse de se donner, tandis que l'autre s'offre en abondance, et se discrédite en s'offrant. Tel était le sort des assignats par rapport au numéraire. La révolution, condamnée à des moyens violents, ne pouvait plus s'arrêter. Elle avait mis en circulation *forcée* la valeur anticipée des biens nationaux; elle devait essayer de la soutenir par des moyens *forcés*. Le 11 avril, malgré les girondins qui luttaient généreusement, mais imprudemment, contre la fatalité de cette situation révolutionnaire, la convention punit de six ans de fers quiconque vendrait du numéraire, c'est-à-dire échangerait une certaine quantité d'argent ou d'or contre une quantité nominale plus grande d'assignats. Elle punit de la même peine quiconque stipulerait pour les marchandises un prix différent, suivant que le paiement se ferait en numéraire ou en assignats.

Ces moyens n'empêchaient pas la différence de se prononcer rapidement. En juin, un franc métal valait trois francs assignats; et en août, deux mois après, un franc argent valait six francs assignats. Le rapport de diminution, qui était de un à trois, s'était donc élevé de un à six.

Dans une pareille situation, les marchands refusaient de donner leurs marchandises au même prix qu'autrefois, parce que la monnaie qu'on leur offrait n'avait plus que le cinquième ou le sixième de sa valeur. Ils les resserraient donc, et les refusaient aux acheteurs. Sans doute, cette diminution de valeur eût été pour les assignats un inconvénient absolument nul, si tout le monde, ne les recevant que pour ce qu'ils valaient réellement, les avait pris et donnés au même taux. Dans ce cas, ils auraient toujours pu faire les fonctions de signe dans les échanges, et servir à la circulation comme toute autre monnaie; mais les capitalistes qui vivaient de leurs revenus, les créanciers de l'état qui recevaient ou une rente annuelle ou le remboursement d'un office, étaient obligés d'accepter le papier suivant sa valeur nominale. Tous les débiteurs s'empressaient de se libérer, et les créanciers, forcés de prendre une valeur fictive, ne touchaient que le quart, le cinquième ou le sixième de leur capital. Enfin le peuple ouvrier, toujours obligé d'offrir ses services, de les donner à qui veut les accepter, ne sachant pas se concerter pour faire augmenter les salaires du double, du triple, à mesure que les assignats diminuaient dans la même proportion, ne recevait qu'une partie de ce qui lui était nécessaire pour obtenir en échange les objets de ses besoins. Le capitaliste, à moitié ruiné, était mécontent et silencieux; mais le peuple furieux appelait accapareurs les marchands qui ne voulaient pas lui vendre au prix ordinaire, et demandait qu'on envoyât les accapareurs à la guillotine.

Cette fâcheuse situation était un résultat nécessaire de la création des assignats, comme les assignats eux-mêmes furent amenés par la nécessité de payer des dettes anciennes, des offices et une guerre ruineuse; et, par les mêmes causes, le *maximum* devait bientôt résulter des assignats. Peu importait en effet qu'on eût rendu cette monnaie forcée, si le marchand, en élevant ses prix, parvenait à se soustraire à la nécessité de la recevoir. Il fallait rendre le taux des marchandises forcé comme celui de la monnaie. Dès que la loi avait dit : Le papier vaut six francs, elle devait dire : Telle marchandise ne vaut que six francs; car autrement le marchand, en la portant à douze, échappait à l'échange.

Il avait donc fallu encore, malgré les girondins, qui avaient donné d'excellentes raisons puisées dans l'économie ordinaire des choses, établir le *maximum* des grains. La plus grande souffrance pour le peuple, c'est le défaut de pain. Les blés ne manquaient pas, mais les fermiers, qui ne voulaient pas affronter le tumulte des marchés, ni livrer leur blé au taux des assignats, se cachaient avec leurs denrées. Le peu de grain qui se montrait était enlevé rapidement par les communes, et par les individus que la peur engageait à s'approvisionner. La disette se faisait encore plus sentir à Paris que dans aucune autre ville de France, parce que les approvisionnements pour cette cité immense étaient plus difficiles, les marchés plus tumultueux, la peur des fermiers plus grande. Les 3 et 4 mai, la convention n'avait pu s'empêcher de rendre un décret par lequel tous les fermiers ou marchands de grains étaient obligés de déclarer la quantité de blés qu'ils possédaient, de faire battre ceux qui étaient en gerbe, de les porter dans les marchés, et exclusivement dans les marchés, et de les vendre à un prix moyen fixé par chaque commune, et basé sur les prix antérieurs du

1er janvier au 1er mai. Personne ne pouvait acheter pour suffire à ses besoins au-delà d'un mois; ceux qui avaient vendu ou acheté à un prix au-dessus du *maximum*, ou menti dans leurs déclarations, étaient punis de la confiscation et d'une amende de 300 à 1,000 francs. Des visites domiciliaires étaient ordonnées pour vérifier la vérité; de plus, le tableau de toutes les déclarations devait être envoyé par les municipalités au ministre de l'intérieur, pour faire une statistique générale des subsistances de la France. La commune de Paris, ajoutant ses arrêtés de police aux décrets de la convention, avait réglé en outre la distribution du pain dans les boulangeries. On ne pouvait s'y présenter qu'avec des cartes de sûreté. Sur cette carte, délivrée par les comités révolutionnaires, était désignée la quantité de pain qu'on pouvait demander, et cette quantité était proportionnée au nombre d'individus dont se composait chaque famille. On avait réglé jusqu'à la manière dont on devait *faire queue* à la porte des boulangers. Une corde était attachée à leur porte; chacun la tenait par la main, de manière à ne pas perdre son rang et à éviter la confusion. Cependant de méchantes femmes coupaient souvent la corde; un tumulte épouvantable s'ensuivait, et il fallait la force armée pour rétablir l'ordre. On voit à combien d'immenses soucis est condamné un gouvernement, et à quelles mesures vexatoires il se trouve entraîné, dès qu'il est obligé de tout voir pour tout régler. Mais dans cette situation, chaque chose s'enchaînait à une autre. Forcer le cours des assignats avait conduit à forcer les échanges, à forcer les prix, à forcer même la quantité, l'heure, le mode des achats; le dernier fait résultait du premier, et le premier avait été inévitable comme la révolution elle-même.

Cependant le renchérissement des subsistances qui avait amené leur *maximum*, s'étendait à toutes les marchandises de première nécessité. Viandes, légumes, fruits, épices, matières à éclairer et à brûler, boissons, étoffes pour vêtement, cuirs pour la chaussure, tout avait augmenté à mesure que les assignats avaient baissé, et le peuple s'obstinait chaque jour davantage à voir des accapareurs là où il n'y avait que des marchands qui refusaient une monnaie sans valeur. On se souvient qu'en février il avait pillé chez les épiciers d'après l'avis de Marat. En juillet, il avait pillé des bateaux de savon qui arrivaient par la Seine à Paris. La commune indignée avait rendu les arrêtés les plus sévères, et Pache imprima cet avis simple et laconique :

Le maire Pache a ses concitoyens.

« Paris contient sept cent mille habitants : le sol de Paris ne produit rien pour leur nourriture, leur habillement, leur entretien ; il faut donc que Paris tire tout des autres départements et de l'étranger.

« Lorsqu'il arrive des denrées et des marchandises à Paris, si les habitants les pillent, on cessera d'en envoyer.

« Paris n'aura plus rien pour la nourriture, l'habillement, l'entretien de ses nombreux habitants.

« Et sept cent mille hommes dépourvus de tout s'entre-dévoreront. »

Le peuple n'avait plus pillé ; mais il demandait toujours des mesures terribles contre les marchands, et on a vu le prêtre Jacques Roux ameuter les cordeliers, pour faire insérer dans la constitution un article relatif aux accapareurs. On se déchaînait beaucoup aussi contre les agioteurs, qui faisaient, disait-on, augmenter les marchandises, en spéculant sur les assignats, l'or, l'argent et le papier étranger.

L'imagination populaire se créait des monstres et partout voyait des ennemis acharnés, tandis qu'il n'y avait que des joueurs avides, profitant du mal, mais ne le produisant pas, et n'ayant certainement pas la puissance de le produire. L'avilissement des assignats tenait à une foule de causes : leur quantité considérable; l'incertitude de leur gage qui devait disparaître si la révolution succombait; leur comparaison avec le numéraire qui ne perdait pas sa réalité, et avec les marchandises qui, conservant leur valeur, refusaient de se donner contre une monnaie qui n'avait plus la sienne. Dans cet état de choses, les capitalistes ne voulaient pas garder leurs fonds sous forme d'assignats, parce que sous cette forme ils dépérissaient tous les jours. D'abord ils avaient cherché à se procurer de l'argent; mais six ans de gêne effrayaient les vendeurs et les acheteurs de numéraire. Ils avaient alors songé à acheter des marchandises; mais elles offraient un placement passager, parce qu'elles ne pouvaient se garder long-temps, et un placement dangereux, parce que la fureur contre les accapareurs était au comble. On cherchait donc des sûretés dans les pays étrangers. Tous ceux qui avaient des assignats s'empressaient de se procurer des lettres de change sur Londres, sur Amsterdam, sur Hambourg, sur Genève, sur toutes les places de l'Europe; ils donnaient, pour obtenir ces valeurs étrangères, des valeurs nationales énormes, et avilissaient ainsi les assignats en les abandonnant. Quelques-unes de ces lettres de change étaient réalisées hors de France, et la valeur en était touchée par les émigrés. Des meubles magnifiques, dépouilles de l'ancien luxe, consistant en ébénisterie, horlogerie, glaces, bronzes dorés, porcelaines, tableaux, éditions précieuses, payaient ces lettres de change qui s'étaient transformées en guinées ou en ducats. Mais on ne cherchait à en réaliser que la plus petite partie. Recherchées par des capitalistes effrayés qui ne voulaient point émigrer, mais seulement donner une garantie solide à leur fortune, elles restaient presque toutes sur la place, où les plus alarmés se les transmettaient les uns aux autres. Elles formaient ainsi une masse particulière de capitaux, garantie par l'étranger, et rivale de nos assignats. On a lieu de croire que Pitt avait engagé les banquiers anglais à signer une grande quantité de ce papier, et leur avait même ouvert un crédit considérable pour en augmenter la masse, et contribuer, de cette manière, toujours davantage au discrédit des assignats.

On mettait encore beaucoup d'empressement à se procurer les actions des compagnies de finances, qui semblaient hors des atteintes de la révolution et de la contre-révolution, et qui offraient en outre un placement avantageux. Celles de la compagnie d'escompte avaient une grande faveur; mais celles de la compagnie des Indes étaient surtout recherchées avec la plus grande avidité, parce qu'elles reposaient en quelque sorte sur un gage insaisissable, leur hypothèque consistant en vaisseaux, et en magasins situés sur tout le globe. Vainement les avait-on assujetties à un droit de transfert considérable : les administrateurs échappaient à la loi en abolissant les actions, et en les remplaçant par une simple inscription sur les registres de la compagnie, qui se faisait sans formalité. Ils fraudaient ainsi l'état d'un revenu considérable, car il s'opérait plusieurs milliers de transmissions par jour, et ils rendaient inutiles les précautions prises pour empêcher l'agiotage. Vainement encore, pour diminuer l'attrait de ces actions, avait-on frappé leur produit d'un droit de cinq pour cent : les dividendes étaient distribués aux actionnaires comme remboursement d'une partie du capital; et par ce stratagème les administrateurs échappaient encore à la loi. Aussi de 600 francs ces actions s'élevèrent à 1,000, 1,200, et même 2,000 francs. C'étaient autant de valeurs qu'on opposait à la monnaie révolutionnaire, et qui servaient à la discréditer.

On opposait encore aux assignats non-seulement toutes ces espèces de fonds, mais certaines parties de la dette publique, et même d'autres assignats particuliers. Il existait en effet des emprunts souscrits à toutes les époques, et sous toutes les formes. Il y en avait qui remontaient jusqu'à Louis XIII. Parmi les derniers souscrits sous Louis XIV, il y en avait de différentes créations. On préférait généralement ceux qui étaient antérieurs à la monarchie constitutionnelle à ceux qui avaient été ouverts pour le besoin de la révolution. Tous étaient opposés aux assignats hypothéqués sur les biens du clergé et des émigrés. Enfin, entre les assignats eux-mêmes, on faisait des différences. Sur cinq milliards environ émis depuis la création, un milliard était rentré par les achats de biens nationaux ; quatre milliards à peu près restaient en circulation ; et sur ces quatre milliards, on en pouvait compter cinq cents millions créés sous Louis XVI, et portant l'effigie royale. Ces derniers seraient mieux traités, disait-on, en cas de contre-révolution, et admis pour une partie au moins de leur valeur. Aussi gagnaient-ils 10 ou 15 pour cent sur les autres. Les assignats républicains, seule ressource du gouvernement, seule monnaie du peuple, étaient donc tout-à-fait discrédités, et luttaient à la fois contre le numéraire, les marchandises, les papiers étrangers, les actions des compagnies de finances, les diverses créances sur l'état, et enfin contre les assignats royaux.

Le remboursement des offices, le paiement des grandes fournitures faites à l'état pour les besoins de la guerre, l'empressement de beaucoup de débiteurs à se libérer, avaient produit de grands amas de fonds dans quelques mains. La guerre, la crainte d'une révolution terrible, avaient interrompu beaucoup d'opérations commerciales, amené de grandes liquidations, et augmenté encore la masse des capitaux stagnants et cherchant des sûretés. Ces capitaux, ainsi accumulés, étaient livrés à un agiot perpétuel sur la bourse de Paris, et se changeaient tour à tour en or, argent, denrées, lettres de change, actions des compagnies, vieux contrats sur l'état, etc. Là, comme d'usage, intervenaient ces joueurs aventureux, qui se jettent dans toutes les espèces de hasard, qui spéculent sur les accidents du commerce, sur l'approvisionnement des armées, sur la bonne foi des gouvernements, etc. Placés en observation à la bourse, ils faisaient le profit de toutes les hausses sur la baisse constante des assignats. La baisse de l'assignat commençait d'abord à la bourse, par rapport au numéraire et à toutes les valeurs mobiles. Elle avait lieu ensuite, par rapport aux marchandises qui renchérissaient, dans les boutiques et les marchés. Cependant les marchandises ne montaient pas aussi rapidement que le numéraire, parce que les marchés sont éloignés de la bourse, parce qu'ils ne sont pas aussi sensibles, et que d'ailleurs les marchands ne peuvent pas se donner le mot aussi rapidement que des agioteurs réunis dans une salle. La différence, déterminée d'abord à la bourse, ne se prononçait donc ailleurs qu'après un temps plus ou moins long; l'assignat de 5 francs, qui déjà n'en valait plus que 2 à la bourse, en valait encore 3 dans les marchés, et les agioteurs avaient ainsi l'intervalle nécessaire pour spéculer. Ayant leurs capitaux tout prêts, ils prenaient du numéraire avant la hausse; dès qu'il montait par rapport aux assignats, ils l'échangeaient contre ceux-ci; ils en avaient une plus grande quantité, et, comme la marchandise n'avait pas eu le temps de monter encore, avec cette plus grande quantité d'assignats ils se procuraient une plus grande quantité de marchandises, et la revendaient quand le rapport s'était rétabli. Leur rôle consistait à occuper le numéraire et la marchandise pendant que l'un et l'autre s'élevaient par rapport à l'assignat. Leur profit n'était donc que le profit constant de la hausse de toutes choses sur l'assignat, et il était naturel qu'on leur en voulût de ce bénéfice toujours fondé sur une calamité publique. Leur jeu s'étendait sur la variation de toutes les espèces de valeurs, telles que le papier étranger, les actions des compagnies, etc. Ils profitaient de tous les accidents qui pouvaient produire des différences, tels qu'une défaite, une motion, une fausse nouvelle. Ils formaient une classe assez considérable. On y comptait des banquiers étrangers, des fournisseurs, des usuriers, d'anciens prêtres ou nobles, de récents parvenus révolutionnaires, et quelques députés qui, pour l'honneur de la convention, n'étaient que cinq ou six, et qui avaient l'avantage perfide de contribuer à la variation des valeurs par des motions faites à propos. Ils vivaient dans les plaisirs avec des actrices, des ci-devant religieuses ou comtesses, qui, du rôle de maîtresses, passaient quelquefois à celui de négociatrices d'affaires. Les deux principaux députés engagés dans ces intrigues étaient Julien, de Toulouse, et Delaunay, d'Angers, qui vivaient, le premier avec la comtesse de Beaufort, le second avec l'actrice Descoings. On prétend que Chabot, dissolu comme un ex-capucin, et s'occupant quelquefois des questions financières, se livrait à cet agiotage, de compagnie avec deux frères, nommés Frey, expulsés de Moravie pour leurs opinions révolutionnaires, et venus à Paris pour y faire le commerce de la banque. Fabre d'Églantine s'en mêlait aussi, et on accusait Danton, mais sans aucune preuve, de n'y être pas étranger.

L'intrigue la plus honteuse fut celle que lia le baron de Batz, banquier et financier habile, avec Julien, de Toulouse, et Delaunay, d'Angers, les députés les plus décidés à faire fortune. Ils avaient le projet de dénoncer les malversations de la compagnie des Indes, de faire baisser ses actions, de les acheter aussitôt, de les relever ensuite au moyen de motions plus douces, et de réaliser ainsi les profits de la hausse. D'Espagnac, cet abbé délié, qui fut fournisseur de Dumouriez dans la Belgique, qui avait obtenu depuis l'entreprise générale des charrois, et dont Julien protégeait les marchés auprès de la convention, devait fournir en reconnaissance les fonds de l'agiotage. Julien se proposait d'entraîner encore dans cette intrigue Fabre, Chabot, et autres, qui pouvaient devenir utiles comme membres de divers comités.

La plupart de ces hommes étaient attachés à la révolution, et ne cherchaient pas à la desservir; mais, à tout événement, ils voulaient s'assurer des jouissances et de la fortune. On ne connaissait pas toutes leurs trames secrètes; mais, comme ils spéculaient sur le discrédit des assignats, on leur imputait le mal dont ils profitaient. Comme ils avaient dans leurs rangs beaucoup de banquiers étrangers, on les disait agents de Pitt et de la coalition; et on croyait encore voir ici l'influence mystérieuse, et si redoutée, du ministère anglais. On était, en un mot, également indigné contre les agioteurs et les accapareurs, et on demandait contre les uns et les autres les mêmes supplices.

Ainsi, tandis que le Nord, le Rhin, le Midi, la Vendée, étaient envahis par nos ennemis, nos moyens de finances consistaient dans une monnaie non acceptée, dont le gage était incertain comme la révolution elle-même, et qui, à chaque accident, diminuait d'une valeur proportionnée au péril. Telle était cette situation singulière: à mesure que le danger augmentait et que les moyens auraient dû être plus grands, ils diminuaient au contraire; les munitions s'éloignaient du gouvernement, et les denrées du peuple. Il fallait donc à la fois créer des soldats, des armes, une monnaie pour l'état et pour le peuple, et après tout cela s'assurer des victoires.

CHAPITRE III.

Arrivée et réception à Paris des commissaires des assemblées primaires. — Retraite du camp de César par l'armée du Nord. — Fête de l'anniversaire du 10 août, et inauguration de la constitution de 1793. — Mesures extraordinaires de salut public. Décret ordonnant la levée en masse. Moyens employés pour en assurer l'exécution. — Institution du *Grand-Livre*; nouvelle organisation de la dette publique. — Emprunt forcé. Détails sur les opérations financières à cette époque. — Nouveaux décrets sur le *maximum*. — Décrets contre la Vendée, contre les étrangers et contre les Bourbons.

Les commissaires envoyés par les assemblées primaires pour célébrer l'anniversaire du 10 août, et accepter la constitution au nom de toute la France, venaient d'arriver à Paris. On voulait saisir ce moment pour exciter un mouvement d'enthousiasme, réconcilier les provinces avec la capitale, et provoquer des résolutions héroïques. On prépara une réception

brillante. Des marchands furent appelés de tous les environs. On amassa des subsistances considérables pour qu'une disette ne vînt pas troubler ces fêtes, et que les commissaires jouissent à la fois du spectacle de la paix, de l'abondance et de l'ordre; on poussa les égards jusqu'à ordonner à toutes les administrations des voitures publiques de leur céder des places, même celles qui seraient déjà retenues par des voyageurs. L'administration du département qui, avec celle de la commune, rivalisait d'austérité dans son langage et ses proclamations, fit une adresse *aux frères* des assemblées primaires. « Ici, leur
« disait-elle, des hommes couverts du masque
« du patriotisme vous parleront avec enthou-
« siasme de liberté, d'égalité, de république
« une et indivisible, tandis qu'au fond de leur
« cœur, ils n'aspirent et ne travaillent qu'au ré-
« tablissement de la royauté et au déchirement
« de leur patrie. Ceux-là sont les riches; et les
« riches dans tous les temps ont abhorré les
« vertus et tué les mœurs. Là, vous trouverez
« des femmes perverses, trop séduisantes par
« leurs attraits, qui s'entendront avec eux pour
« vous entraîner dans le vice... Craignez, crai-
« gnez surtout le ci-devant Palais-Royal; c'est
« dans ce jardin que vous trouverez ces per-
« fides. Ce fameux jardin, berceau de la révolu-

« tion, naguère l'asile des amis de la liberté,
« de l'égalité, n'est plus aujourd'hui, malgré
« notre active surveillance, que l'égout fangeux
« de la société, le repaire des scélérats, l'antre
« de tous les conspirateurs... Fuyez ce lieu em-
« poisonné; préférez au spectacle dangereux
« du luxe et de la débauche les utiles tableaux
« de la vertu laborieuse; visitez les faubourgs,
« fondateurs de notre liberté; entrez dans les
« ateliers, où des hommes actifs, simples et ver-
« tueux comme vous, comme vous prêts à dé-
« fendre la patrie, vous attendent depuis long-
« temps pour serrer les liens de la fraternité.
« Venez surtout dans nos sociétés populaires.
« Unissons-nous, ranimons-nous aux nouveaux
« dangers de la patrie, et jurons pour la dernière
« fois la mort et la destruction des tyrans! »

Le premier soin fut de les entraîner aux Jacobins, qui les reçurent avec le plus grand empressement, et leur offrirent leur salle pour s'y réunir. Les commissaires acceptèrent cette offre, et il fut convenu qu'ils délibéreraient dans le sein même de la société, et se confondraient avec elle pendant leur séjour. De cette manière, il n'y avait à Paris que quatre cents jacobins de plus. La société, qui siégeait tous les deux jours, voulut alors se réunir tous les jours pour délibérer avec les commissaires des départements, sur les mesures de salut public. On disait que, dans le nombre de ces commissaires, quelques-uns penchaient pour l'indulgence, et qu'ils avaient la mission de demander une amnistie générale le jour de l'acceptation de la constitution. En effet, quelques personnes songeaient à ce moyen de sauver les girondins prisonniers, et tous les autres détenus pour cause politique. Mais les jacobins ne voulaient aucune composition, et il leur fallait à la fois énergie et vengeance. On avait calomnié les commissaires des assemblées primaires, dit Hassenfratz, en répandant qu'ils voulaient proposer une amnistie; ils en étaient incapables, et s'uniraient aux jacobins pour demander, avec les mesures urgentes de salut public, la punition de tous les traîtres. Les commissaires se tinrent pour avertis, et si quelques-uns, du reste peu nombreux, songeaient à une amnistie, aucun n'osa plus en faire la proposition.

Le 7 août, au matin, ils furent conduits à la commune, et de la commune à l'Évêché, où se tenait le club des électeurs, et où s'était préparé le 31 mai. C'est là que devait s'opérer la réconciliation des départements avec Paris, puisque c'était de là qu'était partie l'attaque contre la représentation nationale. Le maire Pache, le procureur Chaumette et toute la mu-

nicipalité, marchant à leur tête, introduisent les commissaires à l'Évêché. De part et d'autre, on s'adresse des discours; les Parisiens déclarent qu'ils n'avaient jamais voulu ni méconnaître, ni usurper les droits des départements; les commissaires reconnaissent à leur tour qu'on a calomnié Paris; ils s'embrassent alors les uns les autres, et se livrent au plus vif enthousiasme. Tout-à-coup l'idée leur vient d'aller à la convention pour lui faire part de cette réconciliation. Ils s'y rendent en effet, et sont introduits sur-le-champ. La discussion est interrompue, l'un des commissaires prend la parole. « Citoyens représentants, dit-il, nous
« venons vous faire part de la scène attendris-
« sante qui vient de se passer dans la salle des
« électeurs, où nous sommes allés donner le
« baiser de paix à nos frères de Paris. Bien-
« tôt, nous l'espérons, la tête des calomnia-
« teurs de cette cité républicaine tombera sous
« le glaive de la loi. Nous sommes tous mon-
« tagnards, vive la Montagne! » Un autre demande que les représentants donnent aux commissaires le baiser fraternel. Aussitôt les membres de l'assemblée quittent leurs places, et se jettent dans les bras des commissaires des départements. Après quelques instants d'une scène d'attendrissement et d'enthousiasme, les

commissaires défilent dans la salle, en poussant les cris de vive la Montagne! vive la république! et en chantant :

> La Montagne nous a sauvés
> En congédiant Gensonné...
> La Montagne nous a sauvés
> En congédiant Gensonné.
> Au diable les Buzot,
> Les Vergniaud, les Brissot!
> Dansons la carmagnole, etc.

Ils se rendent ensuite aux Jacobins, où ils rédigent, au nom de tous les envoyés des assemblées primaires, une adresse pour déclarer aux départements que Paris a été calomnié. « Frères et amis, écrivent-ils, calmez, calmez vos inquiétudes. Nous n'avons tous ici qu'un sentiment. Toutes nos ames sont confondues, et la liberté triomphante ne promène plus ses regards que sur des jacobins, des frères et des amis. *Le Marais* n'est plus. Nous ne formons ici qu'une énorme et terrible MONTAGNE qui va vomir ses feux sur tous les royalistes et les partisans de la tyrannie. Périssent les libellistes infames qui ont calomnié Paris!.. Nous veillons tous ici jour et nuit, et nous travaillons, de concert avec nos frères de la capitale, au salut commun... Nous ne rentrerons dans nos foyers que pour vous annoncer que la France est libre,

et que la patrie est sauvée. » Cette adresse, lue, applaudie avec enthousiasme, est envoyée à la

et que la patrie est sauvée. » Cette adresse, lue, applaudie avec enthousiasme, est envoyée à la convention pour qu'elle soit insérée sur-le-champ dans le bulletin de la séance. L'ivresse devient générale; une foule d'orateurs se précipitent à la tribune du club, les têtes commencent à s'égarer. Robespierre, en voyant ce trouble, demande aussitôt la parole. Chacun la lui cède avec empressement. Jacobins, commissaires, tous applaudissent le célèbre orateur, que quelques-uns n'avaient encore ni vu ni entendu.

Il félicite les départements qui viennent de sauver la France. « Ils la sauvèrent, dit-il, une première fois en 89, en s'armant spontanément; une seconde fois, en se rendant à Paris pour exécuter le 10 août; une troisième, en venant donner au milieu de la capitale le spectacle de l'union et de la réconciliation générale. Dans ce moment, de sinistres événements ont affligé la république, et mis son existence en danger; mais des républicains ne doivent rien craindre, s'ils ont à se défier d'une émotion qui pourrait les entraîner à des désordres. On voudrait dans le moment produire une disette factice et amener un tumulte; on voudrait porter le peuple à l'Arsenal, pour en disperser les munitions, ou y mettre le feu, comme il vient d'arriver dans plusieurs villes; enfin, on ne renonce pas à causer encore un événement dans les prisons, pour calomnier Paris, et rompre l'union qui vient d'être jurée. Défiez-vous de tant de piéges, ajoute Robespierre, soyez calmes et fermes; envisagez sans crainte les malheurs de la patrie, et travaillons tous à la sauver. »

On se calme à ces paroles, et on se sépare après avoir salué le sage orateur d'applaudissements réitérés.

Aucun désordre ne vint troubler Paris pendant les jours suivants, mais rien ne fut oublié pour ébranler les imaginations et les disposer à un généreux enthousiasme. On ne cachait aucun danger, on ne dérobait aucune nouvelle sinistre à la connaissance du peuple; on publiait successivement les déroutes de la Vendée, les nouvelles toujours plus alarmantes de Toulon, le mouvement rétrograde de l'armée du Rhin, qui se repliait devant les vainqueurs de Mayence, et enfin le péril extrême de l'armée du Nord, qui était retirée au camp de César, et que les Impériaux, les Anglais, les Hollandais, maîtres de Condé, de Valenciennes, et formant une masse double, pouvaient enlever en un coup de main. Entre le camp de César et Paris, il y avait tout au plus quarante lieues, et pas un régiment, pas un obstacle qui pût arrêter l'ennemi. L'armée du Nord enlevée, tout était perdu, et on recueillait avec anxiété les moindres bruits arrivant de cette frontière.

Les craintes étaient fondées, et dans ce moment, en effet, le camp de César se trouvait dans le plus grand péril. Le 7 août, au soir, les coalisés y étaient arrivés, et le menaçaient de toutes parts. Entre Cambray et Bouchain, s'étend une ligne de hauteurs. L'Escaut les protége en les parcourant. C'est là ce qu'on appelle le camp de César, appuyé sur deux places, et bordé par un cours d'eau. Le 7 au soir, le duc d'York, chargé de tourner les Français, débouche en vue de Cambray, qui formait la droite du camp de César. Il somme la place; le commandant répond en fermant ses portes et en brûlant les faubourgs. Le même soir, Cobourg, avec une masse de 40 mille hommes, arrive sur deux colonnes aux bords de l'Escaut, et bivouaque en face de notre camp. Une chaleur étouffante paralyse les forces des hommes et des chevaux ; plusieurs soldats, frappés des rayons du soleil, ont expiré dans la journée. Kilmaine, nommé pour remplacer Custine, et n'ayant voulu accepter le commandement que par intérim, ne croit pas pouvoir tenir dans une position aussi périlleuse. Menacé, vers sa droite, d'être tourné par le duc d'York, ayant à peine trente-cinq mille hommes découragés à opposer à soixante-dix mille hommes victorieux, il croit plus prudent de songer à la retraite, et de gagner du temps en allant chercher un autre poste. La ligne de la Scarpe, placée derrière celle de l'Escaut, lui paraît bonne à occuper. Entre Arras et Douay, des hauteurs bordées par la Scarpe forment un camp semblable au camp de César, et, comme celui-ci, appuyé par deux places et bordé par un cours d'eau. Kilmaine prépare sa retraite pour le lendemain matin 8.

Son corps d'armée traversera la Cense, petite rivière longeant les derrières du terrain qu'il occupe, et lui-même se portera, avec une forte arrière-garde, vers la droite, où le duc d'York est tout près de déboucher. Le lendemain, en effet, à la pointe du jour, la grosse artillerie, les bagages et l'infanterie se mettent en mouvement, traversent la Cense, et détruisent tous les passages. Une heure après, Kilmaine, avec quelques batteries d'artillerie légère, et une forte division de cavalerie, se porte vers la droite, pour protéger la retraite contre les Anglais. Il ne pouvait arriver plus à propos. Deux bataillons, égarés dans leur route, se trouvaient engagés dans le petit village de Marquion, et faisaient une forte résistance contre les Anglais. Malgré leurs efforts, ils étaient près d'être enveloppés. Kilmaine, arrivant aussitôt, place son artillerie légère sur le flanc des ennemis, lance sur eux sa cavalerie, et les force à reculer. Les bataillons sont alors dégagés, et peuvent rejoindre le reste de l'armée. Dans ce moment, les Anglais et les Impériaux, débouchant à la fois sur la droite et sur le front du camp de César, le trouvent entièrement évacué. Enfin, vers la chute du jour, les Français sont réunis au camp de Gavrelle, appuyés sur Arras et Douay, et ayant la Scarpe devant eux.

Ainsi, le 8 août, le camp de César est évacué comme l'avait été celui de Famars; Cambray et Bouchain sont abandonnés à leurs propres forces, comme Valenciennes et Condé. La ligne de la Scarpe, placée derrière celle de l'Escaut, n'est pas, comme on sait, entre Paris et l'Escaut, mais entre l'Escaut et la mer. Kilmaine vient donc de marcher sur le côté, au lieu de marcher en arrière; et une partie de la frontière se trouve ainsi découverte. Les coalisés peuvent se répandre dans tout le département du Nord. Que feront-ils? Iront-ils, marchant une journée de plus, attaquer le camp de Gavrelle, et enlever l'ennemi qui leur a échappé? Marcheront-ils sur Paris, ou reviendront-ils à leur ancien projet sur Dunkerque? En attendant, ils poussent des partis jusqu'à Péronne et Saint-Quentin, et l'alarme se communique à Paris, où l'on répand avec effroi que le camp de César est perdu, comme celui de Famars; que Cambray est livré comme Valenciennes. De toutes parts, on se déchaîne contre Kilmaine, oubliant le service immense qu'il vient de rendre par sa belle retraite.

La fête solennelle du 10 août, destinée à électriser tous les esprits, se prépare au milieu de ces bruits sinistres. Le 9, on fait à la convention le rapport sur le recensement des votes. Les quarante-quatre mille municipalités ont accepté la constitution. Il ne manque dans le nombre des votes que ceux de Marseille, de la Corse et de la Vendée. Une seule commune, celle de Saint-Tonnant, département des Côtes-du-Nord, a osé demander le rétablissement des Bourbons sur le trône.

Le 10, la fête commence avec le jour. Le célèbre peintre David a été chargé d'en être l'ordonnateur. A quatre heures du matin, le cortége est réuni sur la place de la Bastille. La convention, les envoyés des assemblées primaires, parmi lesquels on a choisi les quatre-vingt-six doyens d'âge, pour représenter les quatre vingt-six départements, les sociétés populaires, et toutes les sections armées, se rangent autour d'une grande fontaine, dite de la *Régénération*. Cette fontaine est formée par une grande statue de la Nature, qui de ses mamelles verse l'eau dans un vaste bassin. Dès que le soleil a doré le faîte des édifices, on le salue en chantant des strophes sur l'air de la Marseillaise. Le président de la convention prend une coupe, verse sur le sol l'eau de la régénération, en boit ensuite, et transmet la coupe aux doyens des départements, qui boivent chacun à leur tour. Après cette cérémonie, le cortége s'achemine le long des boulevarts. Les sociétés populaires, ayant une bannière où est peint l'œil de la surveillance, s'avancent les premières. Vient ensuite la convention tout entière. Chacun de ses membres tient un bouquet d'épis de blé, et huit d'entre eux, placés au centre, portent sur une arche l'Acte constitutionnel et les Droits de l'homme. Autour de la convention, les doyens d'âge forment une chaîne, et marchent unis par un cordon tricolore. Ils tiennent dans leurs mains un rameau d'olivier, signe de la réconciliation des provinces avec Paris, et une pique destinée à faire partie du faisceau national formé par les quatre-vingt-six départements. A la suite de cette portion du cortége, viennent des groupes de peuple, avec les instruments des divers métiers. Au milieu d'eux, s'avance une charrue qui porte un vieillard et sa vieille épouse, et qui est traînée par leurs jeunes fils. Cette charrue est immédiatement suivie d'un char de guerre sur lequel repose l'urne cinéraire des soldats morts pour la patrie. Enfin la marche est fermée par des tombereaux chargés de sceptres, de couronnes, d'armoiries et de tapis à fleurs de lis.

Le cortége parcourt les boulevarts et s'achemine vers la place de la Révolution. En passant au boulevart Poissonnière, le président de la convention donne une branche de laurier aux héroïnes des 5 et 6 octobre, assises sur leurs canons. Sur la place de la Révolution, il s'arrête de nouveau, et met le feu à tous les insignes de la royauté et de la noblesse traînés dans les tombereaux. Ensuite il déchire un voile jeté sur une statue, qui, apparaissant à tous les yeux, laisse voir les traits de la Liberté. Des salves d'artillerie marquent l'instant de son inauguration; et, au même moment, des milliers d'oiseaux, portant de légères banderoles, sont délivrés, et semblent annoncer, en s'élançant dans les airs, que la terre est affranchie.

On se rend ensuite au Champ-de-Mars par la place des Invalides, et on défile devant une figure colossale représentant le peuple français qui terrasse le fédéralisme et l'étouffe dans la fange d'un marais. Enfin on arrive au champ même de la fédération. Là, le cortége se divise en deux colonnes, qui s'allongent autour de l'autel de la patrie. Le président de la convention et les quatre-vingt-six doyens occupent le sommet de l'autel; les membres de la convention et la masse des envoyés des assemblées primaires en occupent les degrés. Chaque groupe de peuple vient déposer alternativement autour de l'autel les produits de son métier, des étoffes, des fruits, des objets de toute espèce. Le président de la convention, recueillant ensuite les actes sur lesquels les assemblées primaires ont inscrit leurs votes, les dépose sur l'autel de la patrie. Une décharge générale d'artillerie retentit aussitôt; un peuple immense joint ses cris aux éclats du canon, et on jure, avec le même enthousiasme qu'au 14 juillet 1790 et 1792, de défendre la constitution : serment bien vain, si on considère la lettre de la constitution, mais bien héroïque et bien observé, si on ne considère que le sol et la révolution elle-même! Les constitutions en effet ont passé, mais le sol et la révolution furent défendus avec une constance héroïque.

Après cette cérémonie, les quatre-vingt-six doyens d'âge remettent leurs piques au président ; celui-ci en forme un faisceau, et le confie, avec l'acte constitutionnel, aux députés des assemblées primaires, en leur recommandant de réunir toutes leurs forces autour de l'arche de la nouvelle alliance. On se sépare ensuite ; une partie du cortège accompagne l'urne cinéraire des Français morts pour la patrie, dans un temple destiné à la recevoir ; le reste va déposer l'arche de la constitution dans un lieu où elle doit rester en dépôt jusqu'au lendemain, pour être rapportée ensuite dans la salle de la convention. Une grande représentation, figurant le siége et le bombardement de Lille, et la résistance héroïque de ses habitants, occupe le reste de la journée, et dispose l'imagination du peuple aux scènes guerrières.

Telle fut cette troisième fédération de la France républicaine. On n'y voyait pas, comme en 1790, toutes les classes d'un grand peuple, riches et pauvres, nobles et roturiers, confondus un instant dans une même ivresse, et fatigués de se haïr, se pardonnant pour quelques heures leurs différences de rang et d'opinion ; on y voyait un peuple immense, ne parlant plus de pardon, mais de danger, de dévouement, de résolutions désespérées, et jouissant avec ivresse de ces pompes gigantesques, en attendant de courir le lendemain sur les champs de bataille. Une circonstance relevait le caractère de cette scène, et couvrait ce que des esprits dédaigneux ou hostiles pourraient y trouver de ridicule, c'est le danger, et l'entraînement avec lequel on le bravait. Au premier 14 juillet 1790, la révolution était innocente encore et bienveillante, mais elle pouvait n'être pas sérieuse, et être mise à fin comme une farce ridicule, par les baïonnettes étrangères; en août 1793, elle était tragique, mais grande, signalée par des victoires et des défaites, et sérieuse comme une résolution irrévocable et héroïque.

Le moment de prendre de grandes mesures était arrivé. De toutes parts fermentaient les idées les plus extraordinaires : on proposait d'exclure tous les nobles des emplois, de décréter l'emprisonnement général des suspects, contre lesquels il n'existait pas encore de loi assez précise, de faire lever la population en masse, de s'emparer de toutes les subsistances, de les transporter dans les magasins de la république, qui en ferait elle-même la distribution à chaque individu; on cherchait enfin, sans savoir l'imaginer, un moyen qui fournît sur-le-champ des fonds suffisants. On exigeait surtout que la convention restât en fonctions, qu'elle ne cédât pas ses pouvoirs à la nouvelle législature qui devait lui succéder, et que la constitution fût voilée comme la statue de la Liberté, jusqu'à la défaite générale des ennemis de la république.

C'est aux Jacobins que furent successivement proposées toutes ces idées. Robespierre ne cherchant plus à modérer l'élan de l'opinion, l'excitant au contraire, insista particulièrement sur la nécessité de maintenir la convention nationale dans ses fonctions, et il donnait là un sage conseil. Dissoudre dans ce moment une assemblée qui était saisie du gouvernement tout entier, dans le sein de laquelle les divisions avaient cessé, et la remplacer par une assemblée neuve, inexpérimentée, et qui serait livrée encore aux factions, était un projet désastreux. Les députés des provinces entourant Robespierre, s'écrièrent qu'ils avaient juré de rester réunis jusqu'à ce que la convention eût pris des mesures de salut public, et ils déclarèrent qu'ils l'obligeraient à rester en fonctions. Audouin, gendre de Pache, parla ensuite, et proposa de demander la levée en masse et l'arrestation générale des suspects. Aussitôt, les commissaires des assemblées primaires rédigent une pétition, et, le lendemain 12, viennent la présenter à la convention. Ils demandent que la convention se charge de sauver elle-même la patrie, qu'aucune amnistie ne soit accordée, que les suspects soient arrêtés, qu'ils soient envoyés les premiers à l'ennemi, et que le peuple levé en masse marche derrière eux. Une partie de ces propositions est adoptée. L'arrestation des suspects est décrétée en principe; mais le projet d'une levée en masse, qui paraissait trop violent, est renvoyé à l'examen du comité de salut public. Les jacobins, peu satisfaits, insistent, et continuent de répéter dans leur club, qu'il ne faut pas un mouvement partiel, mais universel.

Les jours suivants, le comité fait son rapport, et propose un décret trop vague, et des proclamations trop froides.

« Le comité, s'écrie Danton, n'a pas tout dit : il n'a pas dit que si la France est vaincue, que si elle est déchirée, les riches seront les premières victimes de la rapacité des tyrans; il n'a pas dit que les patriotes vaincus déchireront et incendieront cette république, plutôt que de la voir passer aux mains de leurs insolents vainqueurs! Voilà ce qu'il faut apprendre à ces riches égoïstes. » — « Qu'espérez- « vous, ajoute Danton, vous qui ne voulez

« rien faire pour sauver la république? Voyez
« quel serait votre sort si la liberté succom-
« bait! Une régence dirigée par un imbécile,
« un roi enfant dont la minorité serait lon-
« gue, enfin le morcellement de nos provinces,
« et un déchirement épouvantable! Oui, ri-
« ches, on vous imposerait, on vous pressure-
« rait davantage et mille fois davantage que
« vous n'aurez à dépenser pour sauver votre
« pays et éterniser la liberté!... La convention,
« ajoute Danton, a dans les mains les foudres
« populaires; qu'elle en fasse usage et les lance
« à la tête des tyrans. Elle a les commissaires
« des assemblées primaires, elle a ses propres
« membres; qu'elle envoie les uns et les au-
« tres exécuter un armement général! »

Les projets de loi sont encore renvoyés au comité. Le lendemain, les jacobins dépêchent de nouveau les commissaires des assemblées primaires à la convention. Ceux-ci viennent demander encore une fois, non un recrutement partiel, mais la levée en masse, parce que, disent-ils, les demi-mesures sont mortelles, parce que la nation entière est plus facile à ébranler qu'une partie de ses citoyens! « Si
« vous demandez, ajoutent-ils, cent mille sol-
« dats, ils ne se trouveront point; mais des
« millions d'hommes répondront à un appel

« général. Qu'il n'y ait aucune dispense pour
« le citoyen physiquement constitué pour les
« armes, quelques fonctions qu'il exerce; que
« l'agriculture seule conserve les bras indis-
« pensables pour tirer de la terre les produc-
« tions alimentaires : que le cours du com-
« merce soit arrêté momentanément, que toute
« affaire cesse, que la grande, l'unique et uni-
« verselle affaire des Français, soit de sauver
« la république ! »

La convention ne peut plus résister à une sommation aussi pressante. Partageant elle-même l'entraînement des pétitionnaires, elle enjoint à son comité de se retirer pour rédiger, dans l'instant même, le projet de la levée en masse. Le comité revient quelques minutes après, et présente le projet suivant, qui est adopté au milieu d'un transport universel :

ART. 1er. Le peuple français déclare, par l'organe de ses représentants, qu'il va se lever tout entier pour la défense de sa liberté, de sa constitution, et pour délivrer enfin son territoire de ses ennemis.

2. Le comité de salut public présentera demain le mode d'organisation de ce grand mouvement national.

Par d'autres articles, il était nommé dix-huit représentants chargés de se répandre sur toute la

France, et de diriger les envoyés des assemblées primaires dans leurs réquisitions d'hommes, de chevaux, de munitions, de subsistances. Cette grande impulsion donnée, tout devenait possible. Une fois qu'il était déclaré que la France entière, hommes et choses, appartenait au gouvernement, ce gouvernement, suivant le danger, ses lumières et son énergie croissante, pouvait tout ce qu'il jugerait utile et indispensable. Sans doute il ne fallait pas lever la population en masse, et interrompre la production, et jusqu'au travail nécessaire à la nutrition; mais il fallait que le gouvernement pût tout exiger, sauf à n'exiger que ce qui serait suffisant pour les besoins du moment.

Le mois d'août fut l'époque des grands décrets qui mirent toute la France en mouvement, toutes ses ressources en activité, et qui terminèrent à l'avantage de la révolution sa dernière et sa plus terrible crise.

Il fallait à la fois mettre la population debout, la pourvoir d'armes, et fournir, par une nouvelle mesure financière, à la dépense de ce grand déplacement; il fallait mettre en rapport le papier-monnaie avec le prix des subsistances et des denrées; il fallait distribuer les armées, les généraux, d'une manière appropriée à chaque théâtre de guerre, et enfin, satisfaire la colère révolutionnaire par de grandes et terribles exécutions. On va voir ce que fit le gouvernement pour suffire à la fois à ces besoins urgents et à ces mauvaises passions qu'il devait subir, puisqu'elles étaient inséparables de l'énergie qui sauve un peuple en danger.

Exiger de chaque localité un contingent déterminé en hommes, ne convenait pas aux circonstances; c'eût été douter de l'enthousiasme des Français en ce moment, et on devait supposer cet enthousiasme pour l'inspirer. Cette manière germanique d'imposer à chaque contrée les hommes comme l'argent, était d'ailleurs en contradiction avec le principe de la levée en masse. Un recrutement général par voie de tirage ne convenait pas davantage. Tout le monde n'étant pas appelé, chacun aurait songé alors à s'exempter, et se serait plaint du sort qui l'eût obligé à servir. La levée en masse exposait, il est vrai, la France à un désordre universel, et excitait les railleries des modérés et des contre-révolutionnaires. Le comité de salut public imagina le moyen le plus convenable à la circonstance, ce fut de mettre toute la population en disponibilité, de la diviser par générations, et de faire partir ces générations par rang d'âge, au fur et à mesure des besoins. « Dès ce moment,

« portait le décret *, jusqu'à celui où les enne-
« mis auront été chassés du territoire de la ré-
« publique, tous les Français seront en réquisi-
« tion permanente pour le service des armées.
« Les jeunes gens iront au combat; les hommes
« mariés forgeront les armes et transporteront
« les subsistances; les femmes feront des tentes,
« des habits, et serviront dans les hôpitaux;
« les enfants mettront le vieux linge en char-
« pie; les vieillards se feront porter sur les
« places publiques pour exciter le courage des
« guerriers, prêcher la haine des rois, et l'a-
« mour de la république. »

Tous les jeunes gens non mariés, ou veufs sans enfants, depuis l'âge de 18 ans jusqu'à celui de 25 ans, devaient composer la première levée, dite la *première réquisition*. Ils devaient se réunir sur-le-champ, non dans les chefs-lieux de département, mais dans ceux de district, car, depuis le fédéralisme, on craignait ces grandes réunions par départements, qui leur donnaient le sentiment de leurs forces et l'idée de la révolte. D'ailleurs, il y avait un autre motif pour agir ainsi, c'était la difficulté d'amasser dans les chefs-lieux des subsistances et des approvisionnements suffisants pour de

* 23 août.

grandes masses. Les bataillons formés dans les chefs-lieux de district devaient commencer sur-le-champ les exercices militaires, et se tenir prêts à partir au premier jour. La génération de vingt-cinq ans à trente était avertie de se préparer, et, en attendant, elle était chargée de faire le service de l'intérieur. Le reste enfin, de trente jusqu'à soixante, était disponible au gré des représentants envoyés pour opérer cette levée graduelle. Malgré ces dispositions, la levée en masse et instantanée de toute la population était ordonnée de droit dans certains lieux plus menacés, comme la Vendée, Lyon, Toulon, le Rhin, etc.

Les moyens employés pour armer les levées, les loger, les nourrir, étaient analogues aux circonstances. Tous les chevaux et bêtes de somme, dont l'agriculture et les fabriques pouvaient se passer, étaient requis et mis à la disposition des ordonnateurs des armées. Les armes de calibre devaient être données à la génération qui partait; les armes de chasse et les piques étaient réservées au service de l'intérieur. Dans les départements où des manufactures d'armes pouvaient être établies, les places, les promenades publiques, les grandes maisons comprises dans les biens nationaux, devaient servir à construire des ateliers. Le principal établissement se trouvait à Paris. On plaçait les forges dans les jardins du Luxembourg, les machines à forer les canons sur les bords de la Seine. Tous les ouvriers armuriers étaient requis, ainsi que les ouvriers en horlogerie, qui, dans le moment, avaient peu de travail, et qui pouvaient être employés à certaines parties de la fabrication des armes. Trente millions étaient mis, pour cette seule manufacture, à la disposition du ministre de la guerre. Ces moyens extraordinaires seraient employés jusqu'à ce qu'on eût porté la fabrication à mille fusils par jour. On plaçait ce grand établissement à Paris, parce que là, sous les yeux du gouvernement et des jacobins, toute négligence devenait impossible, et tous les prodiges de rapidité et d'énergie étaient assurés. Cette manufacture ne tarda pas en effet à remplir sa destination.

Le salpêtre manquant, on songea à l'extraire du sol des caves. On imagina donc de les faire visiter toutes, pour juger si la terre dans laquelle elles étaient creusées en contenait quelques parties. En conséquence, chaque particulier dut souffrir la visite et la fouille des caves, pour en lessiver la terre lorsqu'elle contiendrait du salpêtre. Les maisons devenues nationales furent destinées à servir de casernes et de magasins.

Pour procurer les subsistances à ces grandes masses armées, on prit diverses mesures qui n'étaient pas moins extraordinaires que les précédentes. Les jacobins auraient voulu que la république, faisant achever le tableau général des subsistances, les achetât toutes, et s'en fît ensuite la distributrice, soit en les donnant aux soldats armés pour elle, soit en les vendant aux autres citoyens à un prix modéré. Ce penchant à vouloir tout faire, à suppléer la nature elle-même, quand elle ne marche pas à notre gré, ne fut point aussi aveuglément suivi que l'auraient désiré les jacobins. Cependant il fut ordonné que les tableaux des subsistances, déjà commandés aux municipalités, seraient promptement terminés, et envoyés au ministère de l'intérieur, pour faire la statistique générale des besoins et des ressources; que le battage des grains serait achevé là où il ne l'était pas, et que les municipalités les feraient battre elles-mêmes si les particuliers s'y refusaient; que les fermiers ou propriétaires de grains paieraient en nature leurs contributions arriérées, et les deux tiers de celles de l'année 1793; qu'enfin les fermiers et régisseurs des biens devenus nationaux en déposeraient les revenus aussi en nature.

L'exécution de ces mesures extraordinaires ne

pouvait être qu'extraordinaire aussi. Des pouvoirs limités, confiés à des autorités locales qui auraient été à chaque instant arrêtées par des résistances, qui, d'ailleurs, n'auraient pas eu toutes la même énergie et le même dévouement, ne convenaient ni à la nature des mesures décrétées ni à leur urgence. La dictature des commissaires de la convention était encore ici le seul moyen dont on pût faire usage. Ils avaient été employés déjà pour la première levée des trois cent mille hommes, décrétée en mars, et ils avaient promptement et complétement rempli leur mission. Envoyés aux armées, ils surveillaient les généraux et leurs opérations, quelquefois contrariaient des militaires consommés, mais partout ranimaient le zèle, et communiquaient une grande vigueur de volonté. Enfermés dans les places fortes, ils avaient soutenu des siéges héroïques à Valenciennes et à Mayence; répandus dans l'intérieur, ils avaient puissamment contribué à étouffer le fédéralisme. Ils furent donc encore employés ici, et reçurent des pouvoirs illimités, pour exécuter cette réquisition des hommes et des choses. Ayant sous leurs ordres les commissaires des assemblées primaires, pouvant les diriger à leur gré, leur confier une partie de leurs pouvoirs, ils tenaient sous leur main des hommes dévoués, parfaitement instruits de l'état de chaque localité, et n'ayant d'autorité que ce qu'ils leur en donneraient eux-mêmes pour le besoin de ce service extraordinaire.

Il y avait déja différents représentants dans l'intérieur, soit dans la Vendée, soit à Lyon et à Grenoble, pour détruire les restes du fédéralisme; il en fut nommé encore dix-huit, chargés de se partager la France, et de se concerter avec ceux qui étaient déja en mission pour faire mettre en marche les jeunes gens de la première réquisition, pour les armer, les approvisionner, et les diriger sur les points convenables, d'après l'avis et les demandes des généraux. Ils devaient en outre achever la complète soumission des administrations fédéralistes.

Il fallait à ces mesures militaires joindre des mesures financières pour fournir aux dépenses de la guerre. On connaît l'état de la France sous ce rapport. Une dette en désordre, composée de dettes de toute espèce, de toute date, et qui étaient opposées aux dettes contractées sous la république; des assignats discrédités, auxquels on opposait le numéraire, le papier étranger, les actions des compagnies financières, et qui ne pouvaient plus servir au gouvernement pour payer les services publics, ni au peuple pour acheter les marchandises dont il avait besoin; telle était alors notre situation. Que faire dans de pareilles conjonctures? Fallait-il emprunter, ou émettre des assignats? Emprunter était impossible dans le désordre où se trouvait la dette, et avec le peu de confiance qu'inspiraient les engagements de la république. Emettre des assignats était facile, et il suffisait pour cela de l'imprimerie nationale. Mais, pour fournir aux moindres dépenses, il fallait émettre des quantités énormes de papier, c'est-à-dire cinq ou six fois plus que sa valeur nominale, et par là on augmentait nécessairement la grande calamité de son discrédit et on amenait un nouveau renchérissement dans les marchandises. On va voir ce que le génie de la nécessité inspira aux hommes qui s'étaient chargés du salut de la France.

La première et la plus indispensable mesure était de mettre de l'ordre dans la dette, et d'empêcher qu'elle ne fût divisée en contrats de toutes les formes, de toutes les époques, et qui, par leurs différences d'origine et de nature, donnaient lieu à un agiotage dangereux et contre-révolutionnaire. La connaissance de ces vieux titres, leur vérification, leur classement, exigeaient une science particulière, et introduisaient une effrayante complication dans la comptabilité. Ce n'était qu'à Paris que chaque rentier pouvait se faire payer, et quelquefois la division de sa créance en plusieurs portions l'obligeait à se présenter chez vingt payeurs différents. Il y avait la dette constituée, la dette exigible à terme fixe, la dette exigible provenant de la liquidation; et, de cette manière, le trésor était exposé tous les jours à des échéances, et obligé de se procurer des capitaux pour rembourser les sommes échues. « Il faut uniformiser et républicaniser la dette, » dit Cambon, et il proposa de convertir tous les contrats des créanciers de l'état en une inscription sur un grand livre, qui serait appelé *Grand-Livre de la dette publique*. Cette inscription et l'extrait qu'on en délivrerait aux créanciers, seraient désormais leurs seuls titres. Pour les rassurer sur la conservation de ce livre, il devait en être déposé un double aux archives de la trésorerie; et, du reste, le feu et les autres accidents ne le menaçaient pas plus que les registres des notaires. Les créanciers devaient donc, dans un délai déterminé, remettre leurs titres pour qu'ils fussent inscrits et brûlés ensuite. Les notaires avaient ordre d'apporter tous les titres dont ils étaient dépositaires, et on les punissait de dix ans de fers si, avant la remise, ils en gardaient ou délivraient des copies. Si le créancier laissait écouler six mois pour se faire inscrire, il perdait les intérêts; s'il laissait écouler un an, il était déchu, et perdait le capital. « De cette manière, disait « Cambon, la dette contractée par le despo- « tisme ne pourra plus être distinguée de celle « qui a été contractée depuis la révolution; et « je défie *monseigneur le despotisme*, s'il res- « suscite, de reconnaître son ancienne dette « lorsqu'elle sera confondue avec la nouvelle. « Cette opération faite, vous verrez le capita- « liste, qui désire un roi parce qu'il a un roi « pour débiteur, et qui craint de perdre sa « créance si son débiteur n'est pas rétabli, dé- « sirer la république qui sera devenue sa débi- « trice, parce qu'il craindra de perdre son capi- « tal en la perdant. »

Ce n'était pas là le seul avantage de cette institution; elle en avait d'autres encore tout aussi grands, et elle commençait le système du crédit public. Le capital de chaque créance était converti en une rente perpétuelle, au taux de cinq pour cent. Ainsi le créancier d'une somme de 1,000 francs se trouvait inscrit sur le Grand-Livre pour une rente de 50 francs. De cette manière, les anciennes dettes, dont les unes portaient des intérêts usuraires, dont les autres étaient frappées de retenues injustes, ou grevées de certains impôts, étaient ramenées à un intérêt uniforme et équitable. L'état, changeant sa dette en une rente perpétuelle, n'était plus exposé à des échéances, et ne pouvait jamais être obligé à rembourser le capital, pourvu qu'il servît les intérêts. Il trouvait en outre un moyen facile et avantageux de s'acquitter, c'était de racheter la rente sur la place, lorsqu'elle viendrait à baisser au-dessous de sa valeur : ainsi, quand une rente de 50 livres de revenu et de 1,000 francs de capital ne vaudrait que neuf ou huit cents livres, l'état gagnerait, disait Cambon, un dixième, ou un cinquième du capital en rachetant sur la place. Ce rachat n'était pas encore organisé au moyen d'un amortissement fixe, mais le moyen était entrevu, et la science du crédit public commençait à se former.

Ainsi l'inscription sur le Grand-Livre simplifiait la forme des titres, rattachait l'existence de la dette à l'existence de la république, et changeait les créances en une rente perpétuelle, dont le capital était non remboursable, et dont l'intérêt était le même pour toutes les portions d'inscriptions. Cette idée était simple et empruntée en partie aux Anglais; mais il fallait un grand courage d'exécution pour l'appliquer à la France, et il y avait un grand mérite d'apropos à le faire dans le moment. Sans doute, on peut trouver quelque chose de forcé à une opération destinée à changer ainsi brusquement la nature des titres et des créances, à ramener l'intérêt à un taux unique, et à frapper de déchéance les créanciers qui se refuseraient à cette conversion; mais, pour un état, la justice est le meilleur ordre possible; et cette grande et énergique uniformisation de la dette convenait à une révolution hardie, complète, qui avait pour but de tout soumettre au droit commun.

Le projet de Cambon joignait à cette hardiesse un respect scrupuleux pour les engagements pris à l'égard des étrangers, qu'on avait promis de rembourser à des époques fixes. Il portait que les assignats n'ayant pas cours hors de France, les créanciers étrangers seraient payés en numéraire, et aux époques déterminées. En outre, les communes ayant contracté des dettes particulières, et faisant souffrir leurs créanciers qu'elles ne payaient pas, l'état se chargeait de leurs dettes, et ne s'emparait de leurs propriétés que jusqu'à concurrence des sommes employées au remboursement. Ce projet fut adopté* en entier, et

* 24 août.

aussi bien exécuté qu'il était bien conçu. Le capital de la dette ainsi uniformisée fut converti en une masse de rentes de 200 millions par an. On crut devoir, pour remplacer les anciens impôts de différente espèce dont elle était grevée, la frapper d'une imposition foncière d'un cinquième, ce qui réduisait le service des intérêts à 160 millions. De cette manière tout était simplifié, éclairci ; une grande source d'agiotage se trouvait détruite, et la confiance renaissait, parce qu'une banqueroute partielle, à l'égard de telle ou telle espèce de créance, ne pouvait plus avoir lieu, et qu'une banqueroute générale pour toute la dette n'était pas supposable.

Dès ce moment, il devenait plus facile de recourir à un emprunt. On va voir de quelle manière on se servit de cette mesure pour soutenir les assignats.

La valeur dont la révolution disposait pour ses dépenses extraordinaires consistait toujours uniquement dans les biens nationaux. Cette valeur, représentée par les assignats, flottait dans la circulation. Il fallait favoriser les ventes pour faire rentrer les assignats, et les relever en les rendant plus rares. Des victoires étaient le meilleur moyen, mais non le plus facile, de hâter les ventes. Pour y suppléer, on imagina divers expédients. Par exemple, on avait permis aux acquéreurs de diviser leurs paiements en plusieurs années. Mais cette mesure, inventée pour favoriser les paysans et les rendre propriétaires, était plus propre à provoquer des ventes qu'à faire rentrer des assignats. Afin de diminuer plus sûrement leur quantité circulante, on avait décidé de faire le remboursement des offices, partie en assignats, partie en *reconnaissances de liquidation*. Les remboursements s'élevant à moins de 3,000 fr., devaient être soldés en assignats, les autres devaient l'être en *reconnaissances de liquidation*, qui n'avaient pas cours de monnaie, qui ne pouvaient pas être divisées en sommes moindres de 10,000 livres, ni autrement transmises que les autres effets au porteur, et qui étaient reçues en paiement des biens nationaux. De cette manière, on diminuait la portion des biens nationaux convertis en monnaie forcée; tout ce qui était transformé en *reconnaissances de liquidation* consistait en sommes peu divisées, difficilement transmissibles, fixées dans les mains des riches, et éloignées de la circulation et de l'agiotage.

Pour contribuer encore à la vente des biens nationaux, on déclara, en créant le Grand-Livre, que les inscriptions de rentes seraient reçues pour moitié dans le paiement de ces biens. Cette facilité devait amener de nouvelles ventes et de nouvelles rentrées d'assignats.

Mais tous ces moyens adroits ne suffisaient pas, et la masse de papier-monnaie était encore beaucoup trop considérable. L'assemblée constituante, l'assemblée législative, et la convention, avaient décrété successivement la création de 5 milliards et 100 millions d'assignats : 484 millions n'avaient pas encore été émis et restaient dans les caisses; il n'avait donc été mis en circulation que 4 milliards 616 millions. Une partie était rentrée par les ventes; les acheteurs pouvant prendre des termes pour le paiement, il était dû encore pour les acquisitions faites, 12 à 15 millions. Il était rentré en tout 840 millions d'assignats qui avaient été brûlés : il en restait donc en circulation, au mois d'août 1793, 3 milliards 776 millions.

Le premier soin fut de démonétiser les assignats à effigie royale, qui étaient accaparés, et nuisaient aux assignats républicains par la confiance supérieure qu'ils inspiraient. Quoique démonétisés, ils ne cessèrent pas d'avoir une valeur; ils furent transformés en effets au porteur, et purent être reçus ou en paiement des contributions, ou en paiement des domaines nationaux, jusqu'au 1er janvier suivant. Passé cette époque, ils ne devaient plus avoir aucune espèce de valeur. Ces assignats s'élevaient à 558 millions. Cette mesure les faisait nécessairement disparaître de la circulation avant quatre mois; et comme on les savait tous dans les mains des spéculateurs contre-révolutionnaires, on faisait preuve de justice en ne les annulant pas et en les obligeant seulement à rentrer au trésor.

On se souvient que, pendant le mois de mai, lorsqu'il fut déclaré en principe qu'il y aurait des armées dites révolutionnaires, on décréta en même temps qu'il serait établi un emprunt forcé d'un milliard sur les riches, pour subvenir aux frais d'une guerre dont ils étaient, comme aristocrates, réputés les auteurs, et à laquelle ils ne voulaient consacrer ni leurs personnes, ni leurs fortunes. Cet emprunt, réparti comme on va le voir, fut consacré, d'après le projet de Cambon, à faire rentrer un milliard d'assignats en circulation. Pour laisser le choix aux citoyens de meilleure volonté, et leur assurer quelques avantages, il était ouvert un emprunt volontaire; ceux qui se présentaient pour le remplir recevaient une inscription de rente au taux déjà décrété de 5 pour cent, et obtenaient ainsi un intérêt de leurs fonds. Ils pouvaient, avec cette inscription, s'exempter de contribuer à l'emprunt forcé, ou du moins jusqu'à concurrence de la valeur placée dans le prêt volontaire. Les riches de mauvaise volonté, qui attendaient l'exécution de l'emprunt forcé, recevaient un titre qui ne portait aucun intérêt, et qui n'était, comme l'inscription de rente, qu'un titre républicain avec 5 pour cent de moins. Enfin, comme d'après la nouvelle loi, les inscriptions pouvaient servir pour moitié dans le paiement des biens nationaux, les prêteurs volontaires, recevant une inscription de rente, avaient la faculté de se rembourser immédiatement en biens nationaux; tandis qu'au contraire les certificats de l'emprunt forcé ne devaient être pris en paiement des domaines acquis que deux ans après la paix. Il fallait, disait le projet, intéresser les riches à la prompte fin de la guerre et à la pacification de l'Europe.

L'emprunt forcé ou volontaire devait faire rentrer un milliard d'assignats qui seraient brûlés. Il devait en rentrer, en outre, par les contributions arriérées, 700 millions, dont 558 millions en assignats royaux déja démonétisés, et reçus seulement pour le paiement des impôts. On était donc assuré, en deux ou trois mois, d'avoir enlevé à la circulation, d'abord le milliard de l'emprunt, puis 700 mil-

lions de contributions. La somme flottante de
3 milliards 776 millions se trouverait donc réduite à 2 milliards 76 millions. En supposant, ce qui était probable, que la faculté de changer les inscriptions de la dette en biens nationaux amènerait de nouvelles acquisitions, on pouvait par cette voie faire rentrer peut-être 5 à 600 millions. La masse totale se trouverait donc encore peut-être réduite par-là à 15 ou 16 cents millions. Ainsi, pour le moment, en réduisant la masse flottante de plus de moitié, on rendait aux assignats leur valeur; les 484 millions restant en caisse devenaient disponibles. Les 700 millions rentrés par les impôts, et dont 558 devaient recevoir l'effigie républicaine et être remis en circulation, recouvraient aussi leur valeur, et pouvaient être employés l'année suivante. On avait donc relevé les assignats pour le moment, et c'était là l'essentiel. Si l'on parvenait à se sauver, la victoire les relèverait tout-à-fait, permettrait de faire de nouvelles émissions, et de réaliser le reste des biens nationaux, reste qui était considérable et qui s'augmentait chaque jour par l'émigration.

Le mode d'exécution de cet emprunt forcé était, de sa nature, prompt et nécessairement arbitraire. Comment évaluer les fortunes sans erreur, sans injustice, même à des époques de calme, en prenant le temps nécessaire, et en consultant toutes les probabilités? Or, ce qui n'est pas possible, même avec les circonstances les plus propices, devait l'être bien moins encore, dans un temps de violence et de précipitation. Mais lorsqu'on était obligé de troubler tant d'existences, de frapper tant de têtes, pouvait-on s'inquiéter beaucoup d'une méprise sur les fortunes, et de quelques inexactitudes de répartition? On institua donc pour l'emprunt forcé, comme pour les réquisitions, une espèce de dictature, et on l'attribua aux communes. Chaque individu était obligé de déclarer l'état de ses revenus. Dans chaque commune, le conseil général nommait des vérificateurs; ces vérificateurs décidaient, d'après leurs connaissances des localités, si les déclarations étaient vraisemblables; et s'ils les supposaient fausses, ils avaient le droit de les porter au double. Dans le revenu de chaque famille, il était prélevé 1,000 francs par individu, mari, femme et enfants; tout ce qui excédait constituait le revenu superflu, et, comme tel, imposable. De 1,000 fr. à 10,000 fr. de revenu imposable, la taxe était d'un dixième. 1,000 fr. de superflu payaient 100 fr.; 2,000 fr. de superflu payaient 200 fr., et ainsi de suite.

Tout revenu superflu excédant 10,000 fr. était imposé d'une somme égale à sa valeur. De cette manière, toute famille, qui, outre les 1,000 fr. accordés par individu, et les 10,000 fr. de superflu frappés d'un dixième, jouissait encore d'un revenu supérieur, devait donner à l'emprunt tout cet excédant. Ainsi, une famille composée de cinq individus, et riche à 50,000 livres de rentes, avait 5,000 fr. réputés nécessaires, 10,000 fr. imposés d'un dixième, et réduits à neuf, ce qui faisait en tout quatorze ; et elle devait pour cette année abandonner les 36,000 fr. restants à l'emprunt forcé ou volontaire. Prendre une année de superflu à toutes les classes opulentes n'était certainement pas une si grande rigueur, lorsque tant d'individus allaient expirer sur les champs de bataille ; et cette somme, que du reste on aurait pu prendre sans condition, comme taxe indispensable de guerre, on l'échangeait contre un titre républicain, convertible ou en rentes sur l'état, ou en portions de biens nationaux*.

Cette grande opération consistait donc à tirer de la circulation un milliard d'assignats en le prenant aux riches ; d'ôter à ce milliard sa qualité de monnaie et de valeur circulante,

---

* Le décret sur l'emprunt forcé est du 3 septembre.

et d'en faire une simple délégation sur les biens nationaux, que les riches échangeraient ou non en une portion correspondante de ces biens. De cette manière, on les obligeait à devenir acquéreurs, ou du moins à fournir la même somme d'assignats qu'ils auraient fournie, s'ils l'étaient devenus. C'était, en un mot, le placement forcé d'un milliard d'assignats.

A ces mesures, destinées à soutenir le papier-monnaie, on en joignit d'autres encore. Après avoir détruit la rivalité des anciens contrats sur l'état, celle des assignats à l'effigie royale, il fallait détruire la rivalité des actions des compagnies de finances. On décréta donc l'abolition de la compagnie d'assurances à vie, de la compagnie de la caisse d'escompte, de toutes celles enfin dont le fonds consistait en actions au porteur, en effets négociables, en inscriptions sur un livre, et transmissibles à volonté. Il fut décidé que leur liquidation serait faite dans un court délai, et que le gouvernement pourrait seul à l'avenir créer de ces sortes d'établissements. On ordonna un prompt rapport sur la compagnie des Indes, qui, par son importance, exigeait un examen particulier. On ne pouvait pas empêcher l'existence des lettres de change sur l'étranger, mais on déclara traîtres à la patrie les Français qui plaçaient leurs fonds sur les banques ou comptoirs des pays avec lesquels la république était en guerre. Enfin on eut recours à de nouvelles sévérités contre le numéraire, et le commerce qui s'en faisait. Déja on avait puni de six ans de gêne quiconque vendrait ou achèterait du numéraire, c'est-à-dire qui le recevrait ou le donnerait pour une somme différente d'assignats; on avait de même soumis à une amende tout vendeur ou acheteur de marchandises, qui traiterait à un prix différent, suivant que le paiement serait stipulé en numéraire ou en assignats. De pareils faits étant difficiles à atteindre, on s'en vengea en augmentant la peine. Tout individu convaincu d'avoir refusé en paiement des assignats, de les avoir donnés ou reçus à une perte quelconque, fut condamné à une amende de 3,000 liv., et à six mois de détention pour la première fois; et en cas de récidive, à une amende double et à vingt ans de fers. Enfin, comme la monnaie de billon était indispensable dans les marchés, et ne pouvait être facilement suppléée, on ordonna que les cloches seraient employées à fabriquer des décimes, des demi-décimes, etc., valant deux sous, un sou, etc.

Mais quelques moyens qu'on employât pour faire remonter les assignats et détruire les rivalités qui leur étaient si nuisibles, on ne pouvait pas espérer de les remettre au niveau du prix des marchandises, et il fallait forcément rabaisser le prix de celles-ci. D'ailleurs le peuple croyait à de la malveillance de la part des marchands, il croyait à des accaparements, et quelle que fût l'opinion des législateurs, ils ne pouvaient modérer, sous ce rapport, un peuple qu'ils déchaînaient sous tous les autres. Il fallut donc faire pour toutes les marchandises ce qu'on avait déjà fait pour le blé. On rendit un décret qui rangeait l'accaparement au nombre des crimes capitaux, et le punissait de mort. Était considéré comme accapareur *celui qui dérobait à la circulation les marchandises de première nécessité*, sans qu'il les mît publiquement en vente. Les marchandises déclarées *de première nécessité* étaient le pain, le vin, la viande, les grains, la farine, les légumes, les fruits, les charbons, le bois, le beurre, le suif, le chanvre, le lin, le sel, le cuir, les boissons, les salaisons, les draps, la laine, et toutes les étoffes, excepté les soieries. Les moyens d'exécution, pour un pareil décret, étaient nécessairement inquisitoriaux et vexatoires. Il devait être fait par chaque marchand des déclarations préalables de ce qu'il possédait en magasin. Ces déclarations devaient être vérifiées au moyen des visites domiciliaires. Toute fraude ou complicité était, comme le fait lui-même, punie de mort. Des commissaires, nommés par les communes, étaient chargés de faire exhiber les factures, et d'après ces factures, de fixer un prix qui, en laissant un profit modique au marchand, n'excédât pas les moyens du peuple. Si pourtant, ajoutait le décret, le haut prix des factures rendait le profit des marchands impossible, la vente n'en serait pas moins effectuée, à un prix auquel l'acheteur pût atteindre. Ainsi, dans ce décret, comme dans celui qui ordonnait la déclaration des blés et leur *maximum*, on laissait aux communes le soin de taxer les prix suivant l'état des choses dans chaque localité. Bientôt on allait être conduit à généraliser encore ces mesures, et à les rendre plus violentes en les étendant davantage.

Les opérations militaires, administratives et financières de cette époque étaient donc aussi habilement conçues que la situation le permettait, et aussi vigoureuses que l'exigeait le danger. Toute la population, divisée en générations, était à la disposition des représentants, et pouvait être appelée, soit à se battre, soit à fabriquer des armes, soit à panser les blessés. Toutes les anciennes dettes, converties en une seule dette républicaine, étaient exposées à partager le même sort, et à n'avoir pas plus de valeur que les assignats. On détruisait les rivalités multipliées des anciens contrats, des assignats royaux, des actions des compagnies; on empêchait les capitaux de se retirer sur ces valeurs privilégiées, en les assimilant toutes; les assignats ne rentrant pas, on en prenait un milliard sur les riches, qu'on faisait passer de l'état de monnaie à l'état d'une simple délégation sur les biens nationaux. Enfin, pour établir un rapport forcé entre les monnaies et les marchandises de première nécessité, on laissait aux communes le soin de rechercher toutes les subsistances, toutes les marchandises, et de les faire vendre à un prix convenable dans chaque localité. Jamais aucun gouvernement ne prit à la fois des mesures ni plus vastes ni plus hardiment imaginées; et pour accuser leurs auteurs de violence, il faudrait oublier le danger d'une invasion universelle, et la nécessité de vivre sur les biens nationaux sans acheteurs. Tout le système des moyens forcés dérivait de ces deux causes. Aujourd'hui, une génération superficielle et ingrate critique ces opérations, trouve les unes violentes, les autres contraires aux bons principes d'économie, et joint le tort de l'ingratitude à l'ignorance du temps et de la situation. Qu'on revienne aux faits, et qu'enfin on soit juste pour des hommes auxquels il en a coûté tant d'efforts et de périls pour nous sauver.

Après ces mesures générales de finances et d'administration, il en fut pris d'autres plus spécialement appropriées à chaque théâtre de la guerre. Les moyens extraordinaires, depuis long-temps résolus à l'égard de la Vendée, furent enfin décrétés. Le caractère de cette guerre était maintenant bien connu. Les forces de la rébellion ne consistaient pas dans des troupes organisées qu'on pût détruire par des victoires, mais dans une population qui, en apparence paisible et occupée de ses travaux agricoles, se levait tout-à-coup à un signal donné, accablait de sa masse, surprenait de son attaque imprévue les troupes républicaines, et, en cas de défaite, se cachait dans ses bois, dans ses champs, et reprenait ses travaux sans qu'on pût distinguer celui qui avait été soldat de celui qui n'avait pas cessé d'être paysan. Une lutte opiniâtre de plus de six mois, des soulèvements qui avaient été quelquefois de cent mille hommes, des actes de la plus grande témérité, une renommée formidable, et l'opinion établie que le plus grand danger de la révolution était dans cette guerre civile dévorante, devaient appeler toute l'attention du gouvernement sur la Vendée, et provoquer à son égard les mesures les plus énergiques et les plus colères. Depuis long-temps on disait que le seul moyen de soumettre ce malheureux pays, était non de le combattre, mais de le détruire, puisque ses armées n'étaient nulle part et se trouvaient partout. Ces vœux furent exaucés par un décret formidable*, où la Vendée, les derniers Bouchains, les étrangers, étaient frappés tous à la fois d'extermination. En conséquence de ce décret, il fut ordonné au ministre de la guerre d'envoyer dans les départemens révoltés des matières combustibles pour incendier les bois, les taillis et les genêts. « Les forêts, était-il dit, seront abattues, les repaires des rebelles seront détruits, les récoltes seront coupées par des compagnies d'ouvriers, les bestiaux seront saisis, et le tout transporté hors du pays. Les vieillards, les femmes, les enfans, seront conduits hors de la contrée et il sera pourvu à leur subsistance avec les égards dus à l'humanité. » Il était enjoint en outre aux généraux et aux représentans en mission de faire tout autour de la Vendée les approvisionnemens nécessaires pour nourrir de grandes masses, et, aussitôt après, d'y envoquer dans les départements environnants non pas une levée graduelle, comme dans les autres parties de la France, mais une levée subite et générale, et de verser ainsi toute une population sur une autre. Le choix des hommes répondit à la nature de ces mesures. On a vu Biron, Berthier, Menou, Westermann, compromis et destitués pour avoir soutenu le système de la discipline, et Rossignol, infracteur de cette discipline, tiré de prison par les agents du ministère. Le triomphe du système jacobin fut complet. Rossignol, de simple chef de bataillon, fut tout-à-coup nommé général en chef de l'armée des côtes de La Rochelle. Ronsin, le chef de ces agents du ministère qui portaient dans la Vendée toutes les passions des jacobins, et soutenaient qu'il ne fallait pas des généraux expérimentés, mais des généraux franchement républicains, non pas une guerre régulière, mais exterminatrice, que tout homme de nouvelle levée était soldat, que tout soldat pouvait être général, Ronsin, le chef de ces agents, fut fait en quatre jours capitaine, chef d'escadron, général de brigade, et fut adjoint à Rossignol avec tous les pouvoirs du ministre lui-même pour présider à l'exécution de ce nouveau système de guerre. On ordonna en même temps que la garnison de Mayence fût conduite en poste du Rhin dans la Vendée. La méfiance était si grande, que les généraux de cette brave garnison avaient été mis en arrestation pour avoir capitulé. Heureusement, le brave Merlin, toujours écouté avec la considération due à un caractère héroïque, vint rendre témoignage de leur dévouement et de leur bravoure. Kléber, Aubert-Dubayet, furent rendus à leurs soldats, qui voulaient les délivrer de vive force, et ils se rendirent dans la Vendée, où ils devaient, par leur habileté, réparer les désastres causés par les agents du ministère. Il est une vérité qu'il faut répéter toujours : la passion n'est jamais ni sage, ni éclairée, mais c'est la passion seule qui peut sauver les peuples dans les grandes extrémités. La nomination de Rossignol était une hardiesse étrange, mais elle annonçait un parti bien pris, elle ne permettait plus les demi-mesures dans cette funeste guerre de la Vendée, et elle obligeait toutes les administrations locales qui étaient encore incertaines à se prononcer. Ces paroles énergiques, répandues dans les armées, les troublaient souvent, mais il y communiquaient cette énergie de résolution sous laquelle il n'y avait ni in armement, ni approvisionnement, ni moyens d'aucune espèce, ils étaient d'une expansion inexprimables

les généraux, mais ils ne permettaient à aucun de faiblir, ni d'hésiter. On verra bientôt leur folle ardeur, se combinant avec la prudence d'hommes plus calmes, produire les plus grands et les plus heureux résultats.

Kilmaine, auteur de la belle retraite qui avait sauvé l'armée du Nord, fut aussitôt remplacé par Houchard, ci-devant général de l'armée de la Moselle, et jouissant d'une assez grande réputation de bravoure et de zèle. Dans le comité de salut public, quelques changements eurent lieu. Thuriot et Gasparin, malades, donnèrent leur démission. L'un d'eux fut remplacé par Robespierre, qui pénétra enfin dans le gouvernement, et dont la puissance immense fut ainsi reconnue et subie par la convention, qui jusqu'ici ne l'avait nommé d'aucun comité. L'autre eut pour successeur le célèbre Carnot, qui déjà, envoyé à l'armée du Nord, avait donné de lui l'idée d'un militaire savant et habile.

A toutes ces mesures administratives et militaires, furent ajoutées des mesures de vengeance, suivant l'usage de faire suivre les actes d'énergie par des actes de cruauté. On a déjà vu que, sur la demande des envoyés des assemblées primaires, une loi avait été résolue contre les suspects. Il restait à en présenter le projet. On le demandait chaque jour, parce que ce n'était pas assez, disait-on, du décret du 27 mars, qui mettait les aristocrates hors la loi. Ce décret exigeait un jugement, et on en souhaitait un qui permît d'enfermer, sans les juger et seulement pour s'assurer de leur personne, les citoyens suspects par leurs opinions. En attendant ce décret, on décida que les biens de tous ceux qui étaient mis hors la loi appartiendraient à la république. On exigea ensuite des dispositions plus sévères envers les étrangers. Déjà ils avaient été mis sous la surveillance des comités qui s'étaient intitulés révolutionnaires, mais on voulait davantage. L'idée d'une conspiration étrangère, dont Pitt était supposé le moteur, remplissait plus que jamais tous les esprits. Un portefeuille trouvé sur les murs de l'une de nos villes frontières renfermait des lettres qui étaient écrites en anglais, et que des agents anglais en France s'adressaient entre eux. Il était question dans ces lettres de sommes considérables envoyées à des agents secrets répandus dans nos camps, nos places fortes et nos principales villes. Les uns étaient chargés de se lier avec les généraux pour les séduire, de prendre des renseignements exacts sur l'état de nos forces, de nos places et de nos approvisionnements; les autres avaient mission de s'introduire dans les arsenaux, dans les magasins, avec des mèches phosphoriques, et d'y mettre le feu. « Faites hausser, disaient encore « ces lettres, le change jusqu'à deux cents livres « pour une livre sterling. Il faut discréditer le « plus possible les assignats, et refuser tous ceux « qui ne porteront pas l'effigie royale. Faites « hausser le prix de toutes les denrées. Don-« nez les ordres à vos marchands d'accaparer « tous les objets de première nécessité. Si vous « pouvez persuader à Cott....i d'acheter le suif « et la chandelle à tout prix, faites-la payer au « public jusqu'à cinq francs la livre. Milord « est très-satisfait pour la manière dont B. t. z. « a agi. Nous espérons que les assassinats se « feront avec prudence. Les prêtres déguisés « et les femmes sont les plus propres à cette « opération. »

Ces lettres prouvaient seulement que l'Angleterre avait quelques espions militaires dans nos armées, quelques agents dans nos places de commerce pour y aggraver les inconvénients de la disette, et que peut-être quelques-uns se faisaient donner de l'argent sous prétexte de commettre à propos des assassinats. Mais tous ces moyens étaient fort peu redoutables, et étaient certainement exagérés par la vanterie ordinaire des agents employés à ce genre de manœuvres. Il est vrai que les incendies avaient éclaté à Douay, à Valenciennes, à la voilerie de Lorient, à Bayonne, et dans les parcs d'artillerie près Chenillé et Saumur. Il est possible que ces agents fussent les auteurs de ces incendies; mais certainement ils n'avaient dirigé ni le poignard du garde-du-corps Paris contre Lepelletier, ni celui de Charlotte Corday contre Marat; et s'ils agiotaient sur le papier étranger et les assignats, s'ils achetaient quelques marchandises moyennant les crédits ouverts à Londres par Pitt, ils n'avaient qu'une médiocre influence sur notre situation commerciale et financière, qui tenait à des causes bien plus générales et plus majeures que ces viles intrigues. Cependant, ces lettres, concourant avec quelques incendies, deux assassinats, et l'agiotage du papier étranger, excitèrent une indignation universelle. La convention, par un décret, dénonça le gouvernement anglais à tous les peuples, et déclara Pitt l'ennemi du genre humain. En même temps elle ordonna que tous les étrangers domiciliés en France depuis le 14 juillet 1789, seraient sur-le-champ mis en état d'arrestation. (Décret du 1er août.)

Enfin on décréta le prompt achèvement des procès de Custine. On mit en jugement Brunot et Lamarche. L'acte d'accusation des soi-disans fut pressé de nouveau, et ordre fut donné au tribunal révolutionnaire de se saisir de leur procès dans le plus bref délai. Enfin la colère se porta sur les restes des Bourbons, et sur la famille infortunée qui déplorait, dans la tour du Temple, la mort du dernier roi. Il fut décrété que tous les Bourbons qui restaient en France seraient déportés, excepté ceux qui étaient sous le glaive des lois*; que le duc d'Orléans, qui avait été transféré, dans le mois de mai à Marseille, et que les fédéralistes n'avaient pas voulu faire juger, serait reconduit à Paris, pour y comparaître devant le tribunal révolutionnaire. Sa mort devait servir de réponse à ceux qui accusaient la Montagne de vouloir en faire un roi. L'infortunée Marie-Antoinette, malgré son sexe, fut, comme son époux, vouée à l'échafaud. Elle passait pour l'instigatrice de tous les complots de l'ancienne cour, et était regardée comme beaucoup plus coupable que Louis XVI. Elle avait le malheur surtout d'être fille de l'Autriche, qui était dans ce moment la plus redoutable de toutes les puissances ennemies. Suivant la coutume de braver plus audacieusement l'ennemi le plus dangereux, on voulut, au moment même où

---

* 1ᵉʳ août.

les armées impériales s'avançaient sur notre territoire, faire tomber la tête de Marie-Antoinette. Elle fut donc transférée à la Conciergerie pour être jugée comme une accusée ordinaire par le tribunal révolutionnaire. Madame Élisabeth, destinée à la déportation, fut retenue pour déposer contre sa sœur. Les deux enfants devaient être élevés et gardés par la république, qui jugerait, à l'époque de la paix, ce qu'il conviendrait de statuer à leur égard. Jusques alors, la dépense du Temple avait été faite avec une certaine somptuosité qui rappelait le rang de la famille prisonnière. Il fut décrété qu'elle serait réduite au nécessaire. Enfin, pour consommer tous ces actes de la vengeance révolutionnaire, on décréta que les tombes royales de Saint-Denis seraient détruites.

Telles furent les mesures que les dangers imminents du mois d'août 1793 provoquèrent pour la défense et pour la vengeance de la révolution.

dû encore poursuivre une armée démoralisée, qui avait toujours été malheureuse depuis l'ouverture de la campagne. Dès le mois de mars, en effet, battue à Aix-la-Chapelle et à Nerwinde, elle avait perdu la Flandre hollandaise, la Belgique, les camps de Famars et de César, les places de Condé et de Valenciennes. L'un de ses généraux avait passé à l'ennemi, l'autre avait été tué. Ainsi, depuis la bataille de Jemmapes, elle n'avait fait que des retraites, fort méritoires, il est vrai, mais peu encourageantes. Sans concevoir même le projet trop hardi d'une marche directe sur Paris, les coalisés pouvaient détruire ce noyau d'armée, et alors ils étaient libres de prendre toutes les places qu'il convenait à leur égoïsme d'occuper. Mais aussitôt après la prise de Valenciennes, les Anglais, en vertu des conventions faites à Anvers, exigèrent le siège de Dunkerque. Alors, tandis que le prince de Cobourg, restant dans les environs de son camp d'Hérin, entre la Scarpe et l'Escaut, croyait occuper les Français, et songeait à prendre encore le Quesnoy, le duc d'York, marchant avec l'armée anglaise et hanovrienne par Orchies, Menin, Dixmude et Furnes, vint s'établir devant Dunkerque, entre le Langmoor et la mer. Deux sièges à faire nous donnaient donc encore un peu de répit. Houchard, envoyé à Gavrelle, y réunissant en hâte toutes les forces disponibles, afin de voler au secours de Dunkerque. Interdire aux Anglais un port sur le continent, battre individuellement nos plus grands ennemis, les priver de tout avantage dans cette guerre, et fournir de nouvelles armes à l'opposition anglaise contre Pitt, telles étaient les raisons qui faisaient considérer Dunkerque comme le point le plus important de tout le théâtre de la guerre : le salut de la république est là, écrivait à Houchard le comité de salut public ; et Carnot, sachant parfaitement que les troupes réunies entre la frontière du Nord et celle du Rhin, c'est-à-dire dans la Moselle, y étaient inutiles, fit décider qu'on en retirerait un renfort pour l'envoyer en Flandre. Vingt ou vingt-cinq jours s'écoulèrent ainsi en préparatifs, délai très-concevable du côté des Français, qui avaient à réunir leurs troupes dispersées à de grandes distances, mais inconcevable de la part des Anglais, qui n'avaient que quatre ou cinq marches à faire pour se porter sous les murs de Dunkerque.

Nous avons laissé nos deux armées de la Moselle et du Rhin essayant de s'avancer, mais trop tard, vers Mayence, et n'empêchant pas la prise de cette place. Depuis, elles s'étaient repliées sur Sarrebruck, Hornbach et Wissembourg. Il faut donner une idée du théâtre de la guerre pour faire comprendre ces divers mouvements. La frontière française est assez singulièrement découpée au Nord et à l'Est. L'Escaut, la Meuse, la Moselle, la chaîne des Vosges, le Rhin, courent vers le Nord en formant des lignes presque parallèles. Le Rhin, arrivé à l'extrémité des Vosges, tourne subitement, cesse de couler parallèlement à ces lignes, et les termine en tournant le pied des Vosges, et en recevant dans son cours la Moselle et la Meuse. Les coalisés, sur la frontière du Nord, s'étaient avancés entre l'Escaut et la Meuse; entre la Meuse et la Moselle, ils n'avaient point fait de progrès, parce que le faible corps laissé par eux entre Luxembourg et Trèves n'avait rien pu tenter; mais ils pouvaient davantage entre la Moselle, les Vosges et le Rhin. On a vu qu'ils s'étaient placés à cheval sur les Vosges, partie sur le versant oriental, et partie sur le versant occidental. Le plan à suivre, comme nous l'avons dit précédemment, était assez simple. En considérant l'arête des Vosges comme une rivière dont il fallait occuper les passages, on pouvait porter toutes ses masses sur une rive, accabler l'ennemi d'un côté, puis revenir l'accabler de l'autre. Ni les Français, ni les coalisés n'en avaient

en Palier; et depuis la prise de Mayence, les Prussiens, placés sur le revers occidental, faisaient face à l'armée du Rhin. Nous étions retirés dans les fameuses lignes de Wissembourg. L'armée de la Moselle, au nombre de vingt mille hommes, était postée à Saarbruck, sur la Sarre; le corps des Vosges, au nombre de douze mille, se trouvait à Hornbach et Ketrick, et se liait dans les montagnes à l'extrême gauche de l'armée du Rhin. L'armée du Rhin, forte de vingt mille hommes, gardait la Lauter, de Wissembourg à Lauterbourg. Telles sont les lignes de Wissembourg: la Sarre coule des Vosges à la Moselle, la Lauter des Vosges dans le Rhin, et toutes les deux forment une seule ligne, qui coupe presque perpendiculairement la Moselle, les Vosges et le Rhin. On en devient maître en occupant Saarbruck, Hornbach, Ketrick, Wissembourg et Lauterbourg. C'est ce que nous avons fait. Nous n'avions guère plus de soixante mille hommes sur toute cette frontière, parce qu'il avait fallu porter des secours à Houchard. Les Prussiens avaient mis deux mois à s'approcher de nous, et s'étaient enfin portés à Pirmasens. Renforcés des quarante mille hommes qui venaient de terminer le siége de Mayence, et réunis aux Autrichiens, ils devaient par monts accéder à un front ou l'autre des deux versants ; mais la désunion régnait entre la Prusse et l'Autriche, à cause du partage de la Pologne. Frédéric-Guillaume, qui se trouvait encore au camp des Vosges, ne secondait pas l'impatiente ardeur de Wurmser. Celui-ci, plein de fougue, malgré ses années, faisait tous les jours de nouvelles tentatives sur les lignes de Wissembourg ; mais ses attaques partielles étaient demeurées sans succès, et n'avaient abouti qu'à faire tuer inutilement des hommes. Tel était encore, dans les premiers jours de septembre, l'état des choses sur le Rhin.

Dans le Midi, les événements avaient achevé de se développer. La longue incertitude des Lyonnais s'était terminée enfin par une résistance ouverte, et le siège de leur ville était devenu inévitable. On a vu qu'ils offraient de se soumettre et de reconnaître la constitution, mais sans s'expliquer sur les décrets qui leur enjoignaient d'envoyer à Paris les patriotes détenus, et de dissoudre la nouvelle autorité sectionnaire. Bientôt même, ils avaient enfreint ces décrets de la manière la plus éclatante, en envoyant Chalier et Riard à l'échafaud, en faisant tous les jours des préparatifs de guerre, en prenant l'argent des caisses, et en retenant les convois destinés aux armées. Beaucoup de partisans de l'émigration s'étaient introduits parmi eux, et les effrayaient du rétablissement de l'ancienne municipalité montagnarde. Ils les flattaient, en outre, de l'arrivée des Marseillais, qui, disaient-ils, remontaient le Rhône, et de la marche des Piémontais, qui allaient déboucher des Alpes avec soixante mille hommes. Quoique les Lyonnais, franchement fédéralistes, portassent une haine égale à l'étranger et aux émigrés, la Montagne et l'ancienne municipalité leur causaient un tel effroi, qu'ils étaient prêts à s'exposer plutôt au danger et à l'infamie de l'alliance étrangère, qu'aux vengeances de la convention.

La Saône coulant entre le Jura et la Côte-d'Or, le Rhône venant du Valais entre le Jura et les Alpes, se réunissent à Lyon. Cette riche ville est placée sur leur confluent. En remontant la Saône du côté de Mâcon, le pays était entièrement républicain, et les députés Laporte et Reverchon, ayant réuni quelques mille réquisitionnaires, coupaient la communication avec le Jura. Dubois-Crancé, avec la réserve de l'armée de Savoie, venait du côté des Alpes, et gardait le cours supérieur du Rhône. Mais les Lyonnais étaient entièrement maîtres du cours inférieur du fleuve et de sa rive droite, jusqu'aux montagnes de l'Auvergne. Ils dominaient dans tout le Forez, y faisaient des incursions fréquentes, et allaient s'approvisionner d'armes à Saint-Étienne. Un ingénieur habile avait élevé autour de leur ville d'excellentes fortifications; un étranger leur avait fondu des pièces de rempart. La population était divisée en deux portions : les jeunes gens suivaient le commandant Précy dans ses excursions; les hommes mariés, les pères de famille gardaient la ville et ses retranchements. Enfin, le 8 août, Dubois-Crancé, qui avait apaisé la révolte fédéraliste de Grenoble, se disposa à marcher sur Lyon, conformément au décret qui lui enjoignait de ramener à l'obéissance cette ville rebelle. L'armée des Alpes se composait tout au plus de vingt-cinq mille hommes, et bientôt elle allait avoir sur les bras les Piémontais, qui, profitant enfin du mois d'août, se préparaient à déboucher par la grande chaîne. Cette armée venait de s'affaiblir, comme on l'a vu, de deux détachements, envoyés, l'un pour renforcer l'armée d'Italie, et l'autre pour réduire les Marseillais. Le Puy-de-Dôme, qui devait fournir ses recrues, les avait gardées pour étouffer la révolte de la Lozère, dont il a déjà été question. Houchard avait retenu la légion du Rhin, qui était destinée aux Alpes; et le ministère promettait

commission et l'état-major continuaient de tromper les Lyonnais, en les effrayant du retour de la municipalité montagnarde, et en leur disant que soixante mille Piémontais allaient déboucher sur leur ville. Un engagement, qui eut lieu entre deux postes avancés, et qui fut terminé à l'avantage des Lyonnais, les exalta au plus haut point, et décida leur résistance et leurs malheurs. Dubois-Crancé commença le feu du côté de la Croix-Rousse, entre les deux fleuves, où il avait pris position, et dès le premier jour son artillerie exerça de grands ravages. Ainsi, l'une de nos plus importantes villes manufacturières était réduite aux horreurs du bombardement, et nous avions à exécuter ce bombardement en présence des Piémontais, qui allaient descendre des Alpes.

Pendant ce temps, Carteaux avait marché sur Marseille, et avait franchi la Durance dans le mois d'août. Les Marseillais s'étaient retirés d'Aix sur leur ville, et avaient formé le projet de défendre les gorges de Septèmes, à travers lesquelles passe la route d'Aix à Marseille. Le 24, le général Doppet les attaqua avec l'avant-garde de Carteaux; l'engagement fut assez vif, mais une section, qui avait toujours été en opposition avec les autres, passa du côté des républicains, et décida le combat en leur faveur. Les gorges furent emportées, et, le 25, Carteaux entra dans Marseille avec sa petite armée.

Cet événement en décida un autre, le plus funeste qui eût encore affligé la république. La ville de Toulon, qui avait toujours paru animée du plus violent républicanisme, tant que la municipalité y avait été maintenue, avait changé d'esprit sous la nouvelle autorité des sections, et allait bientôt changer de domination. Les jacobins, réunis à la municipalité, étaient déchaînés contre les officiers aristocrates de la marine ; ils ne cessaient de se plaindre de la lenteur des réparations faites à l'escadre, de son immobilité dans le port, et ils demandaient à grands cris la punition des officiers, auxquels ils attribuaient le mauvais résultat de l'expédition de Sardaigne. Les républicains modérés répondaient là comme partout, que les vieux officiers étaient seuls capables de commander les escadres, que les vaisseaux ne pouvaient pas se réparer plus promptement, que les faire sortir contre les flottes espagnole et anglaise réunies serait fort imprudent, et qu'enfin les officiers dont on demandait la punition n'étaient point des traîtres, mais des guerriers malheureux. Les modérés l'emportèrent dans les sections

Aussitôt une foule d'agents secrets, intriguant pour le compte des émigrés et des Anglais, s'introduisirent dans Toulon, et conduisirent les habitants plus loin qu'ils ne se proposaient d'aller. Ces agents communiquaient avec l'amiral Hood, et s'étaient assurés que les escadres coalisées seraient, dans les parages voisins, prêtes à se présenter au premier signal. D'abord, à l'exemple des Lyonnais, ils firent juger et mettre à mort le président du club jacobin, nommé Sévestre. Ensuite ils rétablirent le culte des prêtres réfractaires; ils firent déterrer et porter en triomphe les ossements de quelques malheureux qui avaient péri dans les troubles pour la cause royaliste. Le comité de salut public ayant ordonné à l'escadre d'arrêter les vaisseaux destinés à Marseille, afin de réduire cette ville, ils ne permirent pas l'exécution de cet ordre, et s'en firent un mérite auprès des sections de Marseille. Ensuite ils commencèrent à parler des dangers auxquels on était exposé en résistant à la convention, de la nécessité de s'assurer un secours contre ses fureurs, et de la possibilité d'obtenir celui des Anglais en proclamant Louis XVII. L'ordonnateur de la marine était, à ce qu'il paraît, le principal instrument de la conspiration; il accaparait l'argent des caisses, envoyait chercher les fonds par mer presque dans le département de l'Hérault, écrivait à Gênes pour faire retenir les subsistances et rendre ainsi la situation de Toulon plus critique. On avait changé les états-majors ; on avait tiré de prison un officier de marine compromis dans l'expédition de Sardaigne, pour lui donner le commandement de la place ; on avait mis à la tête de la garde nationale un ancien garde-du-corps, et confié les forts à des émigrés rentrés ; on s'était assuré enfin de l'amiral Trogoff, étranger que la France avait comblé de faveurs. On ouvrit une négociation avec l'amiral Hood, sous prétexte d'un échange de prisonniers, et, au moment où Carteaux venait d'entrer dans Marseille, où la terreur était au comble dans Toulon, et ou huit ou dix mille Provençaux, les plus contre-révolutionnaires de la contrée, venaient s'y réfugier, on osa faire aux sections la honteuse proposition de recevoir les Anglais, qui prendraient la place en dépôt au nom de Louis XVII. La marine, indignée, envoya une députation aux sections pour s'opposer à l'infamie qui se préparait. Mais les contre-révolutionnaires toulonnais et marseillais, plus audacieux que jamais, repoussèrent les réclamations de la marine, et firent accepter la proposition le 29 août.

glais. L'amiral Trogoff, se mettant à la tête de ceux qui voulaient livrer le port, appela à lui l'escadre en arborant le drapeau blanc. Le brave contre-amiral Saint-Julien, déclarant Trogoff un traître, hissa à son bord le pavillon de commandement, et voulut réunir la marine fidèle. Mais, dans ce moment, les traîtres, déjà en possession des forts, menacèrent de brûler Saint-Julien avec ses vaisseaux : il fut alors obligé de fuir avec quelques officiers et quelques matelots ; les autres furent entraînés, sans trop savoir ce qu'on allait faire d'eux. L'amiral Hood, qui avait long-temps hésité, parut enfin, et, sous prétexte de prendre le port de Toulon en dépôt pour le compte de Louis XVII, le reçut pour l'incendier et le détruire.

Pendant ce temps, aucun mouvement ne s'était opéré aux Pyrénées ; dans l'Ouest, on se préparait à exécuter les mesures décrétées par la convention.

Nous avons laissé toutes les colonnes de la Haute-Vendée se réorganisant à Angers, à Saumur et à Niort. Les Vendéens s'étaient, dans cet intervalle, emparés des ponts de Cé, et, dans la crainte qu'ils inspirèrent, on mit Saumur en état de siége. La colonne de Luçon et des Sables était seule capable d'agir offensivement. Elle était commandée par le nommé

Tuncq, l'un des généraux réputés appartenir à l'aristocratie militaire, et dont Ronsin demandait la destitution au ministère. Auprès de lui se trouvaient les deux représentants Bourdon de l'Oise, et Goupilleau de Fontenay, animés des mêmes dispositions et opposés à Ronsin et à Rossignol. Goupilleau surtout, né dans le pays, était porté, par ses relations de famille et d'amitié, à ménager les habitants, et à leur épargner les rigueurs que Ronsin et les siens auraient voulu exercer.

Les Vendéens, que la colonne de Luçon inquiétait, résolurent de diriger contre elle leurs forces partout victorieuses. Ils voulaient surtout donner des secours à la division de M. de Royrand, qui, placée devant Luçon, et isolée entre les deux grandes armées de la Haute et de la Basse-Vendée, agissait avec ses seules ressources, et avait besoin d'être appuyée. Dans les premiers jours d'août, en effet, ils portèrent quelques rassemblements du côté de Luçon, et furent complétement repoussés par le général Tuncq. Alors ils résolurent de tenter un effort plus décisif. MM. d'Elbée, de Lescure, de Larochejaquelein, Charette, se réunirent avec quarante mille hommes, et le 14 août se présentèrent de nouveau aux environs de Luçon. Tuncq n'en avait guère que six mille. M. de

Lescure, se fiant sur la supériorité du nombre, donna le funeste conseil d'attaquer en plaine l'armée républicaine. MM. de Lescure et Charette prirent le commandement de la gauche, M. d'Elbée celui du centre, M. de Larochejacquelein celui de la droite. MM. de Lescure et Charette agirent avec une grande vigueur à la droite; mais au centre, les soldats, obligés de lutter en plaine contre des troupes régulières, montrèrent de l'hésitation : M. de Larochejacquelein, égaré dans sa route, n'arriva pas à temps vers la gauche. Alors le général Tuncq, faisant agir à propos son artillerie légère sur le centre ébranlé, y répandit le désordre, et en peu d'instants mit en fuite tous les Vendéens au nombre de quarante mille. Aucun événement n'avait été plus funeste pour ces derniers. Ils perdirent toute leur artillerie, et rentrèrent dans le pays, frappés de consternation.

Dans ce même moment arrivait la destitution du général Tuncq, demandée par Ronsin. Bourdon et Goupilleau, indignés, le maintinrent dans son commandement, écrivirent à la convention pour faire révoquer la décision du ministre, et adressèrent de nouvelles plaintes contre le parti désorganisateur de Saumur, qui répandait, disaient-ils, la confusion, et voulait remplacer tous les généraux instruits par d'ignorants démagogues. Dans ce moment, Rossignol, faisant l'inspection des diverses colonnes de son commandement, arriva à Luçon. Son entrevue avec Tuncq, Goupilleau et Bourdon, ne fut qu'un échange de reproches; malgré deux victoires, il fut mécontent de ce que l'on avait livré des combats contre sa volonté; car il pensait, du reste avec raison, qu'il fallait éviter tout engagement avant la réorganisation générale des différentes armées. On se sépara, et immédiatement après, Bourdon et Goupilleau, apprenant quelques actes de rigueur exercés par Rossignol dans le pays, eurent la hardiesse de prendre un arrêté pour le destituer. Aussitôt, les représentants qui étaient à Saumur, Merlin, Bourbotte, Choudieu et Rewbell, cassèrent l'arrêté de Goupilleau et Bourdon, et réintégrèrent Rossignol. L'affaire fut portée devant la convention : Rossignol, confirmé de nouveau, l'emporta sur ses adversaires. Bourdon et Goupilleau furent rappelés, et Tuncq suspendu.

Telle était la situation des choses, lorsque la garnison de Mayence arriva dans la Vendée. Il s'agissait de savoir quel plan on suivrait, et de quel côté on ferait agir cette brave garnison. Serait-elle attachée à l'armée de La Rochelle et mise sous les ordres de Rossignol, ou à l'armée de Brest et confiée à Canclaux? Telle était la question. Chacun voulait la posséder, parce qu'elle devait décider le succès partout où elle agirait. On était d'accord pour envelopper le pays d'attaques simultanées, qui, dirigées de tous les points de la circonférence, viendraient aboutir au centre. Mais, comme la colonne qui posséderait les Mayençais devait prendre une offensive plus décisive, et refouler les Vendéens sur les autres colonnes, il s'agissait de savoir sur quel point il était le plus utile de rejeter l'ennemi. Rossignol et les siens soutenaient que le meilleur parti à prendre était de faire marcher les Mayençais par Saumur, pour rejeter les Vendéens sur la mer et sur la Basse-Loire, où on les détruirait entièrement; que les colonnes d'Angers, de Saumur, trop faibles, avaient besoin de l'appui des Mayençais pour agir; que, réduites à elles-mêmes, elles seraient dans l'impossibilité de s'avancer en campagne pour donner la main aux autres colonnes de Niort et de Luçon; qu'elles ne pourraient même pas arrêter les Vendéens refoulés, ni les empêcher de se répandre dans l'intérieur; qu'enfin, en faisant avancer les Mayençais par Saumur, on ne perdrait point de temps, tandis que par Nantes, ils étaient obligés de faire un circuit considérable, et de perdre dix ou quinze jours. Canclaux était frappé au contraire du danger de laisser la mer ouverte aux Vendéens. Une escadre anglaise venait d'être signalée dans les parages de l'Ouest, et on ne pouvait pas croire que les Anglais ne songeassent pas à une descente dans le Marais. C'était alors la pensée générale, et, quoiqu'elle fut erronée, elle occupait tous les esprits. Cependant les Anglais venaient à peine d'envoyer un émissaire dans la Vendée. Il était arrivé déguisé, et demandait le nom des chefs, leurs forces, leurs intentions et leur but précis : tant on ignorait en Europe les événements intérieurs de la France! Les Vendéens avaient répondu par une demande d'argent et de munitions, et par la promesse de porter cinquante mille hommes sur le point où l'on voudrait opérer un débarquement. Tout projet de ce genre était donc encore bien éloigné, mais de toutes parts on le croyait prêt à se réaliser. Il fallait donc, disait Canclaux, faire agir les Mayençais par Nantes, couper ainsi les Vendéens de la mer, et les refouler vers le haut pays. Se répandraient-ils dans l'intérieur, ajoutait Canclaux, ils seraient bientôt détruits, et quant au temps perdu, ce n'était pas une considération ; faire une bonne et sûre campagne

était dans un état à ne pouvoir pas agir avant dix ou douze jours, même avec les Mayençais. Une raison qu'on ne donnait pas, c'est que l'armée de Mayence, déjà faite au métier de la guerre, aimait mieux servir avec les gens du métier, et préférait Canclaux, général expérimenté, à Rossignol, général ignorant, et l'armée de Brest, signalée par des faits glorieux, à celle de Saumur, connue seulement par des défaites. Les représentants, attachés au parti de la discipline, partageaient aussi cet avis, et craignaient de compromettre l'armée de Mayence, en la plaçant au milieu des soldats jacobins et désordonnés de Saumur.

Philippeaux, le plus ardent adversaire du parti Ronsin parmi les représentants, se rendit à Paris, et obtint un arrêté du comité de salut public en faveur du plan de Canclaux. Ronsin fit révoquer l'arrêté, et il fut convenu alors qu'un conseil de guerre tenu à Saumur déciderait de l'emploi des forces. Le conseil eut lieu le 2 septembre. On y comptait beaucoup de représentants et de généraux. Les avis se trouvèrent partagés. Rossignol, qui mettait une grande bonne foi dans ses opinions, offrit à Canclaux de lui résigner le commandement, s'il voulait laisser agir les Mayençais par Saumur. Cependant l'avis de Canclaux l'emporta :

les Mayençais furent attachés à l'armée de
Brest, et la principale attaque dut être dirigée
de la Basse sur la Haute-Vendée. Le plan de
campagne fut signé, et on promit de partir, à
un jour donné, de Saumur, Nantes, les Sables
et Niort.

La plus grande humeur régnait dans le parti
de Saumur. Rossignol avait de l'ardeur, de la
bonne foi, mais point d'instruction, point de
santé, et quoique franchement dévoué, il était
incapable de servir d'une manière utile. Il conçut, de la décision adoptée, moins de ressenti-
ment que ses partisans eux-mêmes, tels que
Ronsin, Momoro et tous les agents ministériels. Ceux-ci écrivirent sur-le-champ à Paris
pour se plaindre du mauvais parti qu'on venait de prendre, des calomnies répandues
contre les généraux sans-culottes, des préven-
tions qu'on avait inspirées à l'armée de Mayence,
et ils montrèrent aussi des dispositions qui
ne devaient pas faire espérer de leur part un
grand zèle à seconder le plan délibéré à Saumur. Ronsin poussa même la mauvaise volonté
jusqu'à interrompre les distributions de vivres
faites à l'armée de Mayence, sous prétexte que,
ce corps passant de l'armée de La Rochelle à
celle de Brest, c'était aux administrateurs de
cette dernière à l'approvisionner. Les Mayençais

partirent aussitôt pour Nantes, et Canclaux disposa toutes choses pour faire exécuter le plan convenu dans les premiers jours de septembre.

Telle avait été la marche générale des choses sur les divers théâtres de la guerre, pendant les mois d'août et de septembre. Il faut suivre maintenant les grandes opérations qui succédèrent à ces préparatifs.

Le duc d'York était arrivé devant Dunkerque avec vingt-un mille Anglais et Hanovriens, et douze mille Autrichiens. Le maréchal Freytag était à Ost-Capelle avec seize mille hommes ; le prince d'Orange à Menin avec quinze mille Hollandais. Ces deux derniers corps étaient placés là en armée d'observation. Le reste des coalisés, dispersés autour du Quesnoy et jusqu'à la Moselle, s'élevait à environ cent mille hommes. Ainsi cent soixante, ou cent soixante-dix mille hommes étaient répartis sur cette ligne immense, occupés à y faire des siéges et à y garder tous les passages. Carnot, qui commençait à diriger les opérations des Français, avait entrevu déjà qu'il ne s'agissait pas de batailler sur tous les points, mais d'employer à propos une masse sur un point décisif. Il avait donc conseillé de transporter trente-cinq mille hommes, de la Moselle et du Rhin au Nord,

son conseil avait été adopté, mais il ne put en
arriver que douze mille en Flandre. Néanmoins,
avec ce renfort et les divers camps placés à
Gavrelle, à Lille, à Cassel, les Français auraient pu former une masse de soixante mille
hommes, et, dans l'état de dispersion où se
trouvait l'ennemi, frapper les plus grands coups.
Il ne faut, pour s'en convaincre, que jeter les
yeux sur le théâtre de la guerre. En suivant
le rivage de la Flandre pour entrer en France,
on trouve Furnes d'abord, et puis Dunkerque.
Ces deux villes, baignées d'un côté par l'Océan,
de l'autre par les vastes marais de la Grande-
Moer, ne peuvent communiquer entre elles
que par une étroite langue de terre. Le duc
d'York arrivant par Furnes, qui se présente la
première en venant du dehors, s'était placé,
pour assiéger Dunkerque, sur cette langue de
terre, entre la Grande-Moer et l'Océan. Le
corps d'observation de Freytag ne s'était pas
établi à Furnes de manière à protéger les derrières de l'armée de siège; il était au contraire
assez loin de cette position, en avant des marais et de Dunkerque, de manière à couper les
secours qui pouvaient venir de l'intérieur de
la France. Les Hollandais du prince d'Orange,
postés à Menin, à trois journées de ce point,
devenaient tout-à-fait inutiles. Une masse de

soixante mille hommes, marchant rapidement entre les Hollandais et Freytag, pouvait se porter à Furnes derrière le duc d'York, et, manœuvrant ainsi entre les trois corps ennemis, accabler successivement Freytag, le duc d'York et le prince d'Orange. Il fallait pour cela une masse unique et des mouvements rapides. Mais alors on ne songeait qu'à se pousser de front, en opposant à chaque détachement un détachement pareil. Cependant le comité de salut public avait à peu près conçu le plan dont nous parlons. Il avait ordonné de former un seul corps et de marcher sur Furnes. Houchard comprit un moment cette pensée, mais ne s'y arrêta pas, et songea tout simplement à marcher contre Freytag, à replier ce dernier sur les derrières du duc d'York, et à tâcher ensuite d'inquiéter le siége.

Pendant que Houchard hâtait ses préparatifs, Dunkerque faisait une vigoureuse résistance. Le général Souham, secondé par le jeune Hoche, qui se comporta à ce siége d'une manière héroïque, avait déjà repoussé plusieurs attaques. L'assiégeant ne pouvait pas ouvrir facilement la tranchée dans un terrain sablonneux, au fond duquel on trouvait l'eau en creusant seulement à trois pieds. La flottille qui devait descendre la Tamise pour bombarder la place, n'arrivant pas, et au contraire une flottille française, sortie de Dunkerque et embossée le long du rivage, harcelait les assiégeants enfermés sur leur étroite langue de terre, manquant d'eau potable et exposés à tous les dangers. C'était le cas de se hâter et de frapper des coups décisifs. On était arrivé aux derniers jours d'août. Suivant l'usage de la vieille tactique, Houchard commença par une démonstration sur Menin, qui n'aboutit qu'à un combat sanglant et inutile. Après avoir donné cette alarme préliminaire, il s'avança, en suivant plusieurs routes, vers la ligne de l'Yser, petit cours d'eau qui le séparait du corps d'observation de Freytag. Au lieu de venir se placer entre le corps d'observation et le corps de siège, il confia à Hédouville le soin de marcher sur Rousbrugghe, pour inquiéter seulement la retraite de Freytag sur Furnes, et il alla lui-même donner de front sur Freytag, en marchant avec toute son armée par Houtkercke, Herseele et Bambeke. Freytag avait disposé son corps sur une ligne assez étendue, et il n'en avait qu'une partie autour de lui, lorsqu'il reçut le premier choc de Houchard. Il résista à Herseele; mais, après un combat assez vif, il fut obligé de repasser l'Yser, et de se replier sur Bambeke, et successivement de Bambeke sur Rexpœde et Killem. En reculant de la sorte, au-delà de l'Yser, il laissait ses ailes compromises en avant. La division Walmoden se trouvait jetée loin de lui, à sa droite, et sa propre retraite était menacée vers Rousbrugghe par Hédouville.

Freytag veut alors, dans la même journée, se reporter en avant, et reprendre Rexpœde, afin de rallier à lui la division Walmoden. Il arrive à Rexpœde au moment où les Français y entraient. Un combat des plus vifs s'engage : Freytag est blessé et fait prisonnier. Cependant la fin du jour s'approche; Houchard, craignant une attaque de nuit, se retire hors du village, et n'y laisse que trois bataillons. Walmoden, qui se repliait avec sa division compromise, arrive dans cet instant, et se décide à attaquer vivement Rexpœde, afin de se faire jour. Un combat sanglant se livre au milieu de la nuit; le passage est franchi, Freytag est délivré, et l'ennemi se retire en masse sur le village de Hondschoote. Ce village, situé contre la Grande-Moër et sur la route de Furnes, était un des points par lesquels il fallait passer en se retirant sur Furnes. Houchard avait renoncé à l'idée essentielle de manœuvrer vers Furnes, entre le corps de siége et le corps d'observation; il ne lui restait donc plus qu'à pousser toujours de front le maréchal Freytag, et à se ruer contre le village de Hondschoote. La journée du 7 se passa à observer les positions de l'ennemi, défendues par une artillerie très-forte, et, le 8, l'attaque décisive fut résolue. Dès le matin, l'armée française se porte sur toute la ligne pour attaquer de front. La droite, sous les ordres d'Hédouville, s'étend entre Killem et Béveren, le centre, commandé par Jourdan, marche directement de Killem sur Hondschoote; la gauche attaque entre Killem et le canal de Furnes. L'action s'engage entre les taillis qui couvraient le centre. De part et d'autre, les plus grandes forces sont dirigées sur ce même point. Les Français reviennent plusieurs fois à l'attaque des positions, et enfin ils s'en rendent maîtres. Tandis qu'ils triomphent au centre, les retranchements sont emportés à la droite, et l'ennemi prend le parti de se retirer sur Furnes par les routes de Rousbrum et de Roghestade.

Tandis que ces choses se passaient à Hondschoote, la garnison de Dunkerque faisait, sous la conduite de Hoche, une sortie vigoureuse, et mettait les assiégeants dans le plus grand péril. Le lendemain du combat, ceux-ci tinrent un conseil de guerre; se sentant menacés sur leurs derrières, et ne voyant pas arriver les armements maritimes qui devaient servir à bombarder la place, ils résolurent de lever le siége, et de se retirer sur Furnes, où venait d'arriver Freytag. Ils y furent tous réunis le 9 septembre au soir.

Telles furent ces trois journées, qui eurent pour but et pour résultat de replier le corps d'observation sur les derrières du corps de siége, en suivant une marche directe. Le dernier combat donna son nom à cette opération, et la bataille d'Hondschoote fut considérée comme le salut de Dunkerque. Cette opération, en effet, rompait la longue chaîne de nos revers au Nord, faisait essuyer un échec personnel aux Anglais, trompait le plus cher de leurs vœux, sauvait la république du malheur qui lui eût été le plus sensible, et donnait un grand encouragement à la France.

La victoire d'Hondschoote produisit à Paris une grande joie, inspira plus d'ardeur à toute la jeunesse, et fit espérer que notre énergie pourrait être heureuse. Peu importent, en effet, les revers, pourvu que des succès viennent s'y mêler, et rendre au vaincu l'espérance et le courage. L'alternative ne fait qu'augmenter l'énergie et exalter l'enthousiasme de la résistance.

Pendant que le duc d'York s'était porté à Dunkerque, Cobourg avait résolu l'attaque du

Quesnoy. Cette place manquait de tous les moyens nécessaires à sa défense, et Cobourg la serrait de très-près. Le comité de salut public, ne négligeant pas plus cette partie de la frontière que les autres, avait ordonné sur-le-champ que des colonnes sortissent de Landrecies, Cambray et Maubeuge. Malheureusement, ces colonnes ne purent agir en même temps : l'une fut renfermée dans Landrecies; l'autre, entourée dans la plaine d'Avesnes, et formée en bataillon carré, fut rompue après une résistance des plus honorables. Enfin le Quesnoy fut obligé de capituler le 11 septembre. Cette perte était peu de chose à côté de la délivrance de Dunkerque; mais elle mêlait quelque amertume à la joie produite par ce dernier événement.

Houchard, après avoir forcé le duc d'York à se concentrer à Furnes avec Freytag, n'avait plus rien d'heureux à tenter sur ce point; il ne lui restait qu'à se ruer avec des forces égales sur des soldats mieux aguerris, sans aucune de ces circonstances, ou favorables ou pressantes, qui font hasarder une bataille douteuse. Dans cette situation, il n'avait rien de mieux à faire qu'à tomber sur les Hollandais, disséminés en plusieurs détachements, autour de Menin, Hallum, Roncq, Werwike et Ypres

Houchard, procédant avec prudence, ordonna au camp de Lille de faire une sortie sur Menin, tandis qu'il agirait lui-même par Ypres. On se disputa pendant deux jours les postes avancés de Werwike, de Roncq et d'Halluin. De part et d'autre, on se comporta avec une grande bravoure et une médiocre intelligence. Le prince d'Orange, quoique pressé de tous côtés, et ayant perdu ses postes avancés, résista opiniâtrément, parce qu'il avait appris la reddition du Quesnoy et l'approche de Beaulieu, qui lui amenait des secours. Enfin, il fut obligé, le 13 septembre, d'évacuer Menin, après avoir perdu dans ces différentes journées deux à trois mille hommes, et quarante pièces de canon. Quoique notre armée n'eût pas tiré de sa position tout l'avantage possible, et que, manquant aux instructions du comité de salut public, elle eût agi par masses trop divisées, cependant elle occupait Menin. Le 15, elle était sortie de Menin et marchait sur Courtray. A Bisseghem, elle rencontre Beaulieu. Le combat s'engage avec avantage de notre côté; mais tout-à-coup l'apparition d'un corps de cavalerie sur les ailes répand une alarme qui n'était fondée sur aucun danger réel. Tout s'ébranle et fuit jusqu'à Menin. Là, cette inconcevable déroute ne s'arrête pas; la terreur se commu-

…aque à tous les camps, à tous les postes, et l'armée en masse vient chercher un refuge sous le canon de Lille. Cette terreur panique, dont l'exemple n'était pas nouveau, qui provenait de la jeunesse et de l'inexpérience de nos troupes, peut-être aussi d'un perfide *sauve qui peut*, nous fit perdre les plus grands avantages, et nous ramena sous Lille. La nouvelle de cet événement, portée à Paris, y causa la plus funeste impression, y fit perdre à Houchard les fruits de sa victoire, souleva contre lui un déchaînement violent, dont il rejaillit quelque chose contre le comité de salut public lui-même. Une nouvelle suite d'échecs vint aussitôt nous rejeter dans la position périlleuse d'où nous venions de sortir un moment par la victoire d'Hondschoote.

Les Prussiens et les Autrichiens, placés sur les deux versants des Vosges, en face de nos deux armées de la Moselle et du Rhin, venaient enfin de faire quelques tentatives sérieuses. Le vieux Wurmser, plus ardent que les Prussiens, et sentant l'avantage des passages des Vosges, voulut occuper le poste important de Bodenthal, vers la Haute-Lauter. Il hasarda en effet un corps de quatre mille hommes, qui, passant à travers d'affreuses montagnes, parvint à occuper Bodenthal. De leur côté, les représentants à l'armée du Rhin, cédant à l'impulsion générale, qui déterminait partout un redoublement d'énergie, résolurent une sortie générale des lignes de Wissembourg pour le 12 septembre. Les trois généraux Desaix, Dubois et Michaud, lancés à la fois contre les Autrichiens, firent des efforts inutiles, et furent ramenés dans les lignes. Les tentatives dirigées surtout contre le corps autrichien jeté à Bodenthal, furent complétement repoussées. Cependant on prépara une nouvelle attaque pour le 14. Tandis que le général Ferrette marcherait sur Bodenthal, l'armée de la Moselle, agissant sur l'autre versant, devait attaquer Pirmasens, qui correspond à Bodenthal, et où Brunswick se trouvait posté avec une partie de l'armée prussienne. L'attaque du général Ferrette réussit parfaitement; nos soldats assaillirent les positions des Autrichiens avec une héroïque témérité, s'en emparèrent, et recouvrèrent l'important défilé de Bodenthal. Mais il n'en fut pas de même sur le versant opposé. Brunswick sentait l'importance de Pirmasens, qui fermait les défilés; il possédait des forces considérables, et se trouvait dans des positions excellentes. Pendant que l'armée de la Moselle faisait face sur la Sarre au reste de l'armée prussienne, douze mille hommes furent jetés de Hornbach sur Pirmasens. Le seul espoir des Français était d'enlever Pirmasens par une surprise; mais, aperçus et mitraillés dès leur première approche, il ne leur restait plus qu'à se retirer. C'est ce que voulait le général; mais les représentants s'y opposèrent, et ils ordonnèrent l'attaque sur trois colonnes, et par trois ravins qui aboutissaient à la hauteur sur laquelle est situé Pirmasens. Déjà nos soldats, grâce à leur bravoure, s'étaient fort avancés; la colonne de droite était même prête à franchir le ravin dans lequel elle marchait, et à tourner Pirmasens, lorsqu'un double feu, dirigé sur les deux flancs, vient l'accabler inopinément. Nos soldats résistent d'abord, mais le feu redouble, et ils sont contraints à reculer le long du ravin où ils s'étaient engagés. Les autres colonnes sont repliées de même, et toutes fuient le long des vallées, dans le plus grand désordre. L'armée fut obligée de se reporter au poste d'où elle était partie. Très-heureusement, les Prussiens ne songèrent pas à la poursuivre, et ne firent pas même occuper son camp d'Hornbach, qu'elle avait quitté pour marcher sur Pirmasens. Nous perdîmes à cette affaire vingt-deux pièces de canon, et quatre mille hommes tués, blessés ou prisonniers. Cet échec du 14 septembre pouvait avoir une grande importance. Les coalisés, ranimés par le succès, songeaient à user de toutes leurs forces; ils se disposaient à marcher sur la Sarre et la Lauter, et à nous enlever ainsi les lignes de Wissembourg.

Le siége de Lyon se poursuivait avec lenteur. Les Piémontais, en débouchant par les Hautes-Alpes dans les vallées de la Savoie, avaient fait diversion, et obligé Dubois-Crancé et Kellermann à diviser leurs forces. Kellermann s'était porté en Savoie. Dubois-Crancé, resté devant Lyon avec des moyens insuffisants, faisait inutilement pleuvoir le fer et le feu sur cette malheureuse cité, qui, résolue à tout souffrir, ne pouvait plus être réduite par les désastres du blocus et du bombardement, mais seulement par une attaque de vive force.

Aux Pyrénées, nous venions d'éprouver un sanglant échec. Nos troupes étaient restées depuis les derniers événements aux environs de Perpignan; les Espagnols se trouvaient dans leur camp du Mas-d'Eu. Nombreux, aguerris, et commandés par un général habile, ils étaient pleins d'ardeur et d'espérance. Nous avons déjà décrit le théâtre de la guerre. Les deux vallées presque parallèles du Tech et de la Tet partent de la grande chaîne et débouchent vers la mer; Perpignan est dans la seconde de ces vallées. Ricardos avait franchi la première ligne du Tech, puisqu'il se trouvait au Mas-d'Eu, et il avait résolu de passer la Tet fort au-dessus de Perpignan, de manière à tourner cette place, et à forcer notre armée à l'abandonner. Dans ce but, il songea d'abord à s'emparer de Villefranche. Cette petite forteresse, placée sur le cours supérieur de la Tet, devait assurer son aile gauche contre le brave Dagobert, qui, avec trois mille hommes, obtenait des succès en Cerdagne. En conséquence, vers les premiers jours d'août, il détacha le général Crespo avec quelques bataillons. Celui-ci n'eut qu'à se présenter devant Villefranche; le commandant lui en ouvrit lâchement les portes. Crespo y laissa garnison, et vint rejoindre Ricardos. Pendant ce temps, Dagobert, avec un très-petit corps, parcourut toute la Cerdagne, repha les Espagnols jusqu'à la Seu-d'Urgel, et songea même à les pousser jusqu'à Campredon. Cependant la faiblesse du détachement de Dagobert, et la forteresse de Villefranche, rassurèrent Ricardos contre les succès des Français sur son aile gauche. Ricardos persista donc dans son offensive. Le 31 août, il fit menacer notre camp sous Perpignan, passa la Tet au-dessous de Soler, en chassant devant lui notre aile droite, qui vint se replier à Salces. À quelques heures en arrière de Perpignan, et tout près de la mer. Dans cette position, les Français, les uns enfermés dans Perpignan, les autres acculés sur Salces, ayant la mer à dos, se trouvaient dans une position des plus dangereuses. Dagobert, il est vrai, remportait de nouveaux avantages dans la Cerdagne, mais trop peu importants pour alarmer Ricardos. Les représentants Fabre et Cassaigne, retirés avec l'armée à Salces, résolurent d'appeler Dagobert en remplacement de Barbantane, afin de ramener la fortune sous nos drapeaux. En attendant l'arrivée du nouveau général, ils projetèrent un mouvement combiné entre Salces et Perpignan, pour sortir de cette situation périlleuse. Ils ordonnèrent à une colonne de s'avancer de Perpignan, et d'attaquer les Espagnols par derrière, tandis qu'eux-mêmes, quittant leurs positions, les attaqueraient de front. En effet, le 15 septembre, le général Davoust sort de Perpignan avec six ou sept mille hommes, tandis que Pérignon se dirige de Salces sur les Espagnols. Au signal convenu, on se jette des deux côtés sur le camp ennemi; les Espagnols, pressés de toutes parts, sont obligés de fuir derrière la Tet, en abandonnant vingt-six pièces de canon. Ils viennent aussitôt se replacer au camp du Mas-d'Eu, d'où ils étaient partis pour exécuter cette offensive hardie, mais malheureuse.

indigné dirige deux pièces sur les traîtres, et tandis qu'il les foudroie, il rallie autour de lui un petit nombre de braves restés fidèles, et se retire avec quelques cents hommes, sans que l'ennemi, intimidé par sa fière contenance, ose le poursuivre.

Certainement ce brave général n'avait mérité que des lauriers par sa fermeté au milieu d'un tel revers, et si sa colonne de gauche eût mieux agi, si ses bataillons du centre ne se fussent pas débandés, ses dispositions auraient été suivies d'un plein succès. Néanmoins, la défiance ombrageuse des représentants lui imputa ce désastre. Blessé de cette injustice, il retourna prendre le commandement subalterne de la Cerdagne. Notre armée se trouva donc encore refoulée sur Perpignan, et exposée à perdre l'importante ligne de la Tet.

Le plan de campagne du 2 septembre avait été mis à exécution dans la Vendée. La division de Mayence devait, comme on l'a vu, agir par Nantes. Le comité de salut public, qui recevait des nouvelles alarmantes sur les projets des Anglais sur l'Ouest, approuva tout-à-fait l'idée de porter les principales forces vers les côtes. Rossignol et son parti en conçurent beaucoup d'humeur, et écrivirent au ministère des lettres qui ne faisaient attendre d'eux qu'une faible coopération aux plans convenus. La division de Mayence marcha donc sur Nantes, où elle fut reçue avec de grandes démonstrations de joie, et au milieu des fêtes. Un banquet était préparé, et avant de s'y rendre, on préluda au festin par une vive escarmouche avec les partis ennemis répandus sur les bords de la Loire. Si la colonne de Nantes était joyeuse d'être réunie à la célèbre armée de Mayence, celle-ci n'était pas moins satisfaite de servir sous le brave Canclaux, et avec sa division déjà signalée par la défense de Nantes et par une foule de faits honorables. D'après le plan concerté, des colonnes partant de tous les points du théâtre de la guerre devaient se réunir au centre, et y écraser l'ennemi. Canclaux, général de l'armée de Brest, partant de Nantes, devait descendre la rive gauche de la Loire, tourner autour du vaste lac de Grand-Lieu, balayer la Vendée inférieure, remonter ensuite vers Machecoul, et se trouver à Léger le 11 ou le 13. Son arrivée sur ce dernier point était le signal du départ pour les colonnes de l'armée de La Rochelle, chargées d'assaillir le pays par le Midi et l'Est. On se souvient que l'armée de La Rochelle, sous les ordres de Rossignol, général en chef, se composait de plusieurs divisions; celle des Sables était commandée par

Mieszkousky, celle de Luçon par Beffroy, celle de Niort par Chalbos, celle de Saumur par Santerre, celle d'Angers par Duhoux. A l'instant où Canclaux arriverait à Léger, la colonne des Sables avait ordre de se mettre en mouvement, de se trouver le 13 à Saint-Fulgent, le 14 aux Herbiers, et le 16 enfin, d'être avec Canclaux à Mortagne. Les colonnes de Luçon, de Niort, devaient, en se donnant la main, avancer vers Bressuire et Argenton, et avoir atteint cette hauteur le 14; enfin, les colonnes de Saumur et d'Angers, partant de la Loire, devaient arriver aussi le 14 aux environs de Vihiers et Chemillé. Ainsi, d'après ce plan, tout le pays devait être parcouru du 14 au 16, et les rebelles allaient être enfermés par les colonnes républicaines entre Mortagne, Bressuire, Argenton, Vihiers et Chemillé. Leur destruction devenait alors inévitable.

On a déjà vu que, deux fois repoussés de Luçon avec un dommage considérable, les Vendéens avaient fort à cœur de prendre une revanche. Ils se réunirent en force avant que les républicains eussent exécuté leurs projets; et tandis que Charette assiégeait le camp des Naudières du côté de Nantes, ils attaquèrent la division de Luçon qui s'était avancée jusqu'à Chantonay. Ces deux tentatives eurent lieu le 5 septembre. Celle de Charette sur les Naudières fut repoussée; mais l'attaque sur Chantonay, imprévue et bien dirigée, jeta les républicains dans le plus grand désordre. Le jeune et brave Marceau fit des prodiges pour éviter un désastre; mais sa division, après avoir perdu ses bagages et son artillerie, se retira pêle-mêle à Luçon. Cet échec pouvait nuire au plan projeté, parce que la désorganisation de l'une des colonnes laissait un vide entre la division des Sables et celle de Niort; mais les représentants firent les efforts les plus actifs pour la réorganiser, et on envoya des courriers à Rossignol, afin de le prévenir de l'événement.

Tous les Vendéens étaient dans ce moment remis aux Herbiers, autour du généralissime d'Elbée. La division était parmi eux comme chez leurs adversaires, car le cœur humain est partout le même, et la nature ne réserve pas le désintéressement et les vertus pour un parti, en laissant exclusivement à l'autre l'orgueil, l'égoïsme et les vices. Les chefs vendéens se jalousaient entre eux comme les chefs républicains. Les généraux avaient peu de considération pour le conseil supérieur, qui affectait une espèce de souveraineté. Possédant la force réelle, ils n'étaient nullement disposés à céder le commandement à un pouvoir qui ne s'était qu'à eux-mêmes sa fictive existence. Ils enviaient d'ailleurs le généralissime d'Elbée, et prétendaient que Bonchamps eût été mieux fait pour leur commander à tous. Charette, de son côté, voulait rester seul maître de la Basse-Vendée. Ils étaient donc peu disposés à s'entendre, et à concerter un plan en opposition à celui des républicains. Une dépêche interceptée venait de leur faire connaître les projets de leurs ennemis. Bonchamps fut le seul qui proposa un projet hardi et qui révélait des pensées profondes. Il pensait qu'il ne serait pas possible de résister long-temps aux forces de la république réunies dans la Vendée; qu'il était pressant de s'arracher de ces bois, de ces ravins, où l'on serait éternellement enseveli, sans connaître les coalisés et sans être connu d'eux; en conséquence il soutint qu'au lieu de s'exposer à être détruit, il valait mieux sortir en colonne serrée de la Vendée, et s'avancer dans la Bretagne où l'on était désiré, et où la république ne s'attendait pas à être frappée. Il conseilla de marcher jusques aux côtes de l'Océan, de s'emparer d'un port, de communiquer avec les Anglais, d'y recevoir un prince émigré, de se reporter de là sur Paris, et de faire ainsi une guerre offensive et décisive. Cet avis, qu'on prête à Bonchamps, ne fut pas suivi des Vendéens, dont les vues étaient toujours aussi bornées, et qui avaient toujours une aussi grande répugnance à quitter leur sol. Leurs chefs ne songèrent qu'à se partager le pays en quatre portions, pour y régner individuellement. Charette eut la Basse-Vendée, M. de Bonchamps les bords de la Loire du côté d'Angers, M. de Larochejacquelein le reste du Haut-Anjou, M. de Lescure toute la partie insurgée du Poitou. M. d'Elbée conserva son titre inutile de généralissime, et le conseil supérieur son autorité fictive.

Le 9, Canclaux se mit en mouvement, laissa au camp des Naudières une forte réserve sous les ordres de Grouchy et d'Haxo, pour protéger Nantes, et achemina la colonne de Mayence vers Léger. Pendant ce temps, l'ancienne armée de Brest, sous les ordres de Beysser, faisant le circuit de la Basse-Vendée par Pornic, Bourgneuf et Machecoult, devait se répandre à Léger avec la colonne de Mayence.

Ces mouvements, dirigés par Canclaux, s'exécutèrent sans obstacles. La colonne de Mayence, dont Kléber commandait l'avant-garde, et Aubert-Dubayet le corps de bataille, chassa tous les ennemis devant elle. Kléber, à l'avant-garde, aussi loyal qu'intrépide, faisait camper ses troupes hors des villages pour empêcher les

dévastations. « En passant, dit-il, devant le
« beau lac de Grand-Lieu, nous avions des
« paysages charmants, et des échappées de
« vue aussi agréables que multipliées. Sur une
« prairie immense erraient au hasard de nom-
« breux troupeaux abandonnés à eux-mêmes.
« Je ne pus m'empêcher de gémir sur le sort
« de ces infortunés habitants, qui, égarés et fa-
« natisés par leurs prêtres, repoussaient les
« bienfaits d'un nouvel ordre de choses pour
« courir à une destruction certaine. » Kléber fit
des efforts continuels pour protéger le pays
contre les soldats, et réussit le plus souvent.
Une commission civile avait été jointe à l'état-
major pour faire exécuter le décret du 1er août,
qui ordonnait de ruiner le sol et d'en transporter la population ailleurs. Il était défendu aux
soldats de mettre le feu, et ce n'était que d'a-
près les ordres des généraux et de la commission civile, que les moyens de destruction devaient être employés.

On était arrivé le 14 à Léger, et la colonne
de Mayence s'y était réunie à celle de Brest,
commandée par Beysser. Pendant ce temps,
la colonne des Sables, sous les ordres de
Mieszkousky, s'était avancée à Saint-Fulgent,
suivant le plan convenu, et donnait déjà la
main à l'armée de Canclaux. Celle de Luçon,

retardée un moment par sa défaite à Chantonay, était demeurée en arrière; mais, grâce au zèle des représentants qui lui avaient donné un nouveau général, Beffroy, elle s'était reportée en avant. Celle de Niort se trouvait à la Châtaigneraie. Ainsi, quoique le mouvement général eût été retardé d'un jour ou deux sur tous les points, et que Canclaux ne fût arrivé que le 14 à Léger, où il aurait dû se trouver le 12, le retard étant commun à toutes les colonnes, l'ensemble n'en était pas détruit, et on pouvait poursuivre l'exécution du plan de campagne. Mais, dans cet intervalle de temps, la nouvelle de la défaite essuyée par la division de Luçon était arrivée à Saumur; Rossignol, Ronsin et tout l'état-major avaient pris l'alarme; et, craignant qu'il n'arrivât de semblables accidents aux deux autres colonnes de Niort et des Sables, dont ils suspectaient la force, ils décidèrent de les faire rentrer sur-le-champ dans leurs premiers postes. Cet ordre était des plus imprudents; cependant il n'était pas donné de mauvaise foi, et dans l'intention de découvrir Canclaux et d'exposer ses ailes; mais on avait peu de confiance en son plan, on était très-disposé, au moindre obstacle, à le juger impossible, et à l'abandonner. C'est là sans doute ce qui détermina l'état-major de Saumur à ordonner le mouvement rétrograde des colonnes de Niort, de Luçon et des Sables.

Canclaux, poursuivant sa marche, avait fait de nouveaux progrès; il avait attaqué Montaigu sur trois points : Kléber, par la route de Nantes, Aubert-Dubayet, par celle de Roche-Servière, et Beysser, par celle de Saint-Fulgent, s'y étaient précipités à la fois, et en avaient bientôt délogé l'ennemi. Le 17, Canclaux prit Clisson; et, ne voyant pas encore agir Rossignol, il résolut de s'arrêter, et de se borner à des reconnaissances, en attendant de nouveaux renseignements.

Canclaux s'établit donc aux environs de Clisson, laissa Beysser à Montaigu, et porta Kléber avec l'avant-garde à Torfou. On était là le 18. Le contre-ordre donné de Saumur était arrivé à la division de Niort, et avait été communiqué aux deux autres divisions de Luçon et des Sables; sur-le-champ elles s'étaient retirées, et avaient jeté, par leur mouvement rétrograde, les Vendéens dans l'étonnement, et Canclaux dans le plus grand embarras. Les Vendéens étaient environ cent mille sous les armes. Un nombre immense d'entre eux se trouvait du côté de Vihiers et de Chemillé, en face des colonnes de Saumur et d'Angers;

un nombre plus considérable encore du côté de Clisson et de Mortagne, sur Canclaux. Les colonnes d'Angers et de Saumur, en les voyant si nombreux, disaient que c'était l'armée de Mayence qui les leur rejetait sur les bras, et se plaignaient de ce plan qui les exposait à recevoir un choc si formidable. Cependant il n'en était rien, et les Vendéens étaient partout debout en assez grand nombre pour occuper les républicains sur tous les points. Ce jour même, loin de se jeter sur les colonnes de Rossignol, ils marchaient sur Canclaux ; d'Elbée et Lescure quittaient la Haute-Vendée pour joindre l'armée de Mayence.

Par une singulière complication d'événements, Rossignol, en apprenant les succès de Canclaux, qui avait pénétré jusqu'au centre de la Vendée, contremande ses premiers ordres de retraite, et enjoint à ses colonnes de se reporter en avant. Les colonnes de Saumur et d'Angers, placées à sa portée, agissent les premières, et escarmouchent, l'une à Doué, l'autre aux ponts de Cé. Les avantages sont balancés. Le 18, celle de Saumur, commandée par Santerre, voit s'avancer de Vihiers à un petit village nommé Coron, artillerie, cavalerie, infanterie, se trouvent, par de mauvaises dispositions, accumulées confusément dans les rues de ce village qui était dominé. Santerre veut réparer cette faute et faire reculer les troupes pour les mettre en bataille sur une hauteur; mais Ronsin, qui, en l'absence de Rossignol, s'attribuait une autorité supérieure, reproche à Santerre d'ordonner la retraite, et s'y oppose. Dans ce moment, les Vendéens fondent sur les républicains, un horrible désordre se communique à toute la division. Il s'y trouvait beaucoup d'hommes du nouveau contingent levé avec le tocsin; ceux-ci se débandent; tout est entraîné et fuit confusément, de Coron à Vihiers, à Doué et à Saumur. Le lendemain 19, les Vendéens marchent contre la division d'Angers, commandée par Duhoux. Aussi heureux que la veille, ils repoussent les républicains jusqu'au-delà d'Érigné, et s'emparent de nouveau des ponts de Cé.

Du côté de Canclaux, on se bat avec la même activité. Le même jour, vingt mille Vendéens, placés aux environs de Torfou, fondent sur l'avant-garde de Kléber, composée tout au plus de deux mille hommes. Kléber se place au milieu de ses soldats, et les soutient contre cette foule d'assaillants. Le terrain sur lequel il se bat est un chemin dominé par des hauteurs; malgré le désavantage de la position, il ne se retire qu'avec ordre et fermeté. Cependant, une pièce d'artillerie ayant été démontée, un peu de confusion se répand dans ses bataillons, et ces braves plient pour la première fois. À cette vue, Kléber, pour arrêter l'ennemi, place un officier avec quelques soldats auprès d'un pont, et leur dit : *Mes amis, vous vous ferez tuer*. Ils exécutent cet ordre avec un admirable héroïsme. Sur ces entrefaites, le corps de bataille arrive, et rétablit le combat ; les Vendéens sont enfin repoussés bien loin, et punis de leur avantage passager.

Tous ces événements s'étaient passés le 19 ; l'ordre de se reporter en avant, qui avait si mal réussi aux deux divisions de Saumur et d'Angers, n'était pas encore parvenu, à cause des distances, aux colonnes de Luçon et de Niort. Beysser était toujours à Montaigu, formant la droite de Canclaux et se trouvant découvert. Canclaux, voulant mettre Beysser à l'abri, lui ordonna de quitter Montaigu et de se rapprocher du corps de bataille. Il enjoignit à Kléber de s'avancer du côté de Beysser pour protéger son mouvement. Beysser, trop négligent, avait laissé sa colonne mal gardée dans Montaigu. MM. de Lescure et Charette le surprirent, et l'auraient anéantie sans la bravoure de deux bataillons, qui, par leur opiniâtreté, arrêtèrent la rapidité de la poursuite et de la retraite. L'artillerie et les bagages furent perdus, et les débris de cette colonne coururent à Nantes, où ils furent reçus par la brave réserve laissée pour protéger la place. Canclaux résolut alors de rétrograder, pour ne pas rester en flèche dans le pays, exposé à tous les coups des Vendéens. Il se replia en effet sur Nantes avec ses braves Mayençais, qui ne furent pas entamés, grace à leur attitude imposante, et au refus de Charette, qui ne voulut pas se réunir à MM. d'Elbée et de Bonchamps, dans la poursuite des républicains.

La cause qui empêcha le succès de cette nouvelle expédition sur la Vendée est évidente. L'état-major de Saumur avait été mécontent du plan qui adjugeait la colonne de Mayence à Canclaux; l'échec du 5 septembre fut pour lui un prétexte suffisant de se décourager, et de renoncer à ce plan. Un contre-ordre fut aussitôt donné aux colonnes des Sables, de Luçon et de La Rochelle. Canclaux, qui s'était avancé avec succès, se trouva ainsi découvert, et l'échec de Torfou rendit sa position encore plus difficile. Cependant l'armée de Saumur, en apprenant ses progrès, marcha de Saumur et d'Angers, à Vihiers et Chemillé, et si elle ne s'était pas sitôt débandée, il est probable que la retraite des ailes n'aurait pas empêché le succès définitif de l'entreprise. Ainsi, trop de promptitude à renoncer au plan proposé, la mauvaise organisation des nouvelles levées, et la puissance des Vendéens, qui étaient plus de cent mille sous les armes, furent les causes de ces nouveaux revers. Mais il n'y avait ni trahison de la part de l'état-major de Saumur, ni de vice dans le plan de Canclaux. L'effet de ces revers était funeste, car la nouvelle résistance de la Vendée réveillait toutes les espérances des contre-révolutionnaires, et aggravait singulièrement les périls de la république. Enfin, si les armées de Brest et de Mayence n'en étaient pas ébranlées, celle de La Rochelle se trouvant encore une fois désorganisée, et tous les contingents, provenant de la levée en masse, rentraient dans leurs foyers, en y portant le plus grand découragement.

Les deux partis de l'armée s'empressèrent aussitôt de s'accuser. Philippeaux, toujours plus ardent, écrivit au comité de salut public une lettre bouillante d'indignation, où il attribua à une trahison le contre-ordre donné aux colonnes de l'armée de La Rochelle. Chevalier et Richard, commissaires à Saumur, écrivirent des réponses aussi impérieuses, et Ronsin courut auprès du ministère et du comité de salut public pour dénoncer les auteurs du plan de campagne. Canclaux, dit-il, faisant agir des masses trop fortes dans la Basse-Vendée, avait rejeté sur la Haute-Vendée toute la population insurgée, et avait amené la défaite des colonnes de Saumur et d'Angers. Enfin, rendant calomnies pour calomnies, Ronsin répondit au reproche de la trahison par celui d'aristocratie, et dénonça à la fois les deux armées de Brest et de Mayence, comme remplies d'hommes suspects et malintentionnés. Ainsi s'envenimait toujours davantage la querelle du parti jacobin contre le parti qui voulait la discipline et la guerre régulière.

L'inconcevable déroute de Menin, l'inutile et meurtrière tentative sur Pirmasens, les défaites aux Pyrénées-Orientales, la fâcheuse issue de la nouvelle expédition sur la Vendée, furent connues à Paris presque en même temps, et y causèrent la plus funeste impression. Ces nouvelles se répandirent successivement du 18 au 25 septembre, et, suivant l'usage, la crainte excita la violence. On a déja vu que les plus ardents agitateurs se réunissaient aux Cordeliers, où l'on s'imposait encore moins de réserve qu'aux Jacobins, et qu'ils régnaient au ministère de la guerre sous le faible Bouchotte. Vincent était leur chef à Paris, comme Ronsin dans la Vendée, et ils saisirent cette occasion de renouveler leurs plaintes accoutumées. Placés au-dessous de la convention, ils auraient voulu écarter son autorité incommode, qu'ils rencontraient aux armées dans la personne des représentants, et à Paris dans le comité de salut public. Les représentants en mission ne leur laissaient pas exécuter les mesures révolutionnaires avec toute la violence qu'ils desiraient y mettre; le comité de salut public, réglant souverainement toutes les opérations, suivant des vues plus élevées et plus impartiales, les contrariait sans cesse, et il était de tous les obstacles celui qui les gênait le plus; aussi leur venait-il souvent à l'esprit de faire établir le nouveau pouvoir exécutif, d'après le mode adopté par la constitution.

La mise en vigueur de la constitution, souvent et méchamment demandée par les aristocrates, avait de grands périls. Elle exigeait de nouvelles élections, remplaçait la convention par une autre assemblée, nécessairement inexpérimentée, inconnue au pays, et renfermant toutes les factions à la fois. Les révolutionnaires enthousiastes, sentant ce danger, ne demandaient pas le renouvellement de la représentation nationale, mais réclamaient l'exécution de la constitution en ce qui convenait à leurs vues. Placés presque tous dans les bureaux, ils voulaient seulement la formation du ministère constitutionnel, qui devait être indépendant du pouvoir législatif, et par conséquent du comité de salut public. Vincent eut donc l'audace de faire rédiger une pétition aux Cordeliers, pour demander l'organisation du ministère constitutionnel, et le rappel des députés en mission. L'agitation fut des plus vives. Legendre, ami de Danton, et déjà rangé parmi ceux dont l'énergie semblait se ralentir, s'y opposa vainement, et la pétition fut adoptée, à un article près, celui qui demandait le rappel des représentants en mission. L'utilité de ces représentants était si évidente, et il y avait dans cette clause quelque chose de si personnel contre les membres de la convention, qu'on n'osa pas y persister. Cette pétition provoqua beaucoup de tumulte à Paris, et compromit sérieusement l'autorité naissante du comité de salut public.

Outre ces adversaires violents, ce comité en avait encore d'autres parmi les nouveaux modérés, qu'on accusait de reproduire le système des girondins, et de contrarier l'énergie révolutionnaire. Fortement prononcés contre les cordeliers, les jacobins, les désorganisateurs des armées, ils ne cessaient de faire leurs plaintes au comité, et lui reprochaient même de ne

repoussées. Briez, l'un des commissaires envoyés à Valenciennes, lit alors un mémoire critique sur les opérations militaires; il soutient qu'on n'a jamais fait qu'une guerre lente et peu convenable au génie français, qu'on s'est toujours battu en détail, par petites masses, et que c'est dans ce système qu'il faut chercher la cause des revers qu'on a essuyés. Ensuite, sans attaquer ouvertement le comité de salut public, il paraît insinuer que ce comité n'a pas tout fait connaître à la convention, et que, par exemple, il y avait eu près de Douay un corps de six mille Autrichiens, qui aurait pu être enlevé et qui ne l'avait pas été. La convention, après avoir entendu Briez, l'adjoint au comité de salut public. Dans ce moment, arrivent les nouvelles détaillées de la Vendée, contenues dans une lettre de Montaigu. Ces détails alarmants excitent un élan général. « Au « lieu de nous intimider, s'écrie un des mem- « bres, jurons de sauver la république! » A ces mots, l'assemblée entière se lève, et jure encore une fois de sauver la république, quels que soient les périls qui la menacent. Les membres du comité de salut public, qui n'étaient point encore arrivés, entrent dans ce moment. Barrère, le rapporteur ordinaire, prend la parole. « Tout soupçon, dit-il, dirigé contre le

« comité de salut public, serait une victoire
« remportée par Pitt. Il ne faut pas donner à
« nos ennemis le trop grand avantage de dé-
« considérer nous-mêmes le pouvoir chargé
« de nous sauver. » Barrère fait ensuite connaître les mesures prises par le comité. « De-
« puis plusieurs jours, continue-t-il, le comité
« avait lieu de soupçonner que de graves fautes
« avaient été commises à Dunkerque, où l'on
« aurait pu exterminer jusqu'au dernier des
« Anglais, et à Menin, où aucun effort n'avait
« été fait pour arrêter les étranges effets de la
« terreur panique. Le comité a destitué Hou-
« chard, ainsi que le général divisionnaire H..
« douville, qui n'a pas fait à Menin ce qu'il
« devait ; et on examinera sur-le-champ la con-
« duite de ces deux généraux ; le comité va
« ensuite faire épurer tous les états-majors et
« toutes les administrations des armées; il a
« mis les flottes sur un pied qui leur permet-
« tra de se mesurer avec nos ennemis; il vient
« de lever dix-huit mille hommes; il vient d'or-
« donner un nouveau système d'attaque en
« masse; enfin, c'est dans Rome même qu'il
« veut attaquer Rome, et cent mille hommes,
« débarquant en Angleterre, iront étouffer à
« Londres le système de Pitt. C'est donc à
« tort que l'on accuse le comité de salut

« public ; il n'a pas cessé de mériter la con-
« fiance que la convention lui a jusqu'ici té-
« moignée. »

Robespierre prend alors la parole. « Depuis
« long-temps, dit-il, on s'attache à diffamer
« la convention et le comité dépositaire de
« sa puissance. Briez, qui aurait dû mourir à
« Valenciennes, en est lâchement sorti, pour
« venir à Paris servir Pitt et la coalition, en dé-
« considérant le gouvernement. Ce n'est pas
« assez, ajoute-t-il, que la convention nous
« continue sa confiance, il faut qu'elle le pro-
« clame solennellement, et qu'elle rapporte
« sa décision à l'égard de Briez, qu'elle vient de
« nous adjoindre. » Des applaudissements accueillent cette demande; on décide que Briez
ne sera pas joint au comité de salut public,
et on déclare par acclamation que ce comité
conserve toute la confiance de la convention nationale.

Les modérés étaient dans la convention, et
ils venaient d'être repoussés ; mais les adversaires les plus redoutables du comité, c'est-à-
dire les révolutionnaires ardents, se trouvaient
aux Jacobins et aux Cordeliers. C'était surtout
de ces derniers qu'il fallait se défendre. Robespierre se rendit aux Jacobins, et usa de son as-
cendant sur eux : il développa la conduite du

que de Vincent, repoussée victorieusement, n'eut aucune conséquence.

Cependant il devenait urgent de prendre un parti à l'égard de la nouvelle constitution. Céder la place à de nouveaux révolutionnaires, équivoques, inconnus, probablement divisés parce qu'ils seraient issus de toutes les factions vivant au-dessous de la convention, était dangereux. Il fallait donc déclarer à tous les partis qu'on allait s'emparer du pouvoir, et qu'avant d'abandonner la république à elle-même, et à l'action des lois qu'on lui avait données, on la gouvernerait révolutionnairement, jusqu'à ce qu'elle fût sauvée. De nombreuses pétitions avaient déjà engagé la convention à rester à son poste. Le 10 octobre, Saint-Just, portant la parole au nom du comité de salut public, proposa de nouvelles mesures de gouvernement. Il fit le tableau le plus triste de la France; il chargea ce tableau des sombres couleurs de son imagination mélancolique; et, avec le secours de son grand talent, et de faits d'ailleurs très-vrais, il produisit une espèce de terreur dans les esprits. Il présenta donc et fit adopter un décret qui renfermait les dispositions suivantes. Par le premier article, le gouvernement de la France était déclaré *révolutionnaire* jusqu'à la paix; ce qui signifiant que la constitution était momentanément suspendue, et qu'une dictature extraordinaire était instituée jusqu'à l'expiration de tous les dangers. Cette dictature était conférée à la convention et au comité de salut public. « Le conseil exécutif, disait le décret, les mi- » nistres, les généraux, les corps constitués, » sont placés sous la surveillance du comité » de salut public, qui en rendra compte tous » les huit jours à la convention. » Nous avons déjà expliqué comment la surveillance se changeait en autorité suprême, parce que les ministres, les généraux, les fonctionnaires, obligés de soumettre leurs opérations au comité, avaient fini par ne plus oser agir de leur propre mouvement, et par attendre tous les ordres du comité lui-même. On disait ensuite : « Les lois révolutionnaires doivent être exécu- » tées rapidement. L'inertie du gouvernement » étant la cause des revers, les délais pour » l'exécution de ces lois seront fixés. La viola- » tion des délais sera punie comme un attentat » à la liberté. » Des mesures sur les subsistances étaient ajoutées à ces mesures de gouvernement, car le pain est le droit du peuple, avait dit Saint-Just. Le tableau général des subsistances, définitivement achevé, devait être envoyé à toutes les autorités. Le maxi-

saire des départements devait être approximativement évalué, et garanti; quant au superflu de chacun d'eux, il était soumis aux réquisitions, soit pour les armées, soit pour les provinces qui n'avaient pas le nécessaire. Ces réquisitions étaient réglées par une commission des subsistances. Paris devait être comme une place de guerre approvisionnée pour un an, à l'époque du 1er mars suivant. Enfin, on décrétait qu'il serait institué un tribunal, pour vérifier la conduite et la fortune de tous ceux qui avaient manié les deniers publics.

Par cette grande et importante déclaration, le gouvernement, composé du comité de salut public, du comité de sûreté générale, du tribunal extraordinaire, se trouvait complété et maintenu pendant la durée du danger. C'était déclarer la révolution en état de siége, et lui appliquer les lois extraordinaires de cet état, pendant tout le temps qu'il durerait. On ajouta à ce gouvernement extraordinaire diverses institutions réclamées depuis long-temps, et devenues inévitables. On demandait une armée révolutionnaire, c'est-à-dire une force chargée spécialement de faire exécuter les ordres du gouvernement dans l'intérieur. Elle était décrétée depuis long-temps; elle fut enfin orga-

en effet, ne fut confirmé par le ministre sans avoir été approuvé par la société.

A l'institution de l'armée révolutionnaire, on ajouta enfin la loi des suspects, si souvent demandée, et résolue en principe le même jour que la levée en masse. Le tribunal extraordinaire, quoique organisé de manière à frapper sur de simples probabilités, ne rassurait pas assez l'imagination révolutionnaire. On souhaitait pouvoir enfermer ceux qu'on ne pourrait pas envoyer à la mort, et on demandait des dispositions qui permissent de s'assurer de leurs personnes. Le décret qui mettait les aristocrates hors la loi était trop vague, et exigeait un jugement. On voulait que sur la simple dénonciation des comités révolutionnaires, un individu déclaré suspect pût être sur-le-champ jeté en prison. On décréta, en effet, l'arrestation provisoire, jusqu'à la paix, de tous les individus suspects*. Étaient considérés comme tels : 1° ceux qui, soit par leur conduite, soit par leurs relations, soit par leurs propos ou leurs écrits, s'étaient montrés partisans de la tyrannie, du fédéralisme, et ennemis de la liberté; 2° ceux qui ne pourraient

---

* Ce décret célèbre fut rendu le 17 septembre. Il est connu sous le nom de *loi des suspects*.

pas justifier de la manière prescrite par la loi du 20 mars dernier, de leurs moyens d'exister, et de l'acquit de leurs devoirs civiques ; 2° ceux à qui il avait été refusé des certificats de civisme ; 3° les fonctionnaires publics suspendus ou destitués de leurs fonctions par la convention nationale et par ses commissaires ; 4° les ci-devant nobles, les maris, femmes, pères, mères, fils ou filles, frères ou sœurs, et agents d'émigrés, qui n'avaient pas constamment manifesté leur attachement à la révolution ; 5° ceux qui avaient émigré dans l'intervalle du 1ᵉʳ juillet 1789 à la publication de la loi du 8 avril 1792, quoiqu'ils fussent rentrés en France dans les délais déterminés.

Les détenus devaient être enfermés dans les maisons nationales, et gardés à leurs frais. On leur accordait la faculté de transporter dans ces maisons les meubles dont ils auraient besoin. Les comités chargés de prononcer l'arrestation ne le pouvaient qu'à la majorité, et à la charge d'envoyer au comité de sûreté générale la liste des suspects et les motifs de chaque arrestation. Leurs fonctions étant dès cet instant fort difficiles et presque continues, devinrent pour les membres une espèce de profession qu'il fallut solder. Ils reçurent dès lors un traitement à titre d'indemnité.

A ces dispositions, sur l'instante demande de la commune de Paris, il en fut ajouté une dernière qui rendait cette loi des suspects encore plus redoutable : ce fut la révocation du décret qui défendait les visites domiciliaires pendant la nuit. Dès cet instant, chaque citoyen poursuivi fut menacé à toute heure, et n'eut plus aucun moment de repos. En s'enfermant pendant le jour dans des caches ingénieuses et très-étroites que le besoin avait fait imaginer, les suspects avaient du moins la faculté de respirer pendant la nuit ; maintenant ils ne le pouvaient plus, et les arrestations, multipliées jour et nuit, remplirent bientôt toutes les prisons de la France.

Les assemblées de section se tenaient chaque jour ; mais les gens du peuple n'avaient pas le temps de s'y rendre, et en leur absence les motions révolutionnaires n'étaient plus soutenues. On décida, sur la proposition expresse des jacobins et de la commune, que ces assemblées n'auraient plus lieu que deux fois par semaine, et que chaque citoyen qui viendrait y assister recevrait quarante sous par séance. C'était le moyen le plus assuré d'avoir le peuple, en ne le réunissant pas trop souvent, et en payant sa présence. Les révolutionnaires ardents furent irrités de ce qu'on mettait des

bornes à leur zèle, en limitant à deux par semaine les séances des sections. Ils firent donc une pétition fort vive pour se plaindre de ce qu'on portait atteinte aux droits du souverain, en l'empêchant de se réunir toutes les fois qu'il lui plaisait. C'est le jeune Varlet qui fut l'auteur de cette nouvelle pétition; mais on la repoussa, et on n'en tint pas plus de compte que de beaucoup d'autres demandes inspirées par la fermentation révolutionnaire.

Ainsi, la machine était complète sous les deux rapports les plus importants dans un état menacé, la guerre et la police. Dans la convention, un comité dirigeait les opérations militaires, choisissait les généraux et les agents de toute espèce, et pouvait, par le décret de la réquisition permanente, disposer à la fois des hommes et des choses. Il faisait tout cela, ou par lui-même, ou par les représentants envoyés en mission. Sous ce comité, le comité dit de sûreté générale avait la direction de la haute police, et se servait pour sa surveillance des comités révolutionnaires institués dans chaque commune. Les individus légèrement soupçonnés d'hostilité, ou même d'indifférence, étaient enfermés; d'autres, plus gravement compromis, étaient frappés par le tribunal extraordinaire, mais heureusement encore en petit nombre, car ce tribunal n'avait prononcé jusqu'alors que peu de condamnations. Une armée spéciale, véritable colonne mobile ou gendarmerie de ce régime, faisait exécuter les ordres du gouvernement, et enfin le peuple, payé pour se rendre dans les sections, était toujours prêt à le soutenir. Ainsi, guerre et police, tout aboutissait au comité de salut public. Maître absolu, ayant le moyen de requérir toutes les richesses, pouvant envoyer les citoyens ou sur les champs de bataille, ou à l'échafaud, ou dans les cachots, il était investi, pour la défense de la révolution, d'une dictature souveraine et terrible. A la vérité, il lui fallait, tous les huit jours, rendre compte à la convention de ses travaux; mais ce compte était toujours approuvé, car l'opinion critique ne s'exerçait qu'aux Jacobins, dont il était maître depuis que Robespierre en faisait partie. Il n'y avait en opposition à cette puissance que les modérés, restés en deçà, et les nouveaux exagérés, portés au delà, mais peu à craindre les uns et les autres.

On a vu que déjà Robespierre et Carnot avaient été attachés au comité de salut public, en remplacement de Gasparin et de Thuriot, tous deux malades. Robespierre y avait apporté sa puissante influence, et Carnot sa science mi-

pos, et il demanda un congé pour aller à Arcis-sur-Aube, sa patrie, jouir de la nature, qu'il aimait passionnément. On lui avait conseillé cette retraite momentanée comme un moyen de mettre fin aux calomnies. La victoire de la révolution pouvait désormais s'achever sans lui; deux mois de guerre et d'énergie suffisaient, et il se proposait de revenir, après la victoire, faire entendre sa voix puissante en faveur des vaincus et d'un ordre de choses meilleur. Vaine illusion de la paresse et du découragement! Abandonner pour deux mois, pour un seul, une révolution si rapide, c'était devenir pour elle étranger et impuissant.

Danton refusa donc d'entrer au comité de salut public, et obtint un congé. Billaud-Varennes, Collot-d'Herbois, furent joints au comité, et y apportèrent, l'un son caractère froid et implacable, et l'autre sa fougue et son influence sur les turbulents cordeliers. Le comité de sûreté générale fut réformé. De dix-huit membres on le réduisit à neuf, reconnus les plus sévères.

Tandis que le gouvernement s'organisait ainsi de la manière la plus forte, un redoublement d'énergie se manifestait dans toutes les résolutions. Les grandes mesures prises au mois d'août n'avaient pas encore produit leurs ré-

soldats. La Vendée, quoique attaquée suivant un plan régulier, avait résisté ; l'échec de Menin avait presque fait perdre les avantages de la victoire d'Hondschoote ; il fallait de nouveaux efforts. L'enthousiasme révolutionnaire inspira cette idée, que la volonté avait, à la guerre comme partout, une influence décisive, et, pour la première fois, il fut enjoint à une armée de vaincre dans un temps donné.

On voyait tous les dangers de la république dans la Vendée. « Détruisez la Vendée, avait dit « Barrère, Valenciennes et Condé ne seront « plus au pouvoir de l'Autrichien. Détruisez la « Vendée, l'Anglais ne s'occupera plus de Dun- « kerque. Détruisez la Vendée, le Rhin sera « délivré des Prussiens. Détruisez la Vendée, « l'Espagne se verra harcelée, conquise par les « méridionaux, joints aux soldats victorieux de « Mortagne et de Cholet. Détruisez la Vendée, « et une partie de cette armée de l'intérieur ira « renforcer cette courageuse armée du Nord, « si souvent trahie, si souvent désorganisée. « Détruisez la Vendée, Lyon ne résistera plus, « Toulon s'insurgera contre les Espagnols et les « Anglais, et l'esprit de Marseille se relèvera à « la hauteur de la révolution républicaine. En- « fin, chaque coup que vous porterez à la « Vendée retentira dans les villes rebelles, dans

« les départements fédéralistes, sur les fron-
« tières envahies!.... La Vendée et encore la
« Vendée!... C'est là qu'il faut frapper, d'ici
« au 20 octobre, avant l'hiver, avant l'imprati-
« cabilité des routes, avant que les brigands
« trouvent l'impunité dans le climat et dans la
« saison.

« Le comité, d'un coup d'œil vaste et rapide,
« a vu dans ce peu de paroles tous les vices de
« la Vendée :

« Trop de représentants;

« Trop de division morale;

« Trop de divisions militaires;

« Trop d'indiscipline dans les succès;

« Trop de faux rapports dans le récit des
« événements;

« Trop d'avidité, trop d'amour de l'argent
« dans une partie des chefs et des administra-
« teurs. »

À la suite de cet exposé, la convention réduisit le nombre des représentants en mission,
réunit les deux armées de Brest et de La Rochelle en une seule, dite armée de l'Ouest, et
en donna le commandement, non à Rossignol,
non à Canclaux, mais à Léchelle, général de
brigade dans la division de Luçon. Enfin, elle
détermina le jour auquel la guerre de la Vendée
devrait être finie, et ce jour était le 20 octo-

lare. Voici la proclamation qui accompagnait le décret :

LA CONVENTION NATIONALE A L'ARMÉE DE L'OUEST.

« Soldats de la liberté, il faut que les brigands de la Vendée soient exterminés avant la fin du mois d'octobre! Le salut de la patrie l'exige; l'impatience du peuple français le commande; son courage doit l'accomplir. La reconnaissance nationale attend à cette époque tous ceux dont la valeur et le patriotisme auront affermi sous retour la liberté et la république. »

Des mesures non moins promptes et non moins énergiques furent prises à l'égard de l'armée du Nord, pour réparer l'échec de Menin, et décider de nouveaux succès. Houchard destitué fut arrêté. Le général Jourdan, qui avait commandé le centre de Hondschoote, fut nommé général en chef de l'armée du Nord et de celle des Ardennes. Il eut ordre de réunir à l'instant des masses considérables pour faire une irruption sur l'ennemi. Il n'y avait qu'un cri contre les attaques de détail. Sans douté le plan et les opérations de Houchard auraient Dunkerque, on avait qu'il ne serait pas de la

en masse, et on voulait exclusivement ce genre de combat, mieux approprié, disait-on, à l'impétuosité du caractère français. Carnot était parti pour se rendre à Guise auprès de Jourdan, et mettre à exécution un nouveau système de guerre tout révolutionnaire. On venait d'adjoindre trois nouveaux commissaires à Dubois-Crancé, pour faire des levées en masse, et les précipiter sur Lyon. On lui enjoignait de renoncer au système des attaques méthodiques, et de donner l'assaut à la ville rebelle. Ainsi partout on redoublait d'efforts pour terminer victorieusement la campagne.

Mais les rigueurs accompagnaient toujours l'énergie; le procès de Custine, trop différé au gré des jacobins, était enfin commencé, et conduit avec toute la violence et la barbarie des nouvelles formes judiciaires. Aucun général en chef n'avait encore paru sur l'échafaud; on était impatient de frapper une tête élevée, et de faire fléchir les chefs des armées devant l'autorité populaire; on voulait surtout que quelqu'un des généraux expiât la défection de Dumouriez, et l'on choisit Custine, que ses opinions et ses sentiments faisaient considérer comme un autre Dumouriez. On avait saisi, pour arrêter Custine, le moment où, chargé du commandement de l'armée du Nord, il était venu momentanément à Paris concerter ses opérations avec le ministère. On le jeta d'abord en prison, et bientôt on demanda et on obtint le décret de sa translation au tribunal révolutionnaire.

Qu'on se rappelle la campagne de Custine sur le Rhin. Chargé d'une division de l'armée, il avait trouvé Spire et Worms mal surveillés, parce que les coalisés, pressés de marcher sur la Champagne, avaient tout négligé sur leurs ailes et sur leurs derrières. Des patriotes allemands, accourus de tous côtés, lui offraient leurs villes; il s'avança, prit Spire, Worms, qu'on lui livra, négligea Manheim, qui était sur sa route, par ménagement pour la neutralité de l'électeur palatin, et par crainte aussi de ne pas y entrer aisément. Il arriva enfin à Mayence, s'en empara, réjouit la France de ses conquêtes inattendues, et se fit conférer un commandement qui le rendait indépendant de Biron. Dans ce même moment, Dumouriez venant de repousser les Prussiens, et de les rejeter sur le Rhin, Kellermann était vers Trèves. Custine devait alors descendre le Rhin jusqu'à Coblentz, se réunir à Kellermann, et se rendre ainsi maître de la rive du fleuve. Toutes les raisons se réunissaient en faveur de ce plan. Les habitants de Coblentz appelaient

Custine, ceux de Saint-Goard, de Rhinfelds, l'appelaient aussi; on ne sait jusqu'où il aurait pu aller en s'abandonnant au cours du Rhin. Peut-être aurait-il pu descendre jusqu'en Hollande. Mais, de l'intérieur de l'Allemagne, d'autres patriotes le demandaient aussi; on s'était figuré, en le voyant avancer si hardiment, qu'il avait cent mille hommes. Percer sur le territoire ennemi et au-delà du Rhin plut davantage à l'imagination et à la vanité de Custine. Il courut à Francfort lever des contributions, et exercer des vexations impolitiques. Là, les sollicitations l'entourèrent de nouveau. Des fous le pressaient d'aller jusques à Cassel, au milieu de la Hesse électorale, prendre le trésor de l'électeur. Les avis plus sages du gouvernement français l'engageaient à revenir sur le Rhin, et à marcher vers Coblentz. Mais il n'écoutait rien, et rêvait une révolution en Allemagne.

Cependant Custine sentait le danger de sa position : voyant bien que, si l'électeur rompait la neutralité, ses derrières seraient menacés par Manheim, il aurait voulu prendre cette place qu'on lui offrait, mais il ne l'osait pas. Sur le point d'être attaqué à Francfort, où il ne pouvait tenir, il ne voulait pas abandonner cette ville, et rentrer sur la ligne du Rhin, pour

poser, des représentants envoyés en mission, des agents du pouvoir exécutif, ennemis opiniâtres des généraux, des officiers mécontents, des membres des clubs de Strasbourg, de Mayence et de Cambray, enfin le terrible Vincent, tyran des bureaux de la guerre sous Bouchotte. C'était une cohue d'accusateurs accumulant des reproches injustes et contradictoires, des reproches tout-à-fait étrangers à une véritable critique militaire, mais fondés sur des malheurs accidentels, dont le général n'était pas coupable, et qu'on ne pouvait pas lui imputer. Custine répondait avec une certaine véhémence militaire à toutes ces accusations, mais il était accablé. Des jacobins de Strasbourg lui disaient qu'il n'avait pas voulu prendre les gorges de Porentruy, lorsque Luckner lui en donnait l'ordre; et il prouvait inutilement que c'était impossible. Un Allemand lui reprochait de n'avoir pas pris Manheim, qu'il lui offrait. Custine s'excusait en alléguant la neutralité de l'électeur et les difficultés du projet. Les habitants de Coblentz, de Rhinfelds, de Darmstadt, de Hanau, de toutes les villes qui avaient voulu se livrer à lui, et qu'il n'avait pas consenti à occuper, l'accusaient à la fois. Quant au refus de marcher sur Coblentz, il se défendait mal, et calomniait Kellermann, qui, disait-il, avait refusé de le seconder; quant au refus de prendre les autres places, il disait avec raison que toutes les imaginations allemandes l'appelaient, et qu'il lui aurait fallu, pour les satisfaire, occuper cent lieues de pays. Par une contradiction singulière, tandis qu'on le blâmait de n'avoir pas pris telle ville, ou fait contribuer telle autre, on lui faisait un crime d'avoir pris Francfort, d'y avoir pillé les habitants, de n'y avoir pas fait les dispositions nécessaires pour résister aux Prussiens, et d'y avoir exposé la garnison française à être massacrée. Le brave Merlin de Thionville, l'un de ceux qui déposaient contre lui, le justifiait sur ce point avec autant de loyauté que de raison. Eut-il laissé vingt mille hommes à Francfort, il n'aurait pas pu y tenir, disait Merlin; il aurait dû se retirer à Mayence, et son seul tort était de ne l'avoir pas fait assez tôt. Mais à Mayence, ajoutaient une foule d'autres témoins, il n'avait fait aucun des préparatifs nécessaires; il n'avait amassé ni vivres, ni munitions; il n'y avait amoncelé que l'artillerie dont il avait dépouillé Strasbourg, pour la livrer aux Prussiens, avec vingt mille hommes de garnison et deux députés. Custine prouvait qu'il avait donné les ordres pour les approvisionnements; que l'artillerie était à peine suffisante, et qu'elle n'avait pas été inutilement accumulée pour être livrée. Merlin appuyait toutes les assertions de Custine ; mais ce qu'il ne lui pardonnait pas, c'était sa retraite si pusillanime, et son inaction sur le Haut-Rhin, pendant que la garnison de Mayence faisait des prodiges. Custine ici restait sans réponse. On lui reprochait ensuite d'avoir brûlé les magasins de Spire, en se retirant ; reproche absurde, car la retraite une fois obligée, il valait mieux brûler les magasins que de les laisser à l'ennemi. On l'accusait d'avoir fait fusiller des volontaires à Spire pour cause de pillage : à quoi il répondait que la convention avait approuvé sa conduite. On l'accusait encore d'avoir particulièrement épargné les Prussiens, d'avoir volontairement exposé son armée à être battue le 15 mai, de s'être tardivement rendu dans son commandement du Nord, d'avoir tenté de dégarnir Lille de son artillerie, pour la porter au camp de César, d'avoir empêché qu'on secourût Valenciennes, de n'avoir pas opposé d'obstacle au débarquement des Anglais ; accusations toutes plus absurdes les unes que les autres. — « Enfin, lui disait-on, vous avez plaint Louis XVI, vous avez été triste le 31 mai, vous avez voulu faire pendre le docteur Hoffmann, président des jacobins à Mayence, vous avez empêché la distribution du journal du Père Duchesne et du journal de la Montagne dans votre armée, vous avez dit que Marat et Robespierre étaient des perturbateurs, vous vous êtes entouré d'officiers aristocrates, vous n'avez jamais eu à votre table de bons républicains. » Ces reproches étaient mortels, et c'étaient les véritables griefs pour lesquels on le poursuivait.

Le procès traîna en longueur; toutes les imputations étaient si vagues, que le tribunal hésitait. La fille de Custine, et beaucoup de personnes qui s'intéressaient à lui, avaient fait quelques démarches; car, à cette époque, bien que la crainte fût déjà grande, on osait témoigner encore quelque intérêt aux victimes. Aussitôt on dénonça aux Jacobins le tribunal révolutionnaire lui-même. « Il m'est douloureux, dit Hébert aux Jacobins, d'avoir à dé« noncer une autorité qui était l'espoir des « patriotes, qui d'abord avait mérité leur con« fiance, et qui bientôt en va devenir le fléau. « Le tribunal révolutionnaire est sur le point « d'innocenter un scélérat, en faveur duquel, « il est vrai, les plus jolies femmes de Paris « sollicitent toute la terre. La fille de Custine, « aussi habile comédienne dans cette ville, que « l'était son père à la tête des armées, voit « tout le monde et promet tout pour obtenir

« sa grace. » Robespierre, de son côté, dénonça l'esprit de chicane et le goût des formalités qui s'était emparé du tribunal, et soutint que, seulement pour avoir voulu dégarnir Lille, Custine méritait la mort.

Vincent, l'un des témoins, avait vidé les cartons du ministère, et avait apporté les lettres et les ordres qu'on reprochait à Custine, et qui, certes, ne constituaient pas des crimes. Fouquier-Tinville en conclut un parallèle de Custine avec Dumouriez, qui perdit le malheureux général. Dumouriez, dit-il, s'était rapidement avancé en Belgique, pour l'abandonner ensuite non moins rapidement, et livrer à l'ennemi, soldats, magasins et représentants. De même Custine s'était rapidement avancé en Allemagne, avait abandonné nos soldats à Francfort, à Mayence, et avait voulu livrer avec cette dernière ville, vingt mille hommes, deux représentants, et toute notre artillerie qu'il avait méchamment extraite de Strasbourg. Comme Dumouriez, il médisait de la convention et des jacobins, et faisait fusiller les braves volontaires, sous prétexte de maintenir la discipline. A ce parallèle, le tribunal n'hésita plus. Custine justifia pendant deux heures ses opérations militaires. Tronçon-Ducondray défendit sa conduite administrative et civile, mais inutilement. Le tribunal déclara le général coupable, à la grande joie des jacobins et des cordeliers, qui remplissaient la salle, et qui donnèrent des signes bruyants de leur satisfaction. Cependant Custine n'avait pas été condamné à l'unanimité. Sur les trois questions, il y avait eu successivement contre lui dix, neuf, huit voix, sur onze. Le président lui ayant demandé s'il n'avait rien à ajouter, il regarda autour de lui, et ne trouvant pas ses défenseurs, il répondit : « Je n'ai plus de défenseurs, je meurs calme et innocent. »

Il fut exécuté le lendemain matin. Ce guerrier, connu par une grande bravoure, fut surpris à la vue de l'échafaud. Cependant il s'agenouilla au pied de l'échelle, fit une courte prière, se rassura, et reçut la mort avec courage. Ainsi finit cet infortuné général, qui ne manquait ni d'esprit ni de caractère, mais qui réunissait l'inconséquence à la présomption, et qui commit trois fautes capitales : la première, de sortir de sa véritable ligne d'opération, en se portant à Francfort; la seconde, de ne pas vouloir y rentrer, lorsqu'on l'y engageait; et la troisième, de rester dans la plus timide inaction pendant le siège de Mayence. Cependant aucune de ces fautes ne méritait la mort; mais il subit le supplice qu'on n'avait pas pu infliger à Dumouriez, et qu'il n'avait pas mérité comme celui-ci par de grands et coupables projets. Sa mort fut un terrible exemple pour tous les généraux, et le signal pour eux d'une obéissance absolue aux ordres du gouvernement révolutionnaire.

Après cet acte de rigueur, les exécutions ne devaient plus s'arrêter; on renouvela l'ordre de hâter le procès de Marie-Antoinette. L'acte d'accusation des girondins tant demandé, et jamais rédigé, fut présenté à la convention. Saint-Just en était l'auteur. Des pétitions des jacobins vinrent obliger la convention à l'adopter. Il fut dirigé non-seulement contre les vingt-deux et les membres de la commission des douze, mais en outre contre soixante-treize membres du côté droit, qui gardaient un silence absolu depuis la victoire de la Montagne, et qui avaient rédigé une protestation très-connue contre les événements du 31 mai et du 2 juin. Quelques montagnards forcenés voulaient l'accusation, c'est-à-dire la mort, contre les vingt-deux, les douze et les soixante-treize; mais Robespierre s'y opposa, et proposa un moyen terme, ce fut d'envoyer au tribunal révolutionnaire les vingt-deux et les douze, et de mettre les soixante-treize en arrestation. On fit ce qu'il voulut; les portes de la salle leur furent aussitôt interdites, les soixante-treize arrêtés, et injonction faite à Fouquier-Tinville de s'emparer des malheureux girondins. Ainsi la convention toujours plus docile se laissa arracher l'ordre d'envoyer à la mort une partie de ses membres. À la vérité, elle ne pouvait plus différer, car les jacobins avaient fait cinq pétitions plus impérieuses les unes que les autres, pour obtenir ces derniers décrets d'accusation.

CHAPITRE V.

Continuation du siège de Lyon. Prise de cette ville. Décret terrible contre les Lyonnais révoltés. — Progrès de l'art de la guerre; influence de Carnot. — Victoire de Wattignies. Déblocus de Maubeuge. — Reprise des opérations en Vendée. Victoire de Cholet. Fuite et dispersion des Vendéens au-delà de la Loire. Mort de la plupart de leurs principaux chefs. — Échec sur le Rhin. Perte des lignes de Wissembourg.

Chaque revers réveillait l'énergie révolutionnaire, et cette énergie ramenait les succès. Il en avait toujours été ainsi pendant cette campagne mémorable. Depuis la défaite de Nerwinde jusqu'au mois d'août, une série continuelle de désastres avait enfin provoqué des efforts désespérés. L'anéantissement du fédéralisme, la défense de Nantes, la victoire d'Hondschoote, le déblocus de Dunkerque avaient été le résultat de ces efforts. De nouveaux revers à Menin, à Pirmasens, aux Pyrénées, à Torfou et Coron dans la Vendée, venaient d'exciter un nouveau redoublement d'énergie qui devait amener des succès décisifs sur tous les théâtres de la guerre.

Le siége de Lyon était, de toutes les opérations, celle dont on attendait la fin avec le plus d'impatience. Nous avons laissé Dubois-Crancé campé devant cette ville, avec cinq mille hommes de troupes réglées, et sept à huit mille réquisitionnaires. Il était menacé d'avoir bientôt sur ses derrières les Sardes que la faible armée des Grandes-Alpes ne pouvait plus arrêter. Comme nous avons déjà dit, il s'était placé au nord, entre la Saône et le Rhône, en présence des redoutes de la Croix-Rousse, et non sur les hauteurs de Sainte-Foy et de Fourvières, situées à l'ouest, et par lesquelles on aurait dû diriger la véritable attaque. Le motif de cette préférence était fondé sur plus d'une raison. Il importait avant tout de rester en communication avec la frontière des Alpes, où se trouvait le gros de l'armée républicaine, et d'où les Piémontais pouvaient venir au secours des Lyonnais. On avait encore l'avantage, dans cette position, d'occuper le cours supérieur des deux fleuves, et d'intercepter les vivres qui descendaient la Saône et le Rhône. Il est vrai que l'ouest restait ainsi ouvert aux Lyonnais, et qu'ils pouvaient faire des excursions continuelles vers Saint-Étienne et Montbrison; mais tous les jours on annonçait l'arrivée des contingents du Puy-de-Dôme, et une fois ces nouvelles réquisitions réunies, Dubois-Crancé pouvait achever le blocus du côté de l'ouest, et choisir alors le véritable point d'attaque. En attendant, il se contentait de serrer l'ennemi de près, de canonner la Croix-Rousse au nord, et de commencer ses lignes à l'est, devant le pont de la Guillotière. Le transport des munitions était difficile et lent; il fallut les faire venir de Grenoble, du fort Barraux, de Briançon, d'Embrun, et leur faire parcourir ainsi jusqu'à soixante lieues de montagnes. Ces charrois extraordinaires ne pouvaient avoir lieu que par voie de réquisition forcée et en mettant en mouvement cinq mille chevaux; car on avait à transporter devant Lyon quatorze mille bombes, trente-quatre mille boulets, trois cents milliers de poudre, huit cent mille cartouches, et cent trente bouches à feu.

Dès les premiers jours du siége, on annonçait la marche des Piémontais qui débouchaient du petit Saint-Bernard et du Mont-Cenis. Kellermann partit aussitôt sur les pressantes instances du département de l'Isère, et laissa le général Dumuy pour le remplacer à Lyon. Du reste, Dumuy ne le remplaçait qu'en apparence, car Dubois-Crancé, représentant et ingénieur habile, dirigeait lui seul toutes les opérations du siège. Pour hâter la levée des réquisitions du Puy-de-Dôme, Dubois-Crancé détacha le général Nicolas avec un petit corps de cavalerie; mais celui-ci fut enlevé dans le Forez, et livré aux Lyonnais. Dubois-Crancé y envoya alors mille hommes de bonnes troupes, avec le représentant Javoques. La mission de celui-ci fut plus heureuse; il contint les aristocrates de Montbrison et de Saint-Étienne, et fit lever environ sept à huit mille paysans, qu'il amena devant Lyon. Dubois-Crancé les plaça au pont d'Oullins, situé au nord-ouest de Lyon, et de manière à gêner les communications de la place avec le Forez. Il fit approcher le député Reverchon, qui, à Mâcon, avait réuni quelques mille réquisitionnaires, et le plaça sur le haut de la Saône tout-à-fait au nord. De cette manière, le blocus commençait à être un peu plus rigoureux; mais les opérations étaient lentes, et les attaques de vive force impossibles. Les fortifications de la Croix-Rousse, entre Rhône et Saône, devant lesquelles se trouvait le corps principal, ne pouvaient être

emportées par un assaut. Du côté de l'est et de
la rive gauche du Rhône, le pont Morand était
défendu par une redoute en fer à cheval, très-
habilement construite. A l'ouest, les hauteurs
décisives de Sainte-Foy et Fourvières ne pouvaient être enlevées que par une armée vigoureuse, et pour le moment il ne fallait songer
qu'à intercepter les vivres, à serrer la ville, et
à l'incendier. Depuis le commencement d'août
jusqu'au milieu de septembre, Dubois-Crancé
n'avait pu faire autre chose, et à Paris on se
plaignait de ses lenteurs sans vouloir en appré-
cier les motifs. Cependant il avait causé de
grands dommages à cette malheureuse cité.
L'incendie avait dévoré la magnifique place de
Bellecour, l'arsenal, le quartier Saint-Clair, le
port du Temple, et avait endommagé surtout
le bel édifice de l'hôpital, qui s'élève si majestueusement sur la rive du Rhône. Les Lyonnais n'en résistaient pas moins avec la plus
grande opiniâtreté. On avait répandu parmi
eux la nouvelle que cinquante mille Piémontais
allaient déboucher sur leur ville; l'émigration
les comblait de promesses, sans venir cependant se jeter au milieu d'eux, et ces braves com-
merçants, sincèrement républicains, étaient,
par leur fausse position, réduits à désirer le
secours funeste et honteux de l'émigration et

de l'étranger. Leurs sentiments éclatèrent plus d'une fois d'une manière non équivoque. Précy ayant voulu arborer le drapeau blanc, en avait bientôt senti l'impossibilité. Un papier obsidional ayant été créé pour les besoins du siége, et des fleurs de lis se trouvant sur le filigrane de ce papier, il fallut le détruire et en fabriquer un autre. Ainsi les Lyonnais étaient républicains; mais la crainte des vengeances de la convention, et les fausses promesses de Marseille, de Bordeaux, de Caen, et surtout de l'émigration, les avaient entraînés dans un abîme de fautes et de malheurs.

Tandis qu'ils se nourrissaient de l'espoir de voir arriver cinquante mille Sardes, la convention avait ordonné aux représentants Couthon, Maignet et Châteauneuf-Randon, de se rendre en Auvergne et dans les départements environnants, pour y déterminer une levée en masse, et Kellermann courait dans les vallées des Alpes au-devant des Piémontais.

Une belle occasion s'offrait encore ici aux Piémontais d'effectuer une tentative hardie et grande, qui n'aurait pu manquer d'être heureuse : c'était de réunir leurs principales forces sur le petit Saint-Bernard, et de déboucher sur Lyon avec cinquante mille hommes. On sait que les trois vallées de Sallenche, de la

Tarentaise et de la Maurienne, adjacentes l'une à l'autre, tournent sur elles-mêmes comme une espèce de spirale, et que, partant du petit Saint-Bernard, elles s'ouvrent sur Genève, Chambéry, Lyon et Grenoble. De petits corps français étaient éparpillés dans ces vallées. Descendre rapidement par l'une d'elles, et venir se placer à leur ouverture, était un moyen assuré, d'après tous les principes de l'art, de faire tomber les détachements engagés dans les montagnes, et de leur faire mettre bas les armes. On devait peu craindre l'attachement des Savoyards pour les Français; car les assignats et les réquisitions ne leur avaient encore fait connaître de la liberté que ses dépenses et ses rigueurs. Le duc de Montferrat, chargé de l'expédition, ne prit avec lui que vingt à vingt-cinq mille hommes, jeta un corps à sa droite, dans la vallée de Sallenche, descendit avec son corps principal dans la Tarentaise, et laissa le général Gordon parcourir la Maurienne avec l'aile gauche. Son mouvement, commencé le 14 août, dura jusqu'en septembre, tant il y mit de lenteur. Les Français, quoique très-inférieurs en nombre, opposèrent une résistance énergique, et firent durer la retraite pendant dix-huit jours. Arrivé à Moustier, le duc de Montferrat chercha à se lier avec Gordon, sur la chaîne du Grand-

Loup, qui sépare les deux vallées de la Tarentaise et de la Maurienne, et ne songea nullement à marcher rapidement sur Conflans, point de réunion des vallées. Cette lenteur et ses vingt-cinq mille hommes prouvent assez s'il avait envie d'aller à Lyon.

Pendant ce temps, Kellermann, accouru de Grenoble, avait fait lever les gardes nationales de l'Isère et des départements environnants. Il avait ranimé les Savoyards qui commençaient à craindre les vengeances du gouvernement piémontais, et il était parvenu à réunir à peu près douze mille hommes. Alors il fit renforcer le corps de la vallée de Sallenche, et se porta vers Conflans, à l'issue des deux vallées de la Tarentaise et de la Maurienne. C'était vers le 10 septembre. Dans ce moment, l'ordre de marcher en avant arrivait au duc de Montferrat. Mais Kellermann prévint les Piémontais, osa les attaquer dans la position d'Espierre qu'ils avaient prise sur la chaine du Grand-Loup, afin de communiquer entre les deux vallées. Ne pouvant aborder cette position de front, il la fit tourner par un corps détaché. Ce corps, formé de soldats à moitié nus, fit pourtant des efforts héroïques, et, à force de bras, éleva les canons sur des hauteurs presque inaccessibles. Tout-à-coup l'artillerie française tonna inopinément sur la tête des Piémontais, qui en furent épouvantés; Gordon se retira aussitôt dans la vallée de Maurienne sur Saint-Michel; le duc de Montferrat se reporta au milieu de la vallée de la Tarentaise. Kellermann, ayant fait inquiéter celui-ci sur ses flancs, l'obligea bientôt à remonter jusqu'à Saint-Maurice et à Saint-Germain, et enfin il le rejeta, le 7 octobre, au-delà des Alpes. Ainsi la campagne courte et heureuse qu'auraient pu faire les Piémontais en débouchant avec une masse double, et en descendant par une seule vallée sur Chambéry et Lyon, manqua et par les mêmes raisons qui avaient fait manquer toutes les tentatives des coalisés, et qui avaient sauvé la France.

Pendant que les Sardes étaient repoussés au delà des Alpes, les trois députés envoyés dans le Puy-de-Dôme pour y déterminer une levée en masse, soulevaient les campagnes en prêchant une espèce de croisade, et en persuadant que Lyon, loin de défendre la cause républicaine, était le rendez-vous des factions de l'émigration et de l'étranger. Le paralytique Couthon, plein d'une activité que ses infirmités ne pouvaient ralentir, excita un mouvement général; il fit partir d'abord Maignet et Châteauneuf avec une première colonne de douze mille hommes, et resta en arrière pour en amener encore une de vingt-cinq mille, et pour faire les réquisitions de vivres nécessaires. Dubois-Crancé plaça les nouvelles levées du côté de l'ouest vers Sainte-Foy, et compléta ainsi le blocus. Il reçut en même temps un détachement de la garnison de Valenciennes, qui, d'après les traités, ne pouvait, comme celle de Mayence, servir que dans l'intérieur; il plaça des détachements de troupes réglées en avant des troupes de réquisitions, de manière à former de bonnes têtes de colonnes. Son armée pouvait se composer alors de vingt-cinq mille réquisitionnaires, et de huit ou dix mille soldats aguerris.

Le 24, à minuit, il fit enlever la redoute du pont d'Oullins, qui conduisait au pied des hauteurs de Sainte-Foy. Le lendemain, le général Doppet, Savoyard, qui s'était distingué sous Carteaux dans la guerre contre les Marseillais, arriva pour remplacer Kellermann. Celui-ci venait d'être destitué à cause de la tiédeur de son zèle, et on ne lui avait laissé quelques jours de commandement que pour lui donner le temps d'achever son expédition contre les Piémontais. Le général Doppet se concerta de suite avec Dubois-Crancé pour l'assaut des hauteurs de Sainte-Foy. Tous les préparatifs furent faits pour la nuit du 28 au 29 septembre. Des attaques simultanées furent dirigées au nord vers la Croix-Rousse, à l'est en face du pont Morand, au midi par le pont de la Mulatière, qui est placé au-dessous de la ville, au confluent de la Saône et du Rhône. L'attaque sérieuse dut avoir lieu par le pont d'Oullins sur Sainte-Foy. Elle ne commença que le 29, à cinq heures du matin, une heure ou deux après les trois autres. Doppet, enflammant ses soldats, se précipite avec eux sur une première redoute, et les entraîne sur la seconde avec la plus grande vivacité. Le grand et le petit Sainte-Foy sont emportés. Pendant ce temps, la colonne chargée d'attaquer le pont de la Mulatière parvient à s'en emparer, et pénètre dans l'isthme à la pointe duquel se réunissent les deux fleuves. Elle allait s'introduire dans Lyon, lorsque Précy, accourant avec sa cavalerie, parvient à la repousser, et à sauver la place. De son côté, le chef d'artillerie Vaubois, qui avait dirigé sur le pont Morand une attaque des plus vives, pénétra dans la redoute en fer à cheval, mais il fut obligé de l'abandonner.

De toutes ces attaques, une seule avait complétement réussi, mais c'était la principale, celle de Sainte-Foy. Il restait maintenant à passer des hauteurs de Sainte-Foy à celles de Fourvières, bien plus régulièrement retranchées, et bien plus difficiles à emporter. Laval et Dubois-

Crancé, qui agissait systématiquement, et en savant militaire, était de ne pas s'exposer aux chances d'un nouvel assaut, et voici ses raisons : il savait que les Lyonnais, réduits à manger de la farine de pois, n'avaient de vivres que pour quelques jours encore, et qu'ils allaient être obligés de se rendre. Il les avait trouvés très-braves à la défense de la Mulatière et du pont Morand ; il craignait qu'une attaque sur les hauteurs de Fourvières ne réussît pas, et qu'un échec ne désorganisât l'armée, et n'obligeât à lever le siége. « Ce qu'on peut faire, disait-il, de plus heureux pour des assiégés braves et désespérés, c'est de leur fournir l'occasion de se sauver par un combat. Laissons-les périr par l'effet de quelques jours de famine. »

Couthon arrivait dans ce moment, 2 octobre, avec une nouvelle levée de vingt-cinq mille paysans de l'Auvergne. « J'arrive, écrivait-il, « avec mes rochers de l'Auvergne, et je vais les « précipiter dans le faubourg de Vaise. » Il trouva Dubois-Crancé au milieu d'une armée dont il était le chef absolu, où il avait établi les règles de la subordination militaire, et où il portait plus souvent son habit d'officier supérieur que celui de représentant du peuple. Couthon fut irrité de voir un représentant remplacer l'égalité par la hiérarchie militaire, et ne voulut

pas surtout entendre parler de guerre régulière. « Je n'entends rien, dit-il, à la tactique;
« j'arrive avec le peuple; sa sainte colère emportera tout. Il faut inonder Lyon de nos
« masses, et l'emporter de vive force. D'ailleurs,
« j'ai promis congé à mes paysans pour lundi,
« et il faut qu'ils aillent faire leurs vendanges. »
On était alors au mardi. Dubois-Crancé, homme
de métier, habitué aux troupes réglées, témoigna quelque mépris pour ces paysans confusément amassés et mal armés; il proposa de
choisir parmi eux les plus jeunes, de les incorporer dans les bataillons déjà organisés, et de
renvoyer les autres. Couthon ne voulut écouter aucun de ces conseils de prudence, et fit
décider sur-le-champ qu'on attaquerait Lyon de
vive force sur tous les points, avec les soixante
mille hommes dont on disposait; car telle était
maintenant la force de l'armée avec cette nouvelle levée. Il écrivit en même temps au comité
de salut public pour faire révoquer Dubois-Crancé. L'attaque fut résolue dans le conseil de
guerre pour le 8 octobre.

La révocation de Dubois-Crancé et de son
collègue Gauthier arriva dans l'intervalle. Les
Lyonnais avaient une grande horreur de Dubois-Crancé, que depuis deux mois ils voyaient
acharné contre leur ville, et ils disaient qu'ils

ne voulaient pas se rendre à lui. Le 7, Couthon leur fit une dernière sommation, et leur écrivit que c'était lui, Couthon, et les représentants Maignet et Laporte, que la convention chargeait de la poursuite du siége. Le feu fut suspendu jusqu'à quatre heures du soir, et recommença alors avec une extrême violence. On allait se préparer à l'assaut, quand une députation vint négocier au nom des Lyonnais. Il paraît que le but de cette négociation était de donner à Précy et à deux mille des habitants les plus compromis le temps de se sauver en colonne serrée. Ils profitèrent en effet de cet intervalle, et sortirent par le faubourg de Vaise pour se retirer vers la Suisse.

Les pourparlers étaient à peine commencés, qu'une colonne républicaine pénétra jusqu'au faubourg Saint-Just. Il n'était plus temps de faire des conditions, et d'ailleurs la convention n'en voulait pas. Le 9, l'armée entra, ayant les représentants en tête. Les habitants s'étaient cachés, mais tous les montagnards persécutés sortirent en foule au-devant de l'armée victorieuse, et lui composèrent une espèce de triomphe populaire. Le général Doppet fit observer la plus exacte discipline à ses troupes, et laissa aux représentants le soin d'exercer eux-mêmes sur cette ville infortunée les vengeances révolutionnaires.

Pendant ce temps, Précy, avec ses deux mille fugitifs, marchait vers la Suisse. Mais Dubois-Crancé, prévoyant que ce serait là son unique ressource, avait depuis long-temps fait garder tous les passages. Les malheureux Lyonnais furent poursuivis, dispersés et tués par les paysans. Il n'y en eut que quatre-vingts qui, avec Précy, parvinrent à atteindre le territoire helvétique.

A peine entré, Couthon renversa l'ancienne municipalité montagnarde, et lui donna mission de chercher et de désigner les rebelles. Il chargea une commission populaire de les juger militairement. Il écrivit ensuite à Paris qu'il y avait à Lyon trois classes d'habitants : 1° les riches coupables; 2° les riches égoïstes; 3° les ouvriers ignorants, détachés de toute espèce de cause, et incapables de bien comme de mal. Il fallait guillotiner les premiers et détruire leurs maisons, faire contribuer les seconds de toute leur fortune, dépayser enfin les derniers, et les remplacer par une colonie républicaine.

La prise de Lyon produisit à Paris la plus grande joie, et dédommagea des mauvaises nouvelles de la fin de septembre. Cependant, malgré le succès, on se plaignit des lenteurs de Dubois-Crancé, on lui imputa la fuite de

Lyonnais par le faubourg de Vaise, fuite qui d'ailleurs n'en avait sauvé que quatre-vingts. Couthon surtout l'accusa de s'être fait général absolu dans son armée, de s'être plus souvent montré avec son costume d'officier supérieur qu'avec celui de représentant, d'avoir affiché la morgue d'un tacticien, d'avoir enfin voulu faire prévaloir le système des siéges réguliers sur celui des attaques en masse. Aussitôt une enquête fut faite par les jacobins contre Dubois-Crancé, dont l'activité et la vigueur avaient cependant rendu tant de services à Grenoble, dans le Midi et devant Lyon. En même temps, le comité de salut public prépara des décrets terribles, afin de rendre plus formidable et plus obéie l'autorité de la convention. Voici le décret qui fut présenté par Barrère et rendu sur-le-champ :

« Art. 1er. Il sera nommé par la convention
« nationale, sur la présentation du comité de
« salut public, une commission de cinq repré-
« sentants du peuple, qui se transporteront à
« Lyon sans délai, pour faire saisir et juger mi-
« litairement tous les contre-révolutionnaires
« qui ont pris les armes dans cette ville.

« 2. Tous les Lyonnais seront désarmés; les
« armes seront données à ceux qui seront re-

« connus n'avoir point trempé dans la révolte,
« et aux défenseurs de la patrie.

« 3. La ville de Lyon sera détruite.

« 4. Il n'y sera conservé que la maison du
« pauvre, les manufactures, les ateliers des arts,
« les hôpitaux, les monuments publics et ceux
« de l'instruction.

« 5. Cette ville cessera de s'appeler Lyon.
« Elle s'appellera *Commune-Affranchie*.

« 6. Sur les débris de Lyon sera élevé un mo-
« nument où seront lus ces mots : *Lyon fit la
« guerre à la liberté, Lyon n'est plus*[1] ! »

La nouvelle de la prise de Lyon fut aussitôt
annoncée aux deux armées du Nord et de la
Vendée, où devaient se porter les coups décisifs, et une proclamation les invita à imiter
l'armée de Lyon. On disait à l'armée du Nord :
« L'étendard de la liberté flotte sur les murs
« de Lyon, et les pacifie. Voilà le présage de
« la victoire ; la victoire appartient au courage.
« Elle est à vous ; frappez, exterminez les sa-
« tellites des tyrans !... La patrie vous regarde,
« la convention seconde votre généreux dé-
« vouement ; encore quelques jours, les tyrans
« ne seront plus, et la république vous devra
« son bonheur et sa gloire ! » On disait aux

[1] Décret du 18 vendémiaire, an II de la République.

soldats de la Vendée : « Et vous aussi, braves
« soldats, vous remporterez une victoire; il y
« a assez long-temps que la Vendée fatigue la
« république; marchez, frappez, finissez! Tous
« nos ennemis doivent succomber à la fois :
« chaque armée va vaincre. Seriez-vous les
« derniers à moissonner des palmes, à mériter
« la gloire d'avoir exterminé les rebelles et
« sauvé la patrie? »

Le comité, comme on voit, n'oubliait rien
pour tirer le plus grand parti de la prise de
Lyon. Cet événement, en effet, était de la plus
haute importance. Il délivrait l'est de la France
des derniers restes de l'insurrection, et ôtait
toute espérance aux émigrés intriguant en
Suisse, et aux Piémontais qui ne pouvaient
compter à l'avenir sur aucune diversion. Il
comprimait le Jura, assurait les derrières de
l'armée du Rhin, permettait de porter devant
Toulon et les Pyrénées des secours en hommes et en matériel devenus indispensables; il
intimidait enfin toutes les villes qui avaient eu
du penchant à s'insurger, et assurait leur soumission définitive.

C'est au Nord que le comité voulait déployer
le plus d'énergie, et qu'il faisait aux généraux
et aux soldats un devoir d'en montrer davantage. Tandis que Custine venait de porter sa

tête sur l'échafaud. Houchard, pour n'avoir pas fait à Dunkerque tout ce qu'il aurait pu, était envoyé au tribunal révolutionnaire. Les derniers reproches adressés au comité, en septembre dernier, l'avaient obligé de renouveler tous les états-majors. Il venait de les recomposer entièrement, et d'élever aux plus hauts grades de simples officiers. Houchard, colonel au commencement de la campagne, et, avant qu'elle fût finie, devenu général en chef, et maintenant accusé devant le tribunal révolutionnaire; Hoche, simple officier au siège de Dunkerque, et promu aujourd'hui au commandement de l'armée de la Moselle; Jourdan, chef de bataillon, puis commandant au centre le jour d'Hondschoote, et enfin nommé général en chef de l'armée du Nord, étaient de frappants exemples des vicissitudes de la fortune dans ces armées républicaines. Ces promotions subites empêchaient que soldats, officiers, et généraux, eussent le temps de se connaître et de s'accorder de la confiance; mais elles donnaient une idée terrible de cette volonté qui frappait ainsi sur toutes les existences, non pas seulement dans le cas d'une trahison prouvée, mais seulement pour un soupçon, pour une insuffisance de zèle, pour une demi-victoire; et il en résultait un dévouement absolu de la part des armées, et des espérances sans bornes chez les génies assez hardis pour braver les dangereuses chances du généralat.

C'est à cette époque qu'il faut rapporter les premiers progrès de l'art de la guerre. Sans doute, les principes de cet art avaient été connus et pratiqués de tous les temps par les capitaines qui joignaient l'audace d'esprit à l'audace de caractère. Tout récemment encore, Frédéric venait de donner l'exemple des plus belles combinaisons stratégiques. Mais dès que l'homme de génie disparaît pour faire place aux hommes ordinaires, l'art de la guerre retombe dans la circonspection et la routine. On combat éternellement pour la défense ou l'attaque d'une ligne, on devient habile à calculer les avantages d'un terrain, à y adapter chaque espèce d'arme; mais, avec tous ces moyens, on dispute pendant des années entières une province qu'un capitaine hardi pourrait gagner en une manœuvre, et cette prudence de la médiocrité sacrifie plus de sang que la témérité du génie, car elle consomme les hommes sans résultats. Ainsi avaient fait les savants tacticiens de la coalition. A chaque bataillon ils en opposaient un autre; ils gardaient toutes les routes menacées par l'ennemi ; et tandis qu'avec une marche hardie ils auraient pu détruire la révolution, ils n'osaient faire un pas de peur de se découvrir. L'art de la guerre était à régénérer. Former une masse compacte, la remplir de confiance et d'audace, la porter promptement au-delà d'un fleuve, d'une chaîne de montagnes, et venir frapper un ennemi qui ne s'y attend pas, en divisant ses forces, en l'isolant de ses ressources, en lui prenant sa capitale, était un art difficile et grand qui exigeait du génie, et qui ne pouvait se développer qu'au milieu de la fermentation révolutionnaire.

La révolution, en mettant en mouvement tous les esprits, prépara l'époque des grandes combinaisons militaires. D'abord elle suscita pour sa cause des masses d'hommes énormes, et bien autrement considérables que toutes celles qui furent jamais soulevées pour la cause des rois. Ensuite elle excita une impatience de succès extraordinaires, dégoûta des combats lents et méthodiques, et suggéra l'idée des irruptions soudaines et nombreuses sur un même point. De tout côté on disait : Il faut nous battre en masse. C'était le cri des soldats sur toutes les frontières, et des Jacobins dans les clubs. Couthon, arrivant à Lyon, avait répondu à tous les raisonnements de Dubois-Crancé, en disant qu'il fallait livrer l'assaut en masse. Enfin Barrère avait fait un rapport habile et profond, où il montrait que la cause de nos revers était dans les combats de détail. Ainsi, en formant des masses, en les remplissant d'audace, en les affranchissant de toute routine, en leur imprimant l'esprit et le courage des innovations, la révolution prépara la renaissance de la grande guerre. Ce changement ne pouvait pas s'opérer sans désordre. Des paysans, des ouvriers, transportés sur les champs de bataille, n'y apportaient le premier jour que l'ignorance, l'indiscipline et les terreurs paniques, effets naturels d'une mauvaise organisation. Les représentants, qui venaient souffler les passions révolutionnaires dans les camps, exigeaient souvent l'impossible, et commettaient des iniquités à l'égard de braves généraux. Dumouriez, Custine, Houchard, Brunet, Canclaux, Jourdan, périrent ou se retirèrent devant ce torrent; mais en un mois, ces ouvriers, d'abord jacobins déclamateurs, devenaient des soldats dociles et braves; ces représentants communiquaient une audace et une volonté extraordinaires aux armées; et, à force d'exigences et de changements, ils finissaient par trouver les génies hardis qui convenaient aux circonstances.

Enfin un homme vint régulariser ce grand

mouvement : ce fut Carnot. Autrefois officier du génie, et depuis membre de la convention et du comité de salut public, partageant en quelque sorte son inviolabilité, il put impunément introduire de l'ordre dans des opérations trop décousues, et surtout leur imprimer un ensemble qu'avant lui aucun ministre n'eût été assez ober pour leur imposer. L'une des principales causes de nos revers précédents, c'était la confusion qui accompagne une grande fermentation. Le comité établi et devenu irrésistible, et Carnot étant revêtu de toute la puissance de ce comité, on obéit à la pensée de l'homme sage qui, calculant sur l'ensemble, prescrivant des mouvements parfaitement coordonnés entre eux, et tendant à un même but. Des généraux ne pouvaient plus, comme Dumouriez ou Custine avaient fait autrefois, agir chacun de leur côté, en attirant toute la guerre et tous les moyens à eux. Des représentants ne pouvaient plus ordonner, ni contrarier des manœuvres, ni modifier les ordres supérieurs. Il fallait obéir à la volonté suprême du comité, et se conformer au plan uniforme qu'il avait prescrit. Placé ainsi au centre, planant sur toutes les frontières, l'esprit de Carnot, en s'élevant, dut s'agrandir ; il conçut des plans étendus, dans lesquels la prudence se conciliait avec la hardiesse. L'instruction envoyée à Houchard en est la preuve. Sans doute, ses plans avaient quelquefois l'inconvénient des plans formés dans des bureaux : quand ses ordres arrivaient, ils n'étaient ni toujours convenables aux lieux, ni exécutables dans le moment, mais ils rachetaient par l'ensemble l'inconvénient des détails, et nous assurèrent, l'année suivante, des triomphes universels.

Carnot était accouru sur la frontière du Nord auprès de Jourdan. La résolution était prise d'attaquer hardiment l'ennemi, quoiqu'il parût formidable. Carnot demanda un plan au général pour juger ses vues et les concilier avec celles du comité, c'est-à-dire avec les siennes. Les coalisés, revenus de Dunkerque vers le milieu de la ligne, s'étaient réunis entre l'Escaut et la Meuse, et formaient là une masse redoutable qui pouvait porter des coups décisifs. Nous avons déjà fait connaître le théâtre de la guerre. Plusieurs lignes partagent l'espace compris entre la Meuse et la mer; c'est la Lys, la Scarpe, l'Escaut et la Sambre. Les alliés, en prenant Condé et Valenciennes, s'étaient assuré deux points importants sur l'Escaut. Le Quesnoy, dont ils venaient de s'emparer, leur donnait un appui entre l'Escaut et la Sambre; mais ils n'en avaient aucun sur la Sambre même. Ils songèrent à Maubeuge, qui, par sa position sur la Sambre, les aurait rendus à peu près maîtres de l'espace compris entre cette rivière et la Meuse. À l'ouverture de la campagne prochaine, Valenciennes et Maubeuge leur auraient fourni ainsi une base excellente d'opérations, et leur campagne de 1793 n'eût pas été entièrement inutile. Leur dernier projet consista donc à occuper Maubeuge.

Du côté des Français, chez lesquels l'esprit de combinaison commençait à se développer, on imagina d'agir par Lille et Maubeuge, sur les deux ailes de l'ennemi, et, en le débordant ainsi sur ses deux flancs, on espéra de faire tomber son centre. On s'exposait, il est vrai, de cette manière à essuyer tout son effort sur l'une ou sur l'autre des deux ailes, et en lui laissant tout l'avantage de sa masse; mais il y avait certainement moins de routine dans cette conception que dans les précédentes. Cependant le plus pressant était de secourir Maubeuge. Jourdan, laissant à peu près cinquante mille hommes dans les camps de Gavrelle, de Lille et de Cassel, pour former son aile gauche, réunissait à Guise le plus de monde possible. Il avait composé une masse d'environ quarante-cinq mille hommes, déjà organisés, et faisait enrégimenter en toute hâte les nouvelles levées provenant de la réquisition permanente. Cependant ces levées étaient dans un tel désordre, qu'il fallut laisser des détachements de troupe de ligne pour les garder. Jourdan fixa donc à Guise le rendez-vous de toutes les recrues, et s'avança sur cinq colonnes au secours de Maubeuge.

Déjà l'ennemi avait investi cette place. Comme celles de Valenciennes et de Lille, elle était soutenue par un camp retranché, placé sur la rive droite de la Sambre, du côté même par lequel s'avançaient les Français. Deux divisions, celles des généraux Desjardins et Mayer, gardaient le cours de la Sambre, l'une au-dessus, l'autre au-dessous de Maubeuge. L'ennemi, au lieu de s'avancer en deux masses serrées, de refouler Desjardins sur Maubeuge, et de rejeter Mayer en arrière sur Charleroi, où il eût été perdu, passa la Sambre en petites masses, et laissa les deux divisions Desjardins et Mayer se rallier dans le camp retranché de Maubeuge. C'était fort bien d'avoir séparé Desjardins de Jourdan, et de l'avoir empêché ainsi de grossir l'armée active des Français; mais en laissant Mayer se réunir à Desjardins, on avait permis à ces deux généraux de former sous Maubeuge un corps de vingt mille hommes, qui pouvait sortir du rôle de simple garnison,

vation avec environ trente mille, dans les positions de Dourlers et Watignies.

Dans cet état de choses, il n'était pas impossible au général Jourdan de percer sur un point la ligne occupée par le corps d'observation, de marcher sur Colloredo qui faisait l'investissement du camp retranché, de le mettre entre deux feux, et, après l'avoir accablé, de s'adjoindre l'armée entière de Maubeuge, de former avec elle une masse de soixante mille hommes, et de battre tous les coalisés placés sur la rive droite de la Sambre. Pour cela, il fallait diriger une seule attaque sur Watignies, point le plus faible; mais, en se portant exclusivement de ce côté, on laissait ouverte la route d'Avesnes qui aboutissait à Guise, où était notre base, et le lieu de la réunion de tous les dépôts. Le général français préféra un plan plus prudent, mais moins fécond, et fit attaquer le corps d'observation sur quatre points, de manière à garder toujours la route d'Avesnes et de Guise. A sa gauche, il détacha la division Fromentin sur Saint-Waast, avec ordre de marcher entre la Sambre et la droite de l'ennemi. Le général Balland, avec plusieurs batteries, dut se placer au centre, en face de Dourlers, pour contenir Clerfayt par une forte canonnade. Le général Duquesnoy s'avança avec la droite sur Watignies, qui formait la gauche de l'ennemi, un peu en arrière de la position centrale de Dourlers. Ce point n'était occupé que par un faible corps. Une quatrième division, celle du général Beauregard, placée encore au-delà de la droite, dut seconder Duquesnoy dans son attaque sur Watignies. Ces divers mouvements étaient peu liés, et ne portaient pas sur les points décisifs. Ils s'effectuèrent le 15 octobre au matin. Le général Fromentin s'empara de Saint-Waast; mais n'ayant pas pris la précaution de longer les bois pour se tenir à l'abri de la cavalerie, il fut assailli et rejeté dans le ravin de Saint-Remy. Au centre, où l'on croyait Fromentin maître de Saint-Waast, et où l'on savait que la droite avait réussi à s'approcher de Watignies, on voulut passer outre, et au lieu de canonner Dourlers, on songea à s'en emparer. Il paraît que ce fut l'avis de Carnot, qui décida l'attaque malgré le général Jourdan. Notre infanterie se jeta dans le ravin qui la séparait de Dourlers, gravit le terrain sous un feu meurtrier, et arriva sur un plateau où elle avait en tête des batteries formidables, et en flanc une nombreuse cavalerie prête à la charger. Dans ce même instant, un nouveau corps, qui venait de contribuer à mettre Fromentin en déroute, menaçait encore de la déboucher sur sa gauche. Le général Jourdan s'exposa au plus grand danger pour la maintenir; mais elle plia, se jeta en désordre dans le ravin, et très-heureusement reprit ses positions sans avoir été poursuivie. Nous avions perdu près de mille hommes à cette tentative, et notre gauche sous Fromentin avait perdu son artillerie. Le général Duquesnoy, à la droite, avait seul réussi, en parvenant à s'approcher de Watignies.

Après cette tentative, la position était mieux connue des Français. Ils sentirent que Dourlers était trop défendu pour diriger sur ce point l'attaque principale; que Watignies, à peine gardé par le général Tercy, et placé en arrière de Dourlers, était facile à emporter, et que ce village une fois occupé par le gros de nos forces, la position de Dourlers tombait nécessairement. Jourdan détacha donc six à sept mille hommes vers sa droite, pour renforcer le général Duquesnoy; il ordonna au général Beauregard, trop éloigné avec sa quatrième colonne, de se rabattre d'Eule sur Obrechies, de manière à opérer un effort concentrique sur Watignies, conjointement avec le général Duquesnoy; mais il persista à continuer sa démonstration sur le centre, et à faire marcher Fromentin vers la gauche, afin d'embrasser toujours le front entier de l'ennemi.

raient pu être accablés. Les soldats le demandaient à grands cris; mais le général Ferrand s'y opposa, et le général Chancel, qu'on crut à tort coupable de ce refus, fut envoyé au tribunal révolutionnaire. L'heureuse attaque de Watignies décida la levée du siége de Maubeuge, comme celle d'Hondschoote avait décidé la levée du siége de Dunkerque : elle fut appelée victoire de Watignies, et produisit sur les esprits la plus grande impression.

Les coalisés se trouvaient ainsi concentrés entre l'Escaut et la Sambre. Le comité de salut public voulut aussitôt tirer parti de la victoire de Watignies, du découragement qu'elle avait jeté chez l'ennemi, de l'énergie qu'elle avait rendue à notre armée, et résolut de tenter un dernier effort qui, avant l'hiver, rejetât les coalisés hors du territoire, et les laissât avec le sentiment décourageant d'une campagne entièrement perdue. L'avis de Jourdan et de Carnot était opposé à celui du comité. Ils pensaient que les pluies, déjà très-abondantes, le mauvais état des chemins, la fatigue des troupes, étaient des raisons suffisantes d'entrer dans les quartiers d'hiver, et ils conseillaient d'employer la mauvaise saison à discipliner et organiser l'armée. Cependant le comité insista pour qu'on délivrât le territoire, disant que dans cette saison une débâcle ne pourrait pas avoir de grands résultats. D'après l'idée nouvellement imaginée d'agir sur les ailes, le comité ordonna de marcher par Maubeuge et Charleroi d'une côté, par Cysoing, Marolde et Tournay de l'autre, et d'envelopper ainsi l'ennemi sur le territoire qu'il avait envahi. L'arrêté fut signé le 22 octobre. Les ordres furent donnés en conséquence; l'armée des Ardennes dut se joindre à Jourdan; les garnisons des places fortes durent en sortir, et être remplacées par les nouvelles réquisitions.

La guerre de la Vendée venait d'être reprise avec une nouvelle activité. On a vu que Canclaux s'était replié sur Nantes, et que les colonnes de la Haute-Vendée étaient rentrées à Angers et à Saumur. Avant que les nouveaux décrets qui confondaient les deux armées de La Rochelle et de Brest en une seule, et en conféraient le commandement au général Lechelle, fussent connus, Canclaux prépara un nouveau mouvement offensif. La garnison de Mayence était déjà réduite, par la guerre et les maladies, à neuf ou dix mille hommes. La division de Brest, battue sous Beysser, était presque désorganisée. Canclaux n'en résolut pas moins une marche très-hardie au centre de la Vendée, et en même temps il ordonna à Beyssgnol de le seconder avec son armée. Rossignol réunit aussitôt un conseil de guerre à Saumur, le 2 octobre, et fit décider que les colonnes de Saumur, de Thouars et de la Châtaigneraye, se réuniraient le 7 à Bressuire, et marcheraient de là à Châtillon, pour faire concourir leur attaque avec celle de Canclaux. Il prescrivit en même temps aux deux colonnes de Luçon et des Sables de garder la défensive, à cause de leurs derniers revers, et des dangers qui les menaçaient du côté de la Basse-Vendée.

Pendant ce temps, Canclaux s'était avancé le 1er octobre jusqu'à Montaigu, poussant des reconnaissances jusqu'à Saint-Fulgent, pour tâcher de se lier par sa droite avec la colonne de Luçon, dans le cas où elle parviendrait à reprendre l'offensive. Enhardi par le succès de sa marche, il ordonna, le 6, à l'avant-garde, toujours commandée par Kléber, de se porter à Tiffauges. Quatre mille Mayençais rencontrèrent l'armée de d'Elbée et de Bonchamps à Saint-Simphorien, la mirent en déroute après un combat sanglant, et la repoussèrent fort loin. Dans la soirée même, arriva le décret qui destituait Canclaux, Aubert-Dubayet et Grouchy. Le mécontentement fut très-grand dans la colonne de Mayence, et Philippeaux, Gillet,

Merlin et Reubell, qui voyaient l'armée privée d'un excellent général au moment où elle était exposée au centre de la Vendée, en furent indignés. C'était sans doute une excellente mesure que de remettre le commandement de l'Ouest sur une seule tête, mais il fallait choisir un autre individu pour en supporter le fardeau. Léchelle était ignorant et lâche, dit Kléber dans ses mémoires, et ne se montra jamais une seule fois au feu. Simple officier dans l'armée de La Rochelle, on l'avança subitement, comme Rossignol, à cause de sa réputation de patriotisme ; mais on ignorait que n'ayant ni l'esprit naturel de Rossignol, ni sa bravoure, il était aussi mauvais soldat que mauvais général. En attendant son arrivée, Kléber eut le commandement. On resta dans les mêmes positions entre Montaigu et Tiffauges.

Léchelle arriva enfin le 5 octobre, et on tint un conseil de guerre en sa présence. On venait d'apprendre la marche des colonnes de Saumur, de Thouars et de la Châtaigneraye, sur Bressuire ; il fut convenu alors qu'on persisterait à marcher sur Cholet, où l'on se joindrait aux trois colonnes réunies à Bressuire, et en même temps il fut ordonné au reste de la division de l'armée de Mayence à Nantes de remonter aussi, et Léchelle devait prendre place avec cette

ments des généraux, et approuva tout en disant : *Il faut marcher majestueusement et en masse.* Kléber replia sa carte avec mépris. Merlin dit qu'on avait choisi le plus ignorant des hommes pour l'envoyer à l'armée la plus compromise. Dès ce moment, Kléber fut chargé, par les représentants, de diriger seul les opérations, en se bornant, pour la forme, à en rendre compte à Léchelle. Celui-ci profita de cet arrangement pour se tenir à une grande distance du champ de bataille. Éloigné du danger, il haïssait les braves qui se battaient pour lui, mais du moins il les laissait se battre, quand et comme il leur plaisait.

Dans ce moment, Charette, voyant les dangers qui menaçaient les chefs de la Haute-Vendée, se sépara d'eux, prétextant de fausses raisons de mécontentement, et il se rejeta sur la côte, avec le projet de s'emparer de l'île de Noirmoutiers. Il s'en rendit maître en effet, le 12, par une surprise et par la trahison du chef qui y commandait. Il était ainsi assuré de sauver sa division, et d'entrer en communication avec les Anglais; mais il laissait le parti de la Haute-Vendée exposé à une destruction presque inévitable. Dans l'intérêt de la cause commune, il avait bien mieux à faire : il pouvait attaquer la colonne de Mayence sur les derrières, et peut-être la détruire. Les chefs de la grande armée lui envoyèrent lettres sur lettres pour l'y engager; mais ils n'en reçurent jamais aucune réponse.

Ces malheureux chefs de la Haute-Vendée étaient pressés de tous côtés. Les colonnes républicaines qui devaient se réunir à Bressuire s'y trouvaient à l'époque fixée, et elles s'étaient acheminées le 9 de Bressuire sur Châtillon. Sur la route, elles rencontrèrent l'armée de M. de Lescure, et la mirent en désordre. Westermann réintégré dans son commandement, était toujours à l'avant-garde, à la tête de quelques cents hommes. Il entra le premier dans Châtillon, le 9 au soir. L'armée entière y pénétra le lendemain 10. Pendant ce mouvement, Lescure et Larochejacquelein avaient appelé à leur secours la grande armée, qui n'était pas loin d'eux, car, déjà très-resserrés au centre de ce pays, ils combattaient à peu de distance les uns des autres. Tous les généraux réunis résolurent de se porter sur Châtillon. Ils se mirent en marche le 11. Westermann s'avançait déjà de Châtillon sur Mortagne, avec cinq cents hommes d'avant-garde. D'abord il ne crut pas avoir affaire à toute une armée, et ne demanda pas de grands secours à son général. Mais enveloppé tout-à-coup, il fut obligé de se replier rapidement, et rentra dans Châtillon avec sa troupe. Le désordre se mit alors dans la ville, et l'armée républicaine l'abandonna précipitamment. Westermann se réunissant au général en chef Chalbos, et groupant autour de lui quelques braves, arrêta la fuite, et se reporta même assez près de Châtillon. A l'entrée de la nuit, il dit à quelques-uns de ses soldats qui avaient fui : « Vous avez perdu votre honneur aujourd'hui, « il faut le recouvrer. » Il prend aussitôt cent cavaliers, fait monter cent grenadiers en croupe, et la nuit, tandis que les Vendéens confondus dans Châtillon, sont endormis ou pris de vin, il a l'audace d'y entrer, et de se jeter au milieu de toute une armée. Le désordre fut au comble, et le carnage effroyable. Les Vendéens, ne se reconnaissant pas, se battaient entre eux, et, au milieu d'une horrible confusion, femmes, enfants, vieillards, étaient égorgés. Westermann sortit à la pointe du jour avec les trente ou quarante soldats qui lui restaient, et alla rejoindre, à une lieue de la ville, le gros de l'armée. Le 12, un spectacle affreux vint frapper les Vendéens: ils sortirent eux-mêmes de Châtillon, inondé de sang et dévoré des flammes, et se portèrent du côté de Cholet où marchaient les Mayençais. Chalbos, après avoir rétabli l'ordre dans sa division, rentra le surlendemain 14 dans Châtillon, et se disposa à se porter de nouveau en avant, pour faire sa jonction avec l'armée de Nantes.

Tous les chefs vendéens, d'Elbée, Bonchamps, Lescure, Larochejacquelein, étaient réunis avec leurs forces aux environs de Cholet. Les Mayençais, qui s'étaient mis en marche le 14, s'en approchaient; la colonne de Châtillon n'en était plus qu'à peu de distance; et la division de Luçon, qu'on avait mandée, s'avançait aussi, et devait venir se placer entre les colonnes de Mayence et de Châtillon. On touchait donc au moment de la jonction générale. Le 15, l'armée de Mayence marchait en deux masses vers Mortagne, qui venait d'être évacuée Kléber, avec le corps de bataille, formait la gauche, et Beaupuy, la droite. Au même moment, la colonne de Luçon arrivait vers Mortagne, espérant trouver un bataillon de direction que Léchelle aurait dû faire placer sur sa route. Mais ce général, qui ne faisait rien, ne s'était pas mis en mesure de ce soin nécessaire. La colonne est aussitôt surprise par Lescure, et se trouve assaillie de tous côtés. Heureusement Beaupuy, qui était près d'elle par sa position vers Mortagne, accourt à son secours, et parvient à la dégager. Les Vendéens sont repoussés. Le malheureux Lescure reçoit une balle au-dessus du sourcil, et tombe dans les bras de ses soldats, qui l'emportent et prennent la fuite. La colonne de Luçon se réunit alors à celle de Beaupuy. Le jeune Marceau venait d'en prendre le commandement. A la gauche, et dans le même moment, Kléber soutenait un combat vers Saint-Christophe, et repoussait l'ennemi. Le 15 au soir, toutes les troupes républicaines bivouaquaient dans les champs devant Cholet, où les Vendéens s'étaient retirés. La division de Luçon était d'environ trois mille hommes, ce qui, avec la colonne de Mayence, faisait à peu près douze ou treize mille.

Le lendemain matin 16, les Vendéens, après quelques coups de canon, évacuèrent Cholet, et se replièrent sur Beaupréau. Kléber y entra aussitôt, et, défendant le pillage sous peine de mort, y fit observer le plus grand ordre. La colonne de Luçon fit de même à Mortagne. Ainsi tous les historiens qui ont dit qu'on brûla Cholet et Mortagne ont commis une erreur ou avancé un mensonge.

Kléber fit aussitôt toutes ses dispositions, car Léchelle était à deux lieues en arrière. La rivière de Moine passe devant Cholet; au-delà, se trouve un terrain montueux, inégal, formant un demi-cercle de hauteurs. A gauche de ce demi-cercle, se trouve le bourg de Cholet, au centre de Cholet même, et à droite, un château élevé. Kléber plaça Beaupuy, avec l'avant-garde, en avant du bourg; Haxo, avec la réserve des Mayençais, derrière l'avant-garde, et de manière à la soutenir; il rangea la colonne de Luçon, commandée par Marceau, au centre, et Vimeux, avec le reste des Mayençais, à la droite, sur les hauteurs. La colonne de Châtillon arriva dans la nuit du 16 au 17. Elle était à peu près de neuf ou dix mille hommes, ce qui portait les forces totales des républicains à vingt-deux mille environ. Le 17, au matin, on tint conseil. Kléber n'aimait pas sa position en avant de Cholet, parce qu'elle n'avait qu'une retraite, le pont de la rivière de Moine aboutissant à la ville. Il voulait qu'on marchât en avant pour tourner Beaupréau, et couper les Vendéens de la Loire. Les représentans combattirent son avis, parce que la colonne venue de Châtillon avait besoin d'un jour de repos.

Pendant ce temps, les chefs vendéens délibéraient à Beaupréau, au milieu d'une horrible confusion. Les paysans traînaient avec eux leurs femmes, leurs enfans, leurs bestiaux, et formaient une émigration de plus de cent mille individus. Larochejaquelin, d'Elbée, ne se voulut qu'on se fît tuer sur la rive gauche, mais

Talmont, d'Autichamp, qui avaient une grande influence en Bretagne, désiraient impatiemment qu'on se transportât sur la rive droite. Bonchamps, qui voyait, dans une excursion vers les côtes du Nord, une grande entreprise, et qui avait, dit-on, un projet lié avec l'Angleterre, opinait pour passer la Loire. Cependant il était assez d'avis de tenter un dernier effort, et d'essayer une grande bataille devant Cholet. Avant d'engager le combat, il fit envoyer un détachement de quatre mille hommes à Varades, pour s'assurer un passage sur la Loire en cas de défaite.

La bataille était résolue. Les Vendéens s'avancèrent, au nombre de quarante mille hommes, sur Cholet, le 15 octobre, à une heure après midi. Les généraux républicains ne s'attendaient pas à être attaqués, et venaient d'ordonner un jour de repos. Les Vendéens s'étaient formés en trois colonnes : l'une dirigée sur la gauche, où étaient Beaupuy et Haxo, l'autre sur le centre, commandé par Marceau, la troisième sur la droite, confiée à Vimeux. Les Vendéens marchaient en ligne et en rang, comme des troupes régulières. Tous les chefs blessés qui pouvaient supporter le cheval étaient au milieu de leurs paysans, et les soutenaient en ce jour qui devait décider de leur existence et

de la possession de leurs foyers. Entre Beaupréau et la Loire, dans chaque commune qui
leur restait, on célébrait la messe, et on in-
voquait le ciel pour cette cause si malheureuse
et si menacée.

Les Vendéens s'ébranlent, et joignent l'avant-
garde de Beaupuy, placée, comme nous l'a-
vons dit, dans une plaine en avant du bois
de Cholet. Une partie d'entre eux s'avance en
masse serrée, et charge à la manière des troupes de ligne; les autres s'éparpillent en tirailleurs pour tourner l'avant-garde, et même l'aile
gauche, en pénétrant dans les bois de Cholet.
Les républicains accablés sont forcés de plier;
Beaupuy a deux chevaux tués sous lui; il tombe
embarrassé par son éperon, et allait être pris,
lorsqu'il se jette derrière un caisson, se saisit
d'un troisième cheval, et va rejoindre sa colonne. Dans ce moment, Kléber accourt vers
l'aile menacée; il ordonne au centre et à la
droite de ne pas se dégarnir, et mande à Chalbos de faire sortir de Cholet une de ses colonnes pour venir au secours de la gauche.
Lui-même se place auprès d'Haxo, rétablit la
confiance dans ses bataillons, et ramène au feu
ceux qui avaient plié sous le grand nombre.
Les Vendéens sont repoussés à leur tour, reviennent avec acharnement, et sont repoussés

encore. Pendant ce temps, le combat s'engage au centre et à la droite avec la même fureur. A la droite, Vimeux est si bien placé, que tous les efforts de l'ennemi demeurent impuissants.

Au centre, cependant, les Vendéens s'avancent avec plus d'avantage qu'aux deux ailes, et pénètrent dans l'enfoncement où se trouve le jeune Marceau. Kléber y accourt pour soutenir la colonne de Luçon, et, à l'instant même, une des divisions de Chalbos, qu'il avait demandée, sort de Cholet, au nombre de quatre mille hommes. Ce renfort était d'une grande importance dans ce moment; mais, à la vue de cette plaine en feu, cette division mal organisée, comme toutes celles de l'armée de La Rochelle, se débande et rentre en désordre dans Cholet. Kléber et Marceau restent au centre avec la seule colonne de Luçon. Le jeune Marceau, qui la commande, ne s'intimide pas; il laisse approcher l'ennemi à une portée de fusil, puis tout-à-coup démasque son artillerie, et, de son feu imprévu, arrête et accable les Vendéens. Ceux-ci résistent d'abord; ils se rallient, se serrent sous une pluie de mitraille; mais bientôt ils cèdent et fuient en désordre. Dans ce moment, leur déroute est générale au centre, à la droite et à la gauche; Beaupuy, avec son avant-garde ralliée, les poursuit à toute outrance.

Les colonnes de Mayence et de Luçon étaient les seules qui eussent pris part à la bataille. Ainsi treize mille hommes en avaient battu quarante mille. De part et d'autre, on avait déployé la plus grande valeur ; mais la régularité et la discipline décidèrent l'avantage en faveur des républicains. Marceau, Beaupuy, Merlin, qui pointait lui-même les pièces, avaient déployé le plus grand héroïsme; Kléber avait montré son coup d'œil et sa vigueur accoutumées sur le champ de bataille. Du côté des Vendéens, d'Elbée, Bonchamps, après avoir fait des prodiges, avaient été blessés à mort; Larochejaquelein restait seul de tous les chefs, et il n'avait rien oublié pour partager leurs glorieuses blessures. Le combat avait duré depuis deux heures jusqu'à six.

L'obscurité régnait déjà de toutes parts; les Vendéens fuyaient en toute hâte, jetant leurs sabots sur les routes. Beaupuy les suivait à perte d'haleine. A Beaupuy s'était joint Westermann, qui, ne voulant pas partager l'inaction des troupes de Chalbos, avait pris un corps de cavalerie, et courait, à bride abattue, sur les fuyards. Après avoir poursuivi l'ennemi fort long-temps, Beaupuy et Westermann s'arrêtent, et songent à faire reposer leurs troupes. Cependant, disent-ils, nous trouverons plutôt du pain à Beaupréau qu'à Cholet, et ils osent marcher sur Beaupréau, où l'on supposait que les Vendéens s'étaient retirés en masse. Mais la fuite avait été si rapide, qu'une partie se trouvait déjà à Saint-Florent, sur les bords de la Loire. Le reste, à l'approche des républicains, évacue Beaupréau en désordre, et leur cède ce poste où ils auraient pu se défendre.

Le lendemain matin 18, l'armée entière marche de Cholet vers Beaupréau. Les avant-gardes de Beaupuy, placées sur la route de Saint-Florent, voient un grand nombre d'individus accourir en criant : *Vive la république, vive Bonchamps!* On les interroge, et ils répondent en proclamant Bonchamps comme leur libérateur. En effet, ce jeune héros, étendu sur un matelas, et près d'expirer d'un coup de feu dans le bas-ventre, avait demandé et obtenu la grâce de quatre mille prisonniers que les Vendéens traînaient à leur suite, et qu'ils voulaient fusiller ; les prisonniers rejoignaient l'armée républicaine.

Dans ce moment, quatre-vingt mille individus, femmes, enfants, vieillards, hommes armés, étaient au bord de la Loire, avec les débris de ce qu'ils possédaient, et se disputaient une

vingtaine de barques pour passer à l'autre bord. Le conseil supérieur, composé des chefs qui étaient capables encore d'opiner, délibérait s'il fallait se séparer ou porter la guerre en Bretagne. Quelques-uns auraient voulu qu'on se dispersât dans la Vendée, et qu'on s'y cachât en attendant des temps meilleurs : Larochejacquelein était du nombre, et il conseillait de se faire tuer sur la rive gauche plutôt que de passer sur la rive droite. Cependant l'avis contraire prévalut, et on se décida à rester réunis et à passer outre. Mais Bonchamps venait d'expirer, et personne n'était capable d'accomplir les projets qu'il avait formés sur la Bretagne. D'Elbée, mourant, était envoyé à Noirmoutiers; Lescure, blessé à mort, était transporté sur un brancard. Quatre-vingt mille individus quittaient leurs champs, allaient porter le ravage dans les champs voisins, et y chercher l'extermination, pour quel but, grand Dieu! pour une cause absurde et de toutes parts délaissée ou hypocritement défendue! Tandis que ces infortunés s'exposaient généreusement à tant de maux, la coalition songeait à peine à eux, les émigrés intriguaient dans les cours, quelques-uns seulement se battaient bravement sur le Rhin, mais dans les rangs des étrangers; et personne encore n'avait songé à envoyer ni un soldat, ni un écu, à cette malheureuse Vendée, déjà signalée par vingt combats héroïques, et aujourd'hui vaincue, fugitive et désolée.

Les généraux républicains se réunirent à Beaupréau, et là on résolut de se diviser, et de se rendre, partie à Nantes et partie à Angers, pour empêcher un coup de main sur ces deux places. L'avis des représentants, non partagé pourtant par Kléber, fut que la Vendée était détruite. *La Vendée n'est plus*, écrivirent-ils à la convention. On avait donné jusqu'au 20 octobre à l'armée pour en finir, et elle avait terminé le 18. L'armée du Nord avait, le même jour, gagné la bataille de Watignies, et avait terminé la campagne en débloquant Maubeuge. Ainsi, de toutes parts, la convention semblait n'avoir qu'à décréter la victoire pour l'assurer. L'enthousiasme fut au comble à Paris et dans toute la France, et on commença à croire qu'avant la fin de la saison la république serait victorieuse de tous les trônes conjurés contre elle.

Un seul événement pouvait troubler cette joie, c'était la perte des lignes de Wissembourg sur le Rhin, qui avaient été forcées le 13 et le 14 octobre. Après l'échec de Pirmasens, nous avons laissé les Prussiens et les

Autrichiens en présence des lignes de la Sarre et de la Lauter, et menaçant à chaque instant de les envahir. Les Prussiens, ayant inquiété les Français sur les bords de la Sarre, les obligèrent à se replier. Le corps des Vosges, rejeté au-delà d'Hornbach, se retira fort en arrière à Bitche, dans le centre des montagnes; l'armée de la Moselle, repoussée jusqu'à Sarreguemines, fut séparée du corps des Vosges et de l'armée du Rhin. Dans cette position, il devenait facile aux Prussiens, qui avaient, sur le revers occidental, dépassé la ligne commune de la Sarre et de la Lauter, de tourner les lignes de Wissembourg par leur extrême gauche. Alors, ces lignes devaient tomber nécessairement. C'est ce qui arriva le 13 octobre. La Prusse et l'Autriche, que nous avons vues en désaccord, s'étaient enfin entendues; le roi de Prusse s'était rendu en Pologne, et avait laissé le commandement à Brunswick, avec ordre de se concerter avec Wurmser. Du 13 au 14 octobre, tandis que les Prussiens marchaient le long de la ligne des Vosges jusqu'à Bitche, bien au-delà de la hauteur de Wissembourg, Wurmser devait attaquer les lignes de la Lauter sur sept colonnes. La première, sous le prince de Waldeck, chargée de passer le Rhin

dans la nature des lieux et le courage d'un demi-bataillon des Pyrénées, des obstacles invincibles; la seconde, bien qu'elle eût passé les lignes au-dessus de Lauterbourg, fut repoussée; les autres, après avoir obtenu au-dessus et autour de Wissembourg des avantages balancés par la résistance vigoureuse des Français, s'emparèrent cependant de Wissembourg. Nos troupes se retirèrent sur le poste du Geisberg, placé un peu en arrière de Wissembourg, et beaucoup plus difficile à emporter. On ne pouvait pas regarder encore les lignes de Wissembourg comme tout-à-fait perdues; mais la nouvelle de la marche des Prussiens sur le revers occidental, obligea le général français à se replier sur Haguenau et sur les lignes de la Lauter, et à céder ainsi une partie du territoire aux coalisés. Sur ce point, la frontière était donc envahie; mais les succès du Nord et de la Vendée couvrirent l'effet de cette mauvaise nouvelle. On envoya Saint-Just et Lebas en Alsace, pour contenir les mouvements que la noblesse alsacienne et les émigrés excitaient à Strasbourg. On dirigea de ce côté des levées nombreuses, et on se consola par la résolution de vaincre sur ce point comme sur tous les autres.

Les craintes affreuses qu'on avait conçues

dans le mois d'août, avant les victoires d'Hondschoote et de Wattignies, avant la prise de Lyon et la retraite des Piémontais au-delà des Alpes, avant les succès de la Vendée, étaient dissipées. On voyait, dans ce moment, la frontière du Nord, la plus importante et la plus menacée, délivrée de l'ennemi, Lyon rendu à la république, la Vendée soumise, toute rébellion étouffée dans l'intérieur jusqu'à la frontière d'Italie, où la place de Toulon résistait encore, il est vrai, mais résistait seule. Encore un succès aux Pyrénées, à Toulon, au Rhin, et la république était complètement victorieuse, et ce triple succès ne semblait pas plus difficile à obtenir que les autres. Sans doute, la tâche n'était pas finie, mais elle pouvait l'être bientôt, en continuant les mêmes efforts et les mêmes moyens : on n'était pas encore entièrement rassuré, mais on ne se croyait plus en danger de mort prochaine.

CHAPITRE VI.

Effets des lois révolutionnaires; proscriptions à Lyon, à Marseille et à Bordeaux. — Persécutions dirigées contre les *suspects*. Intérieur des prisons de Paris; état des prisonniers à la Conciergerie. — La reine Marie-Antoinette est séparée de sa famille et transférée à la Conciergerie; traitements qu'on lui fait subir. Conduite atroce d'Hébert. Son procès devant le tribunal révolutionnaire. Elle est condamnée à mort et exécutée. — Détails du procès et du supplice des girondins. — Exécution du duc d'Orléans, de Bailly, de Mme Roland. — Terreur générale. Seconde loi du *maximum*. — Agiotage. Fabrication d'un décret par quatre députés. — Établissement du nouveau système métrique et du calendrier républicain. — Abolition des anciens cultes; abjuration de Gobel, évêque de Paris. Établissement du culte de la Raison.

Les mesures révolutionnaires décrétées pour le salut de la France s'exécutaient dans toute son étendue avec la dernière rigueur. Imaginées par les hommes les plus ardents, elles étaient violentes dans leur principe; exécutées loin des chefs qui les avaient conçues, dans une région inférieure, où les passions moins éclairées étaient plus brutales, elles devenaient encore plus violentes dans l'application. On obligeait une partie des citoyens à quitter leurs foyers, on enfermait les autres comme suspects, on faisait enlever les denrées et les marchandises pour les besoins des armées, on imposait des corvées pour les transports accélérés, et on ne donnait en échange des objets requis ou des services exigés, que des assignats, ou une créance sur l'état, qui n'inspirait aucune confiance. On poursuivait rapidement la répartition de l'emprunt forcé, et les répartiteurs des communes disaient aux uns: Vous avez dix mille livres de rente; aux autres: Vous en avez vingt; et tous, sans pouvoir répliquer, étaient obligés de fournir la somme demandée. De grandes vexations résultaient de ce vaste arbitraire; mais les armées se remplissaient d'hommes, les vivres s'acheminaient en abondance vers les dépôts, et le milliard d'assignats qu'il fallait retirer de la circulation, commençait à être perçu. Ce n'est jamais sans de grandes douleurs qu'on opère si rapidement, et qu'on sauve un état menacé.

CONVENTION NATIONALE (1793). 367

Dans tous les lieux où le danger plus imminent avait exigé la présence des commissaires de la convention, les mesures révolutionnaires étaient devenues plus rigoureuses. Près des frontières et dans tous les départements suspects de royalisme ou de fédéralisme, ces commissaires avaient fait lever la population en masse; ils avaient mis toutes choses en réquisition, frappé les riches de taxes révolutionnaires, en outre de la taxe générale résultant de l'emprunt forcé; ils avaient accéléré l'emprisonnement des suspects, et quelquefois enfin ils les avaient fait juger par des commissions révolutionnaires instituées par eux. Laplanche, envoyé dans le département du Cher, lisant, le 29 vendémiaire, aux jacobins: « Partout « j'ai mis la terreur à l'ordre du jour; partout « j'ai imposé des contributions sur les riches « et les aristocrates. Orléans m'a fourni cin- « quante mille livres; et deux jours m'ont suffi « à Bourges pour une levée de deux millions. « Ne pouvant être partout, mes délégués m'ont « suppléé : un individu nommé Manin, riche « de sept millions, et taxé par l'un d'eux à « quarante mille livres, s'est plaint à la conven- « tion, qui a applaudi à ma conduite; et s'il eût « été imposé par moi-même, il eût payé deux « millions. J'ai fait rendre, à Orléans, un compte

« public à mes délégués ; c'est au sein de la
« société populaire qu'ils l'ont rendu, et ce
« compte a été sanctionné par le peuple. Par-
« tout j'ai fait fondre les cloches, et réuni
« plusieurs paroisses. J'ai destitué tous les fé-
« déralistes, renfermé les gens suspects, mis
« les sans-culottes en force. Des prêtres avaient
« toutes leurs commodités dans les maisons de
« réclusion ; les sans-culottes couchaient sur la
« paille dans les prisons ; les premiers m'ont
« fourni des matelas pour les derniers. Partout
« j'ai fait marier les prêtres. Partout j'ai élec-
« trisé les cœurs et les esprits. J'ai organisé des
« manufactures d'armes, visité les ateliers, les
« hôpitaux, les prisons. J'ai fait partir plusieurs
« bataillons de la levée en masse. J'ai passé en
« revue quantité de gardes nationales pour les
« républicaniser, et j'ai fait guillotiner plusieurs
« royalistes. Enfin, j'ai suivi mon mandat impé-
« ratif. J'ai agi partout en chaud montagnard,
« en représentant révolutionnaire. »

C'est surtout dans les trois principales villes
fédéralistes, Lyon, Marseille et Bordeaux, que
les représentants venaient d'imprimer une profonde terreur. Le formidable décret rendu
contre Lyon portait que les rebelles et leurs
complices seraient militairement jugés par une
commission, que les sans-culottes seraient

nourris aux dépens des aristocrates, que les maisons des riches seraient détruites, et que la ville changerait son nom. L'exécution de ce décret était confiée à Collot-d'Herbois, Maribon-Montaut et Fouché de Nantes. Ils s'étaient rendus à Commune-Affranchie, emmenant avec eux quarante jacobins, pour organiser un nouveau club et propager les principes de la société-mère. Ronsin les avait suivis avec deux mille hommes de l'armée révolutionnaire, et ils avaient aussitôt déployé leurs fureurs. Les représentants donnèrent le premier coup de marteau sur l'une des maisons destinées à être démolies, et huit cents ouvriers se mirent sur-le-champ à l'ouvrage pour détruire les plus belles rues. Les proscriptions avaient commencé en même temps. Les Lyonnais soupçonnés d'avoir pris les armes étaient guillotinés ou fusillés au nombre de cinquante et soixante par jour. La terreur régnait dans cette malheureuse cité ; les commissaires envoyés pour la punir, entraînés, enivrés par l'effusion du sang, croyant, à chaque cri de douleur, voir renaître la révolte, écrivaient à la convention que les aristocrates n'étaient pas réduits encore, qu'ils n'attendaient qu'une occasion pour réagir, et qu'il fallait, pour n'avoir plus rien à craindre, déplacer une partie de la population et détruire l'autre. Comme les moyens mis en usage ne paraissaient pas assez rapides, Collot-d'Herbois imagina d'employer la mine pour détruire les édifices, la mitraille pour immoler les proscrits; et il écrivit à la convention que bientôt il allait se servir de moyens plus prompts et plus efficaces pour punir la ville rebelle.

A Marseille, plusieurs victimes avaient déjà succombé. Mais toute la colère des représentants était dirigée contre Toulon, dont ils poursuivaient le siége.

Dans la Gironde, les vengeances s'exerçaient avec la plus grande fureur. Isabeau et Tallien s'étaient placés à la Réole : là, ils s'occupaient à former le noyau d'une armée révolutionnaire pour pénétrer dans Bordeaux, et, en attendant, ils tâchaient de désorganiser les sections de cette ville. Pour cela, ils s'étaient servis d'une section qui était toute montagnarde, et qui, parvenant à effrayer les autres, avait fait fermer successivement le club fédéraliste et destituer les autorités départementales. Alors ils étaient entrés triomphalement dans Bordeaux, et avaient rétabli la municipalité et les autorités montagnardes. Immédiatement après, ils avaient rendu un arrêté portant que le gouvernement de Bordeaux serait militaire, que tous les habitants seraient désarmés, qu'une commission spéciale jugerait les aristocrates et les fédéralistes, et qu'on lèverait immédiatement sur les riches une taxe extraordinaire, pour fournir aux dépenses de l'armée révolutionnaire. Cet arrêté fut aussitôt mis à exécution, les citoyens furent désarmés, et une foule de têtes tombèrent.

C'est à cette époque même que les députés fugitifs, qui s'étaient embarqués en Bretagne pour la Gironde, arrivaient à Bordeaux. Ils allèrent tous chercher un asile chez une parente de Guadet, dans les grottes de Saint-Émilion. On savait confusément qu'ils étaient cachés de ce côté, et Tallien faisait les plus grands efforts pour les découvrir. Il n'y avait pas réussi encore, mais il parvint malheureusement à saisir Birotteau, venu de Lyon pour s'embarquer à Bordeaux. Ce dernier était hors la loi. Tallien fit aussitôt constater l'identité et consommer l'exécution. Duchâtel fut aussi découvert; mais comme il n'était pas hors la loi, il fut transféré à Paris pour être jugé par le tribunal révolutionnaire. On lui adjoignit les trois jeunes amis Rioufle, Girey-Dupré et Marchenna, qui s'étaient, comme on l'a vu, attachés à la fortune des girondins.

Ainsi, toutes les grandes villes de France subissaient les vengeances de la Montagne. Mais

Paris, tout plein des plus illustres victimes, allait devenir le théâtre de bien plus grandes cruautés.

Tandis qu'on préparait le procès de Marie-Antoinette, des girondins, du duc d'Orléans, de Bailly, d'une foule de généraux et de ministres, on remplissait les prisons de suspects. La commune de Paris s'était arrogé, avonsnous dit, une espèce d'autorité législative sur tous les objets de police, de subsistance, de commerce, de culte, et, à chaque décret, elle rendait un arrêté explicatif pour étendre ou limiter les volontés de la convention. Sur le réquisitoire de Chaumette, elle avait singulièrement étendu la définition des suspects, donnée par la loi du 17 septembre. Chaumette avait, dans une instruction municipale, énuméré les caractères auxquels il fallait les reconnaître. Cette instruction, adressée aux sections de Paris, et bientôt à toutes celles de la république, était conçue en ces termes :

« Doivent être considérés comme suspects
« 1° ceux qui, dans les assemblées du peuple,
« arrêtent son énergie par des discours astu-
« cieux, des cris turbulents et des menaces ;
« 2° ceux qui, plus prudents, parlent mysté-
« rieusement des malheurs de la république,
« s'apitoient sur le sort du peuple, et sont

« toujours prêts à répandre de mauvaises nou-
« velles avec une douleur affectée; 3° ceux qui
« ont changé de conduite et de langage selon
« les évènements; qui, muets sur les crimes
« des royalistes et des fédéralistes, déclament
« avec emphase contre les fautes légères des
« patriotes, et affectent, pour paraître répu-
« blicains, une austérité, une sévérité étu-
« diées, et qui cèdent aussitôt qu'il s'agit d'un
« modéré ou d'un aristocrate; 4° ceux qui plai-
« gnent les fermiers, les marchands avides,
« contre lesquels la loi est obligée de prendre
« des mesures; 5° ceux qui, ayant toujours les
« mots de *liberté*, *république* et *patrie* sur les
« lèvres, fréquentent les ci-devant nobles, les
« prêtres, les contre-révolutionnaires, les aris-
« tocrates, les feuillants, les modérés, et s'in-
« téressent à leur sort; 6° ceux qui n'ont pris
« aucune part active dans tout ce qui intéresse
« la révolution, et qui, pour s'en disculper, font
« valoir le paiement de leurs contributions,
« leurs dons patriotiques, leurs services dans
« la garde nationale par remplacement ou au-
« trement; 7° ceux qui ont reçu avec indiffé-
« rence la constitution républicaine, et ont fait
« part de fausses craintes sur son établissement
« et sa durée; 8° ceux qui, n'ayant rien fait
« contre la liberté, n'ont aussi rien fait pour

« elle ; 9° ceux qui ne fréquentent pas leurs
« sections, et donnent pour excuse qu'ils ne
« savent pas parler, ou que leurs affaires les en
« empêchent ; 10° ceux qui parlent avec mé-
« pris des autorités constituées, des signes de
« la loi, des sociétés populaires, des défenseurs
« de la liberté ; 11° ceux qui ont signé des péti-
« tions contre-révolutionnaires, ou fréquenté
« des sociétés et clubs anticiviques ; 12° ceux
« qui sont reconnus pour avoir été de mauvaise
« foi, partisans de Lafayette, et ceux qui ont
« marché au pas de charge au Champ-de-Mars. »

Avec une telle définition, le nombre des suspects devait être illimité, et bientôt il s'éleva, dans les prisons de Paris, de quelques cents à trois mille. D'abord on les avait placés à la Mairie, à la Force, à la Conciergerie, à l'Abbaye, à Sainte-Pélagie, aux Madelonettes, dans toutes les prisons ordinaires de l'état ; mais ces vastes dépôts devenant insuffisants, on songea à établir de nouvelles maisons d'arrêt, spécialement consacrées aux détenus politiques. Les frais de garde étant à la charge des prisonniers, on loua des maisons à leurs dépens. On en choisit une dans la rue d'Enfer, qui fut connue sous le nom de *maison de Port-Libre*, une autre dans la rue de Sèvres, appelée *maison Lazare*. Le collége Duplessis devint un lieu de déten-

tion; enfin le palais du Luxembourg, d'abord
destiné à recevoir les vingt-deux girondins, fut
rempli d'un grand nombre de prisonniers, et
renferma pêle-mêle tout ce qui restait de la
brillante société du faubourg Saint-Germain.
Ces arrestations subites ayant amené un encom-
brement dans les prisons, les détenus furent
d'abord mal logés. Confondus avec les malfaiteurs et jetés sur la paille, les premiers mo-
ments de leur détention furent cruels. Bientôt,
cependant, le temps amena l'ordre et les adou-
cissements. Les communications avec le dehors
leur étant permises, ils eurent la consolation
d'embrasser leurs proches, et la faculté de se
procurer de l'argent. Alors ils louèrent des lits
ou s'en firent apporter; ils ne couchèrent plus
sur la paille, et furent séparés des malfaiteurs.
On leur accorda même toutes les commodités
qui pouvaient rendre leur sort plus supporta-
ble; car le décret permettait de transporter
dans les maisons d'arrêt tous les objets dont
les détenus auraient besoin. Ceux qui habi-
taient les maisons nouvellement établies furent
encore mieux traités. A Port-Libre, dans la
maison Lazare, au Luxembourg, où se trouvaient de riches prisonniers, on vit régner la
propreté et l'abondance. Les tables étaient dé-
licatement servies, moyennant les défauts d'en-

trée que prélevaient les geôliers. Cependant l'affluence des visiteurs étant devenue trop considérable, et les communications avec le dehors paraissant une trop grande faveur, cette consolation fut interdite, et les détenus ne purent plus communiquer avec personne que par écrit, et seulement pour se procurer les objets dont ils avaient besoin. Dès cet instant, la société parut devenir plus intime entre ces malheureux, condamnés à exister exclusivement ensemble. Chacun se rapprocha suivant ses goûts, et de petites sociétés se formèrent. Des réglements furent établis; on se partagea les soins domestiques, et chacun en eut la charge à son tour. Une souscription fut ouverte pour les frais de logement et de nourriture, et les riches contribuèrent ainsi pour les pauvres.

Après avoir vaqué aux soins de leur ménage, les différentes chambrées se réunissaient dans des salles communes. Autour d'une table, d'un poêle, d'une cheminée, se formaient des groupes. On se livrait au travail, à la lecture, à la conversation. Des poètes, jetés dans les fers avec tout ce qui avait excité la défiance par une supériorité quelconque, lisaient des vers. Des musiciens donnaient des concerts, et on entendait chaque jour de l'excellente musique dans ces lieux de proscription. Bientôt le luxe accompagna les plaisirs. Les femmes se parèrent, des liaisons d'amitié et d'amour s'établirent, et on vit se reproduire, jusqu'à la veille de l'échafaud, toutes les scènes ordinaires de la société. Singulier exemple du caractère français, de son insouciance, de sa gaîté, de son aptitude au plaisir dans toutes les situations de la vie!

Des vers charmants, des aventures romanesques, des actes de bienfaisance, une confusion singulière de rangs, de fortune et d'opinion, signalèrent ces trois premiers mois de la détention des suspects. Une sorte d'égalité volontaire réalisa dans ces lieux cette égalité chimérique que des sectaires opiniâtres voulaient faire régner partout, et qu'ils ne réussirent à établir que dans les prisons. Il est vrai que l'orgueil de quelques prisonniers résista à cette égalité du malheur, tandis qu'on voyait des hommes, fort inégaux d'ailleurs en fortune, en éducation, vivre très-bien entre eux, et se réjouir, avec un admirable désintéressement, des victoires de cette république qui les persécutait : quelques ci-devant nobles et leurs femmes, trouvés par hasard dans les hôtels déserts du faubourg Saint-Germain, vivaient à part, s'appelaient encore des noms proscrits de comtes et de marquis, et laissaient voir leur dépit quand on venait dire que les Autrichiens avaient fui à Watignies, ou que les Prussiens n'avaient pu franchir les Vosges. Cependant la douleur ramène tous les cœurs à la nature et à l'humanité : bientôt, lorsque Fouquier-Tinville, frappant chaque jour à la porte de ces demeures désolées, demanda sans cesse de nouvelles têtes; quand les amis, les parents, furent chaque jour séparés par la mort, ceux qui restaient gémirent, se consolèrent ensemble, et n'eurent plus qu'un même sentiment au milieu des mêmes malheurs.

Cependant les prisons n'offraient pas toutes les mêmes scènes. La Conciergerie, tenant au Palais de Justice, et renfermant, à cause de cette proximité, les prisonniers destinés au tribunal révolutionnaire, présentait le douloureux spectacle de quelques cents malheureux n'ayant jamais plus de trois ou quatre jours à vivre. On les y transférait la veille de leur jugement, et ils n'y passaient que le court intervalle qui séparait leur jugement de leur exécution. Là, se trouvaient les girondins qu'on avait tirés du Luxembourg, leur première prison; madame Roland, qui, après avoir fait évader son mari, s'était laissé enfermer sans songer à fuir; les jeunes Riouffe, Girey-Dupré,

Boix-Guiron, attachés à la cause des députés proscrits, et traduits de Bordeaux à Paris pour y être jugés conjointement avec eux; Bailly, qu'on avait arrêté à Melun; l'ex-ministre des finances Clavière, qui n'avait pas réussi à s'enfuir comme Lebrun; le duc d'Orléans, transféré des prisons de Marseille dans celles de Paris; les généraux Houchard, Brunet, tous réservés au même sort; et enfin l'infortunée Marie-Antoinette, qui était destinée à devancer à l'échafaud ces illustres victimes. Là, on ne songeait pas même à se procurer les commodités qui adoucissaient le sort des détenus dans les autres prisons. On habitait de sombres et de tristes réduits, où ne pénétraient ni la lumière, ni les consolations, ni les plaisirs. À peine les prisonniers jouissaient-ils du privilège d'être couchés sur des lits, au lieu de l'être sur la paille. Ne pouvant se distraire du spectacle de la mort comme les simples suspects, qui espéraient n'être que détenus jusqu'à la paix, ils tâchaient de s'en amuser, et faisaient du tribunal révolutionnaire et de la guillotine les plus étranges parodies. Les girondins, dans leur prison, improvisaient et jouaient des drames singuliers et terribles, dont leur destinée et la révolution étaient le sujet. C'est à minuit, lorsque tous les geôliers reposaient, qu'ils commençaient ces divertissements lugubres. Voici l'un de ceux qu'ils avaient imaginés. Assis chacun sur un lit, ils figuraient et les juges et les jurés du tribunal révolutionnaire, et Fouquier-Tinville lui-même. Deux d'entre eux, placés vis-à-vis, représentaient l'accusé avec son défenseur. Suivant l'usage du sanglant tribunal, l'accusé était toujours condamné. Étendu aussitôt sur une planche de lit que l'on renversait, il subissait le simulacre du supplice jusque dans ses moindres détails. Après beaucoup d'exécutions, l'accusateur devenait accusé, et succombait à son tour. Revenant alors couvert d'un drap de lit, il peignait les tortures qu'il endurait aux enfers, prophétisait leur destinée à tous ces juges iniques, et, s'emparant d'eux avec des cris lamentables, il les entraînait dans les abîmes...... « C'est ainsi, dit Riouffe, que nous badinions dans le sein de la mort, et que dans nos jeux prophétiques nous disions la vérité au milieu des espions et des bourreaux. »

Depuis la mort de Custine, on commençait à s'habituer à ces procès politiques, où de simples torts d'opinion étaient transformés en crimes dignes de mort. On s'accoutumait, par une sanglante pratique, à chasser tous les scrupules, et à regarder comme naturel d'envoyer à l'échafaud tout membre d'un parti

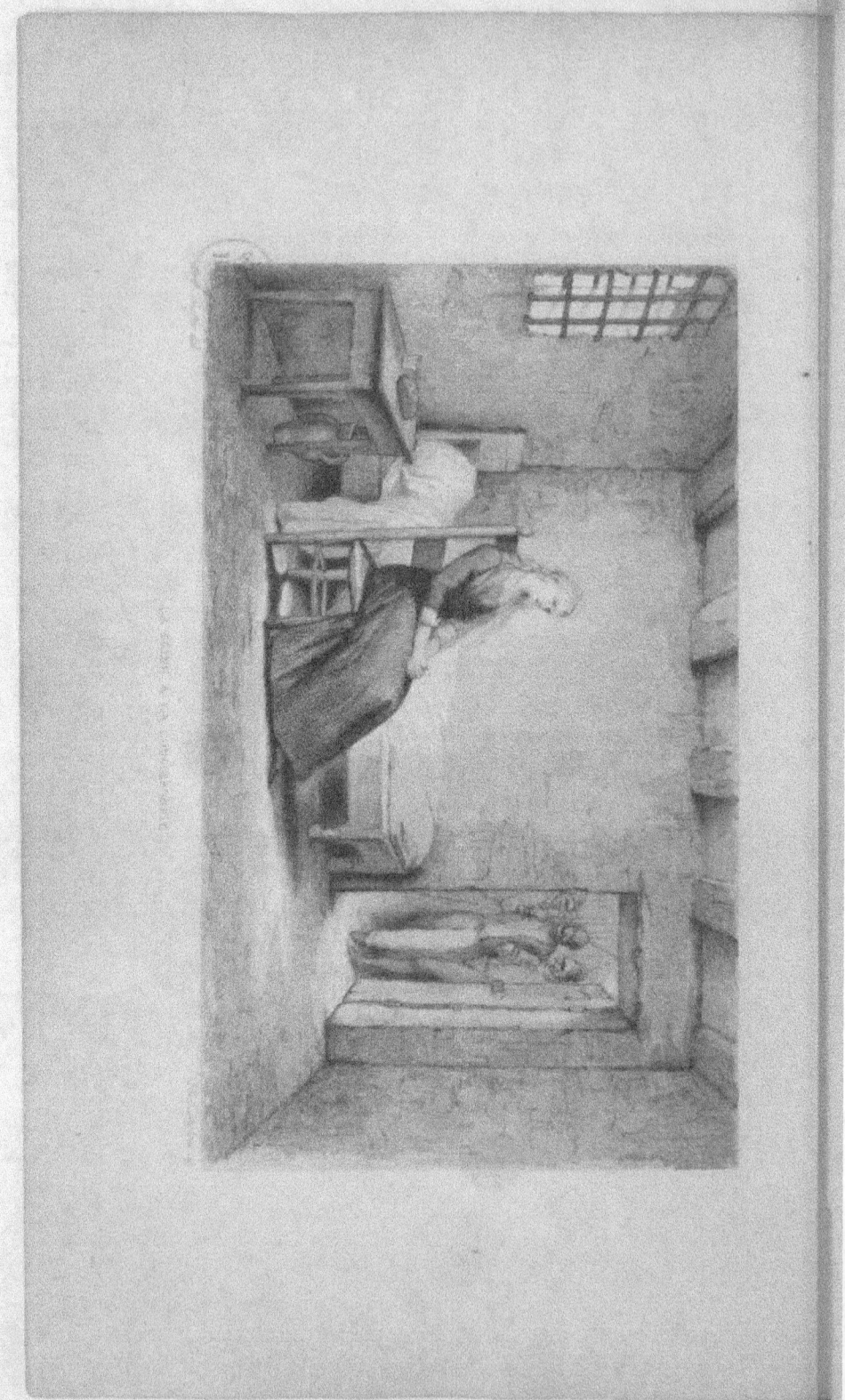

contraire. Les cordeliers et les jacobins avaient fait décréter la mise en jugement de la reine, des girondins, de plusieurs généraux et du duc d'Orléans. Ils exigeaient impérieusement qu'on leur tînt parole, et c'est surtout par la reine qu'ils voulaient commencer cette longue suite d'immolations. Il semble qu'une femme aurait dû désarmer les fureurs politiques; mais on portait plus de haine encore à Marie-Antoinette qu'à Louis XVI. C'est à elle qu'on reprochait les trahisons de la cour, les dilapidations du trésor, et surtout la guerre acharnée de l'Autriche. Louis XVI, disait-on, avait tout laissé faire; mais Marie-Antoinette avait tout fait, et c'est sur elle qu'il fallait tout punir.

Déjà on a vu quelles réformes avaient été faites au Temple. Marie-Antoinette avait été séparée de sa sœur, de sa fille et de son fils, en vertu du décret qui ordonnait le jugement ou la déportation des derniers membres de la famille des Bourbons. On l'avait transférée à la Conciergerie, et là, seule, dans une prison étroite, elle était réduite au plus strict nécessaire comme tous les autres prisonniers. L'imprudence d'un ami dévoué rendit sa situation encore plus pénible. Un membre de la municipalité, Michonis, auquel elle inspirait un vif intérêt, voulut introduire auprès d'elle un individu qui voulait, disait-il, la voir par curiosité. Cet individu était un émigré courageux, mais imprudent, qui lui jeta un œillet renfermant ces mots écrits sur un papier très-fin: *Vos amis sont prêts.* Espérance fausse, et aussi dangereuse pour celle qui la recevait que pour celui qui la donnait! Michonnis et l'émigré furent découverts et arrêtés sur-le-champ; la surveillance exercée à l'égard de l'infortunée prisonnière devint dès ce jour encore plus rigoureuse. Des gendarmes devaient être sans cesse de garde à la porte de sa prison, et il leur était expressément défendu de répondre à aucune de ses paroles.

Le misérable Hébert, substitut de Chaumette, et rédacteur de la dégoûtante feuille du *Père Duchêne*, l'écrivain du parti dont Vincent, Ronsin, Varlet, Leclerc, étaient chefs, Hébert s'était particulièrement attaché à tourmenter les restes infortunés de la famille détrônée. Il prétendait que la famille du tyran ne devait pas mieux être traitée qu'une famille sans-culotte; et il avait fait rendre un arrêté qui supprimait l'espèce de luxe avec lequel on avait nourri jusque-là les prisonniers du Temple. On interdisait aux détenues la volaille et la pâtisserie; on les réduisait à une seule espèce d'aliment à déjeuner; à un potage, à un bouilli et un plat quelconque à dîner; à deux plats à souper, et une demi-bouteille de vin par tête. La bougie était remplacée par la chandelle, l'argenterie par l'étain, et la porcelaine par la faïence. Les porteurs d'eau ou de bois pouvaient seuls entrer dans leur chambre, accompagnés de deux commissaires. Les aliments ne leur parvenaient qu'au moyen d'un tour. Le nombreux domestique était réduit à un cuisinier, un aide, deux servants, et une femme de charge pour le linge.

Immédiatement après cet arrêté, Hébert s'était rendu au Temple, et avait inhumainement arraché aux deux infortunées prisonnières jusqu'à de petits meubles, auxquels elles tenaient beaucoup. Quatre-vingts louis que madame Élisabeth avait en réserve, et qu'elle avait reçus de madame de Lamballe, lui furent enlevés. Nul n'est plus dangereux, plus cruel que l'homme sans lumières et sans éducation, revêtu d'une autorité récente. S'il a, surtout, une âme vile; si, comme Hébert, qui distribuait des contremarques à la porte d'un théâtre, et volait sur les recettes, il est sans moralité naturelle; et s'il arrive tout-à-coup de la fange de sa condition au pouvoir, il se montrera aussi lâche qu'atroce. Tel fut Hébert dans sa conduite au Temple. Il ne se borna pas aux vexations que nous venons de rapporter; lui et quelques autres imaginèrent de séparer le jeune prince de sa tante et de sa sœur. Un cordonnier, nommé Simon, et sa femme, furent les instituteurs auxquels on crut devoir le confier pour lui donner l'éducation des sans-culottes. Simon et sa femme s'enfermèrent au Temple, et devenant prisonniers avec le malheureux enfant, se chargèrent de le soigner à leur manière. Leur nourriture était meilleure que celle des princesses, et ils partageaient la table des commissaires municipaux qui étaient de garde. Simon pouvait, accompagné de deux commissaires, descendre dans la cour du Temple avec le jeune prince, afin de lui procurer un peu d'exercice.

Hébert conçut la pensée infame d'arracher à cet enfant des révélations contre sa malheureuse mère. Soit que ce misérable prêtât à l'enfant de fausses révélations, soit qu'il eût abusé de son âge et de son état pour lui arracher tout ce qu'il voulait, il provoqua une déposition révoltante; et comme l'âge du jeune prince ne permettait pas de le conduire au tribunal, Hébert vint y rapporter à sa place les infamies que lui-même avait dictées ou supposées.

Ce fut le 14 octobre que Marie-Antoinette parut devant ses juges. Traînée au sanglant tribunal par l'inexorable vengeance révolutionnaire, elle n'y paraissait avec aucune chance d'acquittement, car ce n'était pas pour l'y faire absoudre que les jacobins l'y avaient appelée. Cependant il fallait énoncer des griefs. Fouquier recueillit les bruits répandus dans le peuple, depuis l'arrivée de la princesse en France; et, dans l'acte d'accusation, il lui reprocha d'avoir dilapidé le trésor, d'abord pour ses plaisirs, puis pour faire passer des fonds à l'empereur son frère. Il insista sur les scènes des 5 et 6 octobre, et sur le repas des gardes-du-corps, prétendant qu'elle avait tramé à cette époque un complot qui obligea le peuple à se transporter à Versailles pour le déjouer. Il lui imputa ensuite de s'être emparée de son époux, de s'être mêlée du choix des ministres, d'avoir conduit elle-même les intrigues avec les députés gagnés à la cour, d'avoir préparé le voyage à Varennes, d'avoir amené la guerre, et livré aux généraux ennemis tous nos plans de campagne. Il l'accusa d'avoir préparé une nouvelle conspiration au 10 août, d'avoir fait tirer ce jour-là sur le peuple, et engagé son époux à se défendre en le taxant de lâcheté; enfin de n'avoir cessé de machiner et de correspondre au dehors depuis sa captivité au Temple, et d'y avoir traité son jeune fils en roi. On vit comment tout est travesti et tourné à crime au jour terrible où les vengeances des peuples long-temps différées éclatent enfin, et frappent ceux de leurs princes qui ne les ont pas méritées. On voit comment la prodigalité, l'amour des plaisirs, si naturels chez une jeune princesse, comment son attachement à son pays, son influence sur son époux, ses regrets, plus indiscrets toujours chez une femme que chez un homme, son courage même plus hardi, se peignaient dans ces imaginations irritées ou méchantes.

Il fallait des témoins : on appela Lecointre, député de Versailles, qui avait vu les 5 et 6 octobre; Hébert, qui avait visité souvent le Temple; divers employés des ministères, et plusieurs domestiques de l'ancienne cour. On tira de leurs prisons, pour les faire comparaître, l'amiral d'Estaing, ancien commandant de la garde nationale de Versailles, l'ex-procureur de la commune Manuel, Latour-du-Pin, ministre de la guerre en 1789, le vénérable Bailly, qui, disait-on, avait été, avec Lafayette, complice du voyage à Varennes, enfin Valazé, l'un des girondins destinés à l'échafaud.

Aucun fait précis ne fut articulé. Les uns avaient vu la reine joyeuse lorsque les gardes-du-corps lui témoignaient leur dévouement; les autres l'avaient vue triste et courroucée lorsqu'on la conduisait à Paris, ou lorsqu'on la ramenait de Varennes ; ceux-ci avaient assisté à des fêtes splendides qui devaient coûter des sommes énormes ; ceux-là avaient entendu dire dans les bureaux ministériels que la reine s'opposait à la sanction des décrets. Une ancienne femme de service à la cour avait, en 1788, entendu dire au duc de Choiseul que l'empereur avait déjà reçu deux cents millions de la France pour faire la guerre aux Turcs.

Le cynique Hébert, amené devant l'infortunée reine, osa enfin apporter les accusations arrachées au jeune prince. Il dit que Charles Capet avait raconté à Simon le voyage à Varennes, et désigné Lafayette et Bailly comme en étant les coopérateurs. Puis il ajouta que cet enfant avait des vices funestes et bien prématurés pour son âge ; que Simon, l'ayant surpris et l'ayant interrogé, avait appris qu'il tenait de sa mère les vices auxquels il se livrait. Hébert ajouta que Marie-Antoinette voulant sans doute, en affaiblissant de bonne heure la constitution physique de son fils, s'assurer le moyen de le dominer, s'il remontait sur le trône.

Les bruits échappés d'une cour aux boudoirs, pendant vingt années, avaient donné au peuple l'opinion la plus défavorable des mœurs de la reine. Cependant cet auditoire tout jacobin fut révolté des accusations d'Hébert. Celui-ci n'en persista pas moins à les soutenir. Cette mère infortunée ne répondait pas; pressée de nouveau de s'expliquer, elle dit avec une émotion extraordinaire : « Je croyais que la nature me dispenserait de répondre à une telle imputation; mais j'en appelle au cœur de toutes les mères ici présentes. » Cette réponse si noble et si simple remua tous les assistants. Cependant tout ne fut pas aussi amer pour Marie-Antoinette dans les dépositions des témoins. Le brave d'Estaing, dont elle avait été l'ennemie, refusa de rien dire à sa charge, et ne parla que du courage qu'elle montra les 5 et 6 octobre, de la noble résolution qu'elle exprima de mourir auprès de son époux plutôt que de fuir. Manuel, malgré ses hostilités avec la cour pendant la législative, déclara ne pouvoir rien dire contre l'accusée. Quand le vénérable Bailly fut amené, Bailly qui autrefois avait si souvent prédit à la cour les maux qu'entraîneraient ses imprudences, il parut douloureusement affecté; et comme on lui demandait s'il connaissait la femme Capet : — « Oui, dit-il en s'inclinant avec respect, oui, j'ai connu *madame*. » Il déclara ne rien savoir, et soutint que les déclarations arrachées au jeune prince, relativement au voyage

à Varennes, étaient fausses. En récompense de
sa déposition, il reçut des reproches outrageants, et put juger du sort qui lui était bientôt réservé. Il n'y eut dans l'instruction que
deux faits graves, attestés par Latour-du-Pin
et Valazé, qui ne déposèrent que parce qu'ils
ne pouvaient pas s'en dispenser. Latour-du-Pin
avoua que Marie-Antoinette lui avait demandé
un état exact des armées pendant qu'il était
ministre de la guerre. Valazé, toujours ferme,
mais respectueux pour le malheur, ne voulait
rien dire à la charge de l'accusée ; cependant
il ne put s'empêcher de déclarer que, membre
de la commission des vingt-quatre, et chargé
avec ses collègues de vérifier les papiers trouvés chez Septeuil, trésorier de la liste civile, il
avait vu des bons pour des sommes signés
Antoinette, ce qui était fort naturel, mais il
ajouta qu'il avait vu une lettre où le ministre
priait le roi de transmettre à la reine la copie
du plan de campagne qu'il avait entre ses
mains. Ces deux faits, la demande de l'état des
armées et la communication du plan de campagne, furent interprétés sur-le-champ d'une
manière funeste, et on en conclut que c'était
pour les envoyer à l'ennemi ; car on ne supposait pas qu'une jeune princesse, s'occupât
seulement par goût, d'administration et de

plans militaires. Après ces dépositions, on en recueillit plusieurs autres sur les dépenses de la cour, sur l'influence de la reine dans les affaires, sur la scène du 10 août, sur ce qui se passait au Temple ; et les bruits les plus vagues, les circonstances les plus insignifiantes, furent accueillis comme des preuves.

Marie-Antoinette répéta souvent, avec présence d'esprit et avec force, qu'il n'y avait aucun fait précis contre elle ; que d'ailleurs, épouse de Louis XVI, elle ne répondait d'aucun des actes du règne. Fouquier néanmoins la déclara suffisamment convaincue. Chauveau-Lagarde fit d'inutiles efforts pour la défendre ; et cette reine infortunée fut condamnée à partager le supplice de son époux.

Ramenée à la Conciergerie, elle y passa avec assez de calme la nuit qui précéda son exécution ; et le lendemain, 16 octobre, au matin, elle fut transportée, au milieu d'une populace nombreuse, sur la place fatale où, dix mois auparavant, avait succombé Louis XVI. Elle écoutait avec calme les exhortations de l'ecclésiastique qui l'accompagnait, et promenait un regard indifférent sur ce peuple qui tant de fois avait applaudi à sa beauté et à sa grace, et qui aujourd'hui applaudissait à son supplice avec le même empressement. Arrivée au pied de l'échafaud, elle aperçut les Tuileries, et parut émue ; mais elle se hâta de monter l'échelle fatale, et s'abandonna avec courage aux bourreaux. L'infâme exécuteur montra la tête au peuple, comme il faisait toujours quand il avait immolé une victime illustre.

Les jacobins furent comblés de joie. « Qu'on porte cette nouvelle à l'Autriche, disaient-ils : les Romains vendaient le terrain occupé par Annibal ; nous faisons tomber les têtes les plus chères aux souverains qui ont envahi notre territoire. »

Mais ce n'était là que le commencement des vengeances. Immédiatement après le jugement de Marie-Antoinette, il fallut procéder à celui des girondins enfermés à la Conciergerie.

Avant la révolte du Midi, on ne pouvait leur reprocher que des opinions. On disait bien, à la vérité, qu'ils étaient complices de Dumouriez, de la Vendée, de d'Orléans ; mais cette complicité, facile à imputer à la tribune, était impossible à prouver, même devant un tribunal révolutionnaire. Depuis le jour, au contraire, où ils levèrent l'étendard de la guerre civile, et où l'on eut contre eux des faits positifs, il devint facile de les condamner. À la vérité, les députés détenus n'étaient pas ceux qui avaient provoqué les mouvements du Caldos et du Midi, mais c'étaient les membres du même parti, les soutiens de la même cause; on avait la conviction intime qu'ils avaient correspondu les uns avec les autres; et quoique les lettres interceptées ne prouvassent pas suffisamment la complicité, elles suffisaient à un tribunal qui, par son institution, devait se contenter de la vraisemblance. Toute la modération des girondins fut donc transformée en une vaste conspiration, dont la guerre civile avait été le dénoûment. Leur lenteur, sous la législative, à s'insurger contre le trône, leur opposition au projet du 10 août, leur lutte avec la commune depuis le 10 août jusqu'au 20 septembre, leurs énergiques protestations contre les massacres, leur pitié pour Louis XVI, leur résistance au système inquisiteur qui dégoûtait les généraux, leur opposition au tribunal extraordinaire, au *maximum*, à l'emprunt forcé, à tous les moyens révolutionnaires; enfin leurs efforts pour créer une autorité répressive en instituant la commission des douze, leur désespoir après leur défaite à Paris, désespoir qui les fit recourir aux provinces, tout cela fut travesti en une conspiration dans laquelle tout était inséparable. Dans ce système d'accusation, les opinions proférées à la tribune n'étaient que les symptômes, les préparatifs de la guerre civile qui éclata bientôt ; et quiconque avait parlé dans la législative et la convention, comme les députés réunis à Caen, à Bordeaux, à Lyon, à Marseille, était coupable comme eux. Quoiqu'on n'eût aucune preuve directe du concert, on en trouvait dans leur communauté d'opinion, dans l'amitié qui avait uni la plupart d'entre eux, dans leurs réunions habituelles chez Roland et chez Valazé.

Les girondins, au contraire, ne croyaient pas pouvoir être condamnés, si on consentait à discuter avec eux. Leurs opinions, disaient-ils, avaient été libres ; ils avaient pu différer d'avis avec les montagnards sur le choix des moyens révolutionnaires, sans être coupables ; leurs opinions ne prouvaient ni ambition personnelle, ni complot prémédité. Elles attestaient au contraire que sur une foule de points ils n'avaient pas été d'accord entre eux. Enfin leur complicité avec les députés révoltés n'était que supposée, et leurs lettres, leur amitié, leur habitude de siéger sur les mêmes bancs, ne suffisaient nullement pour la démontrer. « Si on nous laisse parler, disaient les giron- « dins, nous sommes sauvés. » Funeste illusion, qui, sans assurer leur salut, leur fit perdre une part de cette dignité, seul dédommagement d'une mort injuste !

Si les partis avaient plus de franchise, ils seraient du moins bien plus nobles. Le parti vainqueur aurait pu dire au parti vaincu : « Vous « avez poussé l'attachement à votre système de « modération, jusqu'à nous faire la guerre, jusqu'à « mettre la république à deux doigts de sa « perte, par une diversion désastreuse; vous êtes « vaincus, il faut mourir. » De leur côté, les girondins avaient un beau discours à tenir à leurs vainqueurs. Ils pouvaient leur répondre : « Nous vous regardons comme des scélérats qui « bouleversez la république, qui la déshonorez « en prétendant la défendre, et nous avons voulu « vous combattre et vous détruire. Oui, nous « sommes tous également coupables, nous sommes « tous complices de Buzot, de Barbaroux, « de Pétion, de Guadet; ce sont de grands et « vertueux citoyens, dont nous proclamons les « vertus à votre face. Tandis qu'ils sont allés « venger la république, nous sommes restés ici « pour la glorifier en présence des bourreaux. « Vous êtes vainqueurs, donnez-nous la mort. »

Mais l'esprit de l'homme n'est pas fait de telle sorte, qu'il cherche ainsi à tout simplifier par de la franchise. Le parti vainqueur veut convaincre, et il ment; un reste d'espoir engage le parti vaincu à se défendre, et il ment; et l'on voit, dans les discordes civiles, ces honteux procès, ou le plus fort écoute pour ne pas croire, ou le plus faible parle pour ne pas persuader, et demande la vie sans l'obtenir. C'est après l'arrêt prononcé, c'est après que tout espoir est perdu, que la dignité humaine se retrouve, et c'est à la vue du fer qu'on la voit reparaître tout entière.

Les girondins résolurent donc de se défendre, et il leur fallut pour cela employer les concessions, les réticences. On voulut leur prouver leurs crimes, et on envoya, pour les convaincre, au tribunal révolutionnaire tous leurs ennemis, Pache, Hébert, Chaumette, Chabot, et autres, ou aussi faux, ou aussi vils. L'affluence était considérable, car c'était un spectacle encore nouveau que celui de tant de républicains condamnés pour la cause de la république. Les accusés étaient au nombre de vingt-un, tous à la fleur de l'âge, dans la force du talent, quelques-uns même dans tout l'éclat de la jeunesse et de la beauté. La seule déclaration de leurs noms et de leur âge avait de quoi toucher.

Brissot, Gardien et Lasource, avaient trente-neuf ans; Vergniaud, Gensonné et Lehardy, trente-cinq; Mainvielle et Ducos, vingt-huit; Boyer-Fonfrède et Duchastel, vingt-sept; Duperret, quarante-six; Carra, cinquante; Valazé et Lacase, quarante-deux; Duprat, trente-trois; Sillery, cinquante-sept; Fauchet, quarante-neuf; Lesterpt-Beauvais, quarante-trois; Boileau, quarante-un; Antiboul, quarante; Vigée, trente-six.

Gensonné était calme et froid; Valazé indigné et méprisant; Vergniaud était plus ému que de coutume; le jeune Ducos était gai; et Fonfrède, qu'on avait épargné dans la journée du 2 juin, parce qu'il n'avait pas voté pour les arrestations de la commission des douze, et qui, par ses instances réitérées en faveur de ses amis, avait mérité depuis de partager leur sort, Fonfrède semblait, pour une si belle cause, abandonner avec facilité, et sa grande fortune, et sa jeune épouse, et sa vie.

Amar avait rédigé, au nom du comité de sûreté générale, l'acte d'accusation. Pache fut le premier témoin entendu à l'appui. Cauteleux et prudent, comme il l'était toujours, il dit qu'il avait aperçu depuis long-temps une faction contraire à la révolution, mais il n'articula aucun fait prouvant un complot prémédité. Il dit seulement que, lorsque la convention était menacée par Dumouriez, il se rendit au comité des finances pour obtenir des fonds et approvisionner Paris, et que le comité les refusa; il ajouta qu'il avait été maltraité dans le comité de sûreté générale, et que Guadet l'avait menacé de demander l'arrestation des autorités municipales. Chaumette raconta toutes les luttes de la commune avec le côté droit, telles qu'on les savait apprises par les journaux ; il ajouta qu'un seul fait particulier, c'est que Brissot avait fait nommer Santonax commissaire aux colonies, et que Brissot était par conséquent l'auteur de tous les maux du Nouveau-Monde. Le misérable Hébert raconta son arrestation par la commission des douze, et dit que Roland corrompait tous les écrivains, car madame Roland avait voulu acheter sa feuille du Père Duchêne. Destournelles, ministre de la justice, et autrefois employé à la commune, déposa d'une manière aussi vague, et répéta ce qu'on savait, c'est que les accusés avaient poursuivi la commune, tonné contre les massacres, et voulu instituer une garde départementale, etc., etc. Le témoin le plus prolixe, le plus acharné dans sa déposition, qui dura plusieurs heures, fut l'ex-capucin Chabot, une bouffianie, faible et vise. Chabot avait toujours été traité par les girondins comme un extravagant ; il ne leur pardonnait pas leurs dédains ; il était fier d'avoir voulu le 10 août contre leur avis ; il prétendait que, s'ils avaient consenti à l'envoyer aux prisons, il aurait sauvé les prisonniers comme il avait sauvé les Suisses ; il voulait donc se venger des girondins, et surtout recouvrer, en les calomniant, sa popularité, qu'il commençait à perdre aux jacobins, parce qu'on le soupçonnait de prendre part à l'agiotage. Il imagina une longue et méchante accusation, où il montra les girondins cherchant d'abord à s'emparer du ministre Narbonne, puis, après avoir chassé Narbonne, occupant trois ministères à la fois, faisant le 20 juin pour ranimer leurs créatures, s'opposant au 10 août, parce qu'ils ne voulaient pas la république, enfin suivant toujours un plan calculé d'ambition, et, ce qui est plus atroce que tout le reste, souffrant les massacres de septembre et le vol du Garde-Meuble, pour perdre la réputation des patriotes. « S'ils avaient « voulu, disait Chabot, j'aurais sauvé les pri- « sonniers. Pétion a fait boire les égorgeurs, « et Brissot n'a pas voulu qu'on les arrêtât, « parce qu'il y avait dans les prisons un de ses « ennemis, Morande! »

Tels sont les êtres vils qui s'acharnent sur les hommes de bien, dès que le pouvoir leur en a donné le signal! Aussitôt que les chefs ont jeté la première pierre, tout ce qui vit dans la fange se soulève, et accable la victime. Fabre-d'Églantine, devenu suspect comme

Chabot, pour cause d'agiotage, avait besoin aussi de se populariser, et il fit une déposition plus ménagée, mais plus perfide, où il insinua que l'intention de laisser commettre les massacres et le vol du Garde-Meuble, avait bien pu entrer dans la politique des girondins. — Vergniaud, n'y résistant pas davantage, s'écria avec indignation : « Je ne suis pas tenu de me justifier de complicité avec des voleurs et des assassins. »

Cependant il n'y avait aucun fait précis allégué contre les accusés ; on ne leur reprochait que des opinions publiquement soutenues, et ils répondaient que ces opinions avaient pu être erronées, mais qu'ils avaient eu le droit de se tromper. On leur objectait que leurs doctrines étaient non le résultat d'une erreur involontaire et dès lors excusable, mais d'un complot tramé chez Roland et chez Valazé. Ils répliquaient de nouveau que ces doctrines étaient si peu l'effet d'un accord fait entre eux, qu'elles n'avaient pas été conformes sur tous les points. L'un disait : Je n'ai pas voté pour l'appel au peuple ; l'autre : Je n'ai pas voté pour la garde départementale ; un troisième : Je n'étais pas de l'avis de la commission des douze, je n'étais pas pour l'arrestation d'Hébert et de Chaumette. Tout cela était vrai, mais alors la défense n'était plus commune à tous les inculpés; ils semblaient presque s'abandonner les uns les autres, et chacun paraissait condamner la mesure à laquelle il n'avait pas pris part. L'accusé Boileau poussa le soin de se justifier jusqu'à la plus extrême faiblesse, et se couvrit même de honte. Il avoua qu'il avait existé une conspiration contre l'unité et l'indivisibilité de la république, qu'il en était convaincu maintenant, et le déclarait à la justice; qu'il ne pouvait pas désigner les coupables, mais qu'il souhaitait leur punition, et se déclarait franc montagnard. Gardien eut aussi la faiblesse de désavouer tout-à-fait la commission des douze. Cependant Gensonné, Brissot, Vergniaud, et surtout Valazé, corrigèrent le mauvais effet de la conduite de leurs deux collègues. Ils alléguèrent bien qu'ils n'avaient pas toujours pensé de même, que par conséquent ils ne s'étaient pas concertés dans leurs opinions, mais ils ne désavouèrent ni leur amitié, ni leurs doctrines. Valazé avoua franchement les réunions qui avaient eu lieu chez lui, et soutint qu'ils avaient eu le droit de se réunir, et de s'éclairer de leurs idées, comme tous les autres citoyens. Lorsqu'on leur objecta enfin leur connivence avec les fugitifs, ils la nièrent. Hébert alors s'écria : « Les accusés nient la

punir les attentats commis à Paris. Vergniaud interpellé répondit : « Si je vous rappelais les « motifs qui m'ont engagé à écrire, peut-être « vous paraîtrais-je plus à plaindre qu'à blâ- « mer. J'ai dû croire, d'après les complots du « 10 mars, que le projet de nous assassiner « était lié à celui de dissoudre la représenta- « tion nationale. Marat l'a écrit ainsi le 11 mars. « Les pétitions faites depuis contre nous avec « tant d'acharnement m'ont confirmé dans cette « opinion. C'est dans cette circonstance que « mon ame s'est brisée de douleur, et que j'ai « écrit à mes concitoyens que j'étais sous le « couteau. J'ai réclamé contre la tyrannie de « Marat. C'est le seul que j'ai nommé. Je respecte « l'opinion du peuple sur Marat, mais enfin « Marat était mon tyran !..... » — A ces paroles, un juré se lève et dit : « Vergniaud se plaint « d'avoir été persécuté par Marat. J'observe que « Marat a été assassiné, et que Vergniaud est « encore ici. » Cette sotte observation est applaudie par une partie des spectateurs, et toute la franchise, toute la raison de Vergniaud, restent sans effet sur la multitude aveuglée.

Cependant Vergniaud était parvenu à se faire écouter, et avait retrouvé, en parlant de la conduite de ses amis, de leur dévouement, de leurs sacrifices à la république, toute son éloquence. L'auditoire entier avait été remué; et cette condamnation, quoique commandée, ne semblait plus irrévocable. Les débats avaient duré plusieurs jours. Les jacobins, indignés des lenteurs du tribunal, adressèrent une nouvelle pétition à la convention, pour accélérer la procédure. Robespierre fit rendre un decret par lequel, après trois jours de discussion, les jurés étaient autorisés à se déclarer suffisamment éclairés, et à procéder au jugement sans plus rien entendre. Et pour rendre le titre plus conforme à la chose, il fit décider en outre que le nom de tribunal extraordinaire serait changé en celui de TRIBUNAL RÉVOLUTIONNAIRE.

Ce décret rendu, les jurés n'osèrent pas s'en servir sur-le-champ, et déclarèrent n'être pas suffisamment éclairés. Mais, le lendemain, ils usèrent de leur nouveau pouvoir d'abréger les débats, et en demandèrent la clôture. Les accusés avaient déjà perdu toute espérance, et ils étaient résolus à mourir noblement. Ils se rendirent à la dernière séance du tribunal avec un visage serein. Tandis qu'on les fouillait à la porte de la Conciergerie, pour leur enlever les armes meurtrières avec lesquelles ils auraient pu attenter à leur vie, Valazé, donnant une paire de ciseaux à son ami Riouffe, lui dit en présence des gendarmes : « Tiens, mon ami, voilà une arme défendue; il ne faut pas attenter à nos jours ! »

Le 30 octobre, à minuit, les jurés entrent pour prononcer la sentence. Antonelle, leur président, avait le visage altéré. Camille Desmoulins, en entendant prononcer l'arrêt, s'écrie : « Ah! c'est moi qui les tue, c'est *mon « Brissot dévoilé*!* Je m'en vais, » dit-il; et il sort désespéré. Les accusés rentrent. En entendant prononcer le mot fatal de mort, Brissot laisse tomber ses bras; sa tête se penche subitement sur sa poitrine; Gensonné veut dire quelques mots sur l'application de la loi, mais il ne peut se faire entendre. Sillery, en laissant échapper ses béquilles, s'écrie : *Ce jour est le plus beau de ma vie.* On avait conçu quelques espérances pour les deux jeunes frères Ducos et Fonfrède, qui avaient paru moins compromis, et qui s'étaient attachés aux girondins, moins encore par conformité d'opinion que par admiration pour leur caractère et leurs talents. Cependant ils sont condamnés comme les autres. Fonfrède embrasse Ducos en lui disant : « Mon frère, c'est moi qui te donne la « mort. » — « Console-toi, répond Ducos, nous « mourrons ensemble. » L'abbé Fauchet, le vi-

---

* Titre d'une brochure qu'il avait écrite contre les girondins.

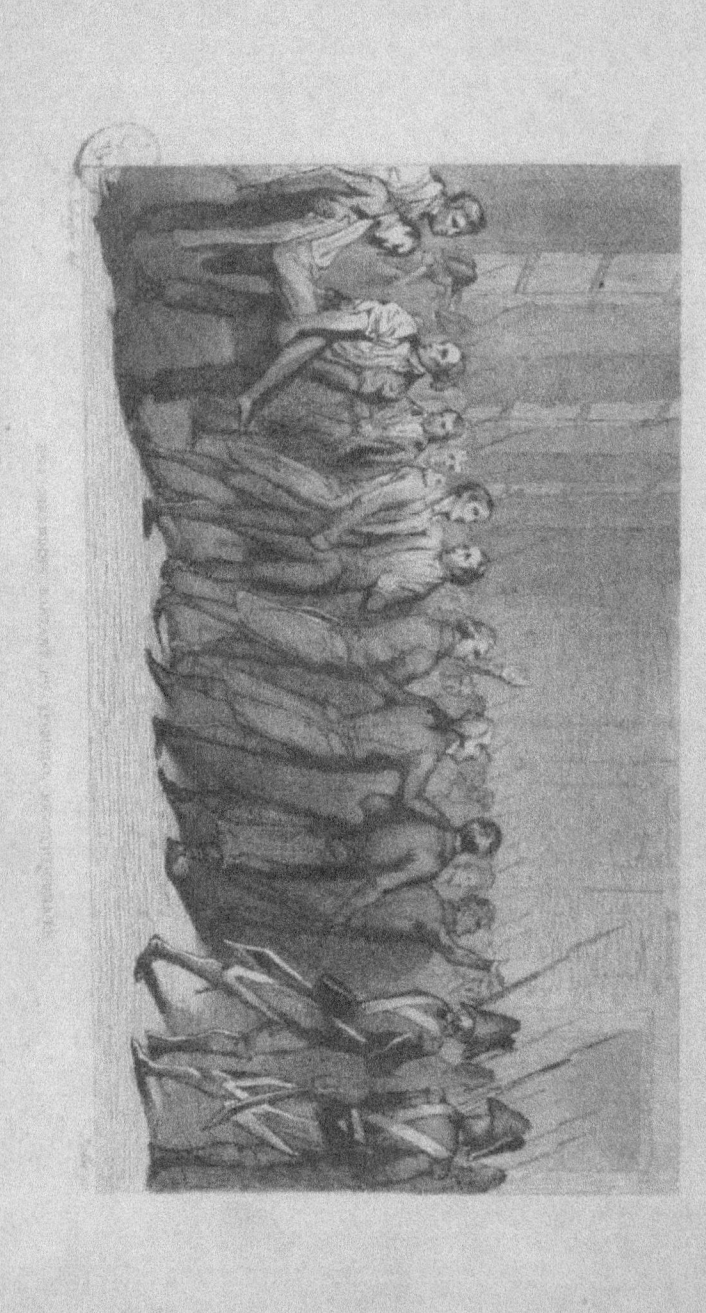

sage baissé, semble prier le ciel; Carra conserve son air de dureté; Vergniaud a dans toute sa personne quelque chose de dédaigneux et de fier; Lasource prononce ce mot d'un ancien : « Je meurs le jour où le peuple « a perdu la raison; vous mourrez le jour où « il l'aura recouvrée. » Le faible Boileau, le faible Gardien, ne sont pas épargnés. Boileau, en jetant son chapeau en l'air, s'écrie : « Je suis « innocent. » — « Nous sommes innocents, répètent tous les accusés; peuple, on vous « trompe. » Quelques-uns d'entre eux ont le tort de jeter quelques assignats, comme pour engager la multitude à voler à leur secours, mais elle reste immobile. Les gendarmes les entourent alors pour les conduire dans leur cachot. Tout-à-coup l'un des condamnés tombe à leurs pieds; ils le relèvent noyé dans son sang. C'était Valazé, qui, en donnant ses ciseaux à Riouffe, avait gardé un poignard, et s'en était frappé. Le tribunal décide sur-le-champ que son cadavre sera transporté sur une charrette, à la suite des condamnés. En sortant du tribunal, ils entonnent tous ensemble, par un mouvement spontané, l'hymne des Marseillais.

Leur dernière nuit fut sublime. Vergniaud avait du poison, il le jeta pour mourir avec ses amis. Ils firent en commun un dernier repas, où ils furent tour à tour gais, sérieux, éloquents. Brissot, Gensonné, étaient graves et réfléchis; Vergniaud parla de la liberté expirante avec les plus nobles regrets, et de la destinée humaine avec une éloquence entraînante. Ducos répéta des vers qu'il avait faits en prison, et tous ensemble chantèrent des hymnes à la France et à la liberté.

Le lendemain, 31 octobre, une foule immense s'était portée sur leur passage. Ils répétaient, en marchant à l'échafaud, cet hymne des Marseillais que nos soldats chantaient en marchant à l'ennemi. Arrivés à la place de la Révolution, et descendus de leurs charrettes, ils s'embrassèrent en criant : *Vive la république!* Sillery monta le premier sur l'échafaud, et après avoir salué gravement le peuple, dans lequel il respectait encore l'humanité faible et trompée, il reçut le coup fatal. Tous imitèrent Sillery, et moururent avec la même dignité. En trente-une minutes, le bourreau fit tomber ces illustres têtes, et détruisit ainsi en quelques instants, jeunesse, beauté, vertus, talents. Telle fut la fin de ces nobles et courageux citoyens, victimes de leur généreuse utopie. Ne

CONVENTION NATIONALE (1793). 407

comprenant ni l'humanité, ni ses vices, ni les moyens de la conduire dans une révolution, ils s'indignèrent de ce qu'elle ne voulait pas être meilleure, et se firent dévorer par elle, en s'obstinant à la contrarier. Respect à leur mémoire : jamais tant de vertus, de talents, ne brillèrent dans les guerres civiles; et, il faut le dire à leur gloire, s'ils ne comprirent pas la nécessité des moyens violents pour sauver la cause de la France, la plupart de leurs adversaires qui préférèrent ces moyens, se décidèrent par passion plutôt que par génie. On ne pourrait mettre au-dessus d'eux que ceux des montagnards qui se seraient décidé pour les moyens révolutionnaires, par politique seule et non par l'entraînement de la haine.

À peine les girondins eurent-ils expiré, que de nouvelles victimes furent immolées après eux. Le glaive ne se reposa pas un instant. Le 3 novembre, on mit à mort l'infortunée Olympe de Gouges, pour des écrits prétendus contre-révolutionnaires, et Adam Lux, député de Mayence, accusé du même délit. Le 6 novembre, le malheureux duc d'Orléans, transféré de Marseille à Paris, fut traduit au tribunal révolutionnaire, et condamné pour les soupçons qu'il avait inspirés à tous les partis. Odieux à l'émigration, suspect aux girondins et aux jacobins, il n'inspirait aucun de ces regrets qui consolent d'une mort injuste. Plus ennemi de la cour qu'enthousiaste de la république, il n'éprouvait pas cette conviction qui soutient au moment suprême, et il fut de toutes les victimes la moins dédommagée et la plus à plaindre. Un dégoût universel, un scepticisme absolu, furent ses derniers sentiments, et il marcha à l'échafaud avec un calme et une indifférence extraordinaires. Traîné le long de la rue Saint-Honoré, il vit son palais d'un œil sec, et ne démentit pas un moment son dégoût des hommes et de la vie. Son aide-de-camp Coustard, député comme lui, fut associé à son sort. Deux jours après, l'intéressante et courageuse épouse de Roland les suivit à l'échafaud. Cette femme, réunissant aux graces d'une Française l'héroïsme d'une Romaine, portait toutes les douleurs dans son ame. Elle respectait et chérissait son époux comme un père; elle éprouvait pour l'un des girondins proscrit une passion profonde, qu'elle avait toujours contenue; elle laissait une fille, jeune et orpheline, confiée à des amis; tremblante pour tant d'êtres si chers, elle croyait à jamais perdue cette cause de la liberté dont elle était enthousiaste, et à laquelle elle avait fait de si grands sacrifices. Ainsi elle souffrait dans toutes ses

affections à la fois. Condamnée pour cause de complicité avec les girondins, elle entendit son arrêt avec une sorte d'enthousiasme, sembla inspirée depuis le moment de sa condamnation jusqu'à celui de son exécution, et excita, chez tous ceux qui la virent, une espèce d'admiration religieuse. Elle alla à l'échafaud vêtue en blanc; pendant toute la route, elle ranima les forces d'un compagnon d'infortune qui devait périr avec elle, et qui n'avait pas le même courage; deux fois même elle parvint à lui arracher un sourire. Arrivée sur le lieu du supplice, elle s'inclina devant la statue de la Liberté en s'écriant : *O liberté! que de crimes on commet en ton nom!* Elle subit ensuite la mort avec un courage inébranlable (10 novembre). Ainsi périt cette femme charmante et courageuse, qui méritait de partager la destinée de ses amis, mais qui, plus modeste et plus soumise au rôle passif de son sexe, aurait, non pas évité la mort, due à ses talents et à ses vertus, mais épargné à son époux et à elle-même des ricidules et des calomnies.

Son époux s'était réfugié du côté de Rouen. En apprenant sa fin tragique, il ne voulut pas lui survivre. Il quitta la maison hospitalière où il avait reçu un asile; et, pour ne compromettre aucun ami, il vont se donner la mort sur la grande route. On le trouva percé au cœur d'une épée, et gisant au pied d'un arbre contre lequel il avait appuyé l'arme meurtrière. Dans sa poche était renfermé un écrit sur sa vie et sur sa conduite au ministère.

Ainsi, dans cet épouvantable délire qui rendait suspects et le génie, et la vertu, et le courage, tout ce qu'il y avait de plus noble, de plus généreux en France, périssait ou par le suicide ou par le fer des bourreaux!

Entre tant de morts illustres et courageuses, il y en eut une surtout plus lamentable et plus sublime que toutes les autres, ce fut celle de Bailly. Déjà on avait pu voir, à la manière dont il avait été traité dans le procès de la reine, comment il serait accueilli au tribunal révolutionnaire. La scène du Champ-de-Mars, la proclamation de la loi martiale et la fusillade qui s'en était suivie, étaient les événements le plus souvent et le plus amèrement reprochés au parti constituant. C'était sur Bailly, l'ami de Lafayette, c'était sur le magistrat qui avait fait déployer le drapeau rouge, qu'on voulait punir tous les prétendus forfaits de la constituante. Il fut condamné, et dut être exécuté au Champ-de-Mars, théâtre de ce qu'on appelait son crime. Ce fut le 11 novembre, et par un temps froid et pluvieux, qu'eut lieu son

CONVENTION NATIONALE (1793). 411

supplice. Conduit à pied, et au milieu des outrages d'une populace barbare, qu'il avait nourrie pendant qu'il était maire, il s'y montra calme et d'une sérénité inaltérable. Pendant le long trajet de la Conciergerie au Champ-de-Mars, on lui a attaché sous le visage le drapeau rouge qu'on avait retrouvé à la mairie, enfermé dans un étui en acajou. Arrivé au pied de l'échafaud, il semblait toucher au terme de son supplice; mais un des forcenés, attachés à le poursuivre, s'écrie qu'il ne faut pas que le champ de la Fédération soit souillé de son sang. Alors on se précipite sur la guillotine, on la transporte avec le même empressement qu'on mit autrefois à creuser ce même champ de la Fédération; on court l'élever enfin sur le bord de la Seine, sur un tas d'ordures, et vis-à-vis le quartier de Chaillot, où Bailly avait passé sa vie et composé ses ouvrages. Cette opération dure plusieurs heures. Pendant ce temps, on lui fait parcourir plusieurs fois le Champ-de-Mars. La tête nue, les mains derrière le dos, il se traîne avec peine. Les uns lui jettent de la boue, d'autres lui donnent des coups de pied ou de bâton. Accablé, il tombe; on le relève de nouveau. La pluie, le froid, ont communiqué à ses membres un tremblement involontaire. « Tu trembles, » lui dit un soldat. —

« Mon ami, répond le vieillard, c'est de froid. » Après plusieurs heures de cette torture, on lui brûle sous le nez le drapeau rouge; le bourreau s'empare de lui enfin, et on nous enlève encore un savant illustre, et l'un des hommes les plus vertueux qui aient honoré notre patrie.

Depuis ces temps où Tacite la vit applaudir aux crimes des empereurs, la vile populace n'a pas changé. Toujours brusque en ses mouvements, tantôt elle élève l'autel de la patrie, tantôt elle dresse des échafauds, et n'est belle et noble à voir que lorsque, entraînée dans les armées, elle se précipite sur les bataillons ennemis. Que le despotisme n'impute pas ses crimes à la liberté; car, sous le despotisme, elle fut toujours aussi coupable que sous la république; mais invoquons sans cesse les lumières et l'instruction pour ces barbares, pullulant au fond des sociétés, et toujours prêts à les souiller de tous les crimes, à l'appel de tous les pouvoirs, et pour le déshonneur de toutes les causes.

Le 25 novembre, eut encore lieu la mort du malheureux Manuel, qui était devenu, de procureur de la commune, député à la convention, et qui donna sa démission lors du procès de Louis XVI, parce qu'on l'accusait d'avoir dérobé le scrutin. Au tribunal, on lui reprocha d'avoir favorisé les massacres de septembre pour soulever les départements contre Paris. C'est Fouquier-Tinville qui était chargé d'imaginer ces perfides calomnies, plus atroces encore que la condamnation. Ce même jour, fut condamné le malheureux général Brunet, pour n'avoir pas envoyé une partie de son armée de Nice devant Toulon; et le lendemain 26, la mort fut prononcée contre le victorieux Houchard, pour n'avoir pas exécuté le plan qui lui fut tracé, et ne s'être pas rapidement porté sur la chaussée de Furnes, de manière à prendre toute l'armée anglaise. Sa faute était criante, mais ne méritait pas la mort.

Ces exécutions commençaient à répandre une terreur générale, et à rendre l'autorité formidable. L'effroi n'était pas seulement dans les prisons, dans la salle du tribunal révolutionnaire, à la place de la Révolution; il régnait partout, dans les tranchées, dans les boutiques, où le *maximum* et les lois contre l'accaparement venaient d'être mis en vigueur. On a déjà vu comment le discrédit des assignats et le renchérissement des denrées avaient conduit à décréter le *maximum*, dans le but de remettre en rapport les denrées et la monnaie. Les premiers effets de ce *maximum* furent des plus malheureux, et soumirent la clôture d'une grande quantité de boutiques. En fixant un tarif pour les marchandises de première nécessité, on n'avait atteint que la marchandise rendue chez le détaillant, et prête à passer des mains de celui-ci dans celles du consommateur. Mais le détaillant qui l'avait achetée chez le marchand en gros ou chez le fabricant, avant le *maximum*, et à un prix supérieur à celui du nouveau tarif, faisait des pertes énormes et se plaignait amèrement. Les pertes n'étaient pas moindres pour lui, même lorsqu'il avait acheté après le *maximum*. En effet, dans le tarif des marchandises dites de première nécessité, on ne les désignait que déjà tout ouvrées, et prêtes à être consommées, et on ne fixait leur prix que parvenues à ce dernier état. Mais on ne disait pas quel prix elles devaient avoir, sous forme de matière première, quel prix il fallait payer à l'ouvrier qui les travaillait, au roulier, au navigateur qui les transportaient; par conséquent le détaillant, qui était obligé de vendre au consommateur selon le tarif, et qui ne pouvait traiter avec l'ouvrier, le fabricant, le commerçant en gros, d'après ce même tarif, était dans l'impossibilité de continuer un commerce aussi désavantageux. La plupart des marchands fermaient leurs boutiques, ou bien échappaient à la loi par la fraude; ils ne vendaient au maximum que la plus mauvaise marchandise, et réservaient la bonne pour ceux qui venaient secrètement la payer à sa valeur.

Le peuple, qui s'apercevait de ces fraudes, et voyait se fermer un grand nombre de boutiques, se déchaînait avec fureur, et venait assaillir la commune de ses réclamations; il voulait qu'on obligeât tous les marchands à tenir leurs boutiques ouvertes, et à continuer leur commerce malgré eux. Disposé à se plaindre de tout, il dénonçait les bouchers et les charcutiers, qui achetaient des animaux malsains ou morts d'accidents, et qui ne saignaient pas assez les viandes dans l'intention de les rendre plus pesantes; les boulangers, qui, pour fournir de la belle farine au riche, réservaient la mauvaise au pauvre, et ne faisaient pas assez cuire le pain afin qu'il pesât davantage; les marchands de vin, qui mêlaient aux boissons les drogues les plus malfaisantes; les marchands de sel, qui, pour augmenter le poids de cette denrée, en altéraient la qualité; les épiciers, tous les détaillants enfin, qui falsifiaient les denrées de mille manières.

De ces abus, les uns étaient éternels, les autres tenaient à la crise actuelle; mais, quand l'impatience du mal saisit les esprits, on se plaint de tout, on veut tout réformer, tout punir.

Le procureur-général Chaumette fit à ce sujet un discours fulminant contre les marchands.

« On se rappelle, dit-il, qu'en 89, et les an-
« nées suivantes, tous ces hommes ont fait un
« très-grand commerce, mais avec qui? avec
« l'étranger. On sait que ce sont eux qui ont
« fait tomber les assignats, et que c'est au
« moyen de l'agiotage sur le papier-monnaie
« qu'ils se sont enrichis. Qu'ont-ils fait après
« que leur fortune a été complète? Ils se sont
« retirés du commerce, ils ont menacé le peu-
« ple de la pénurie des marchandises; mais
« s'ils ont de l'or et des assignats, la répu-
« blique a quelque chose de plus précieux,
« elle a des bras. Ce sont des bras et non pas
« de l'or qu'il faut pour faire mouvoir les fa-
« briques et les manufactures. Eh bien! si ces
« individus abandonnent les fabriques, la ré-
« publique s'en emparera, et elle mettra en
« réquisition toutes les matières premières.
« Qu'ils sachent qu'il dépend de la république
« de réduire, quand elle le voudra, en boue et
« en cendres, l'or et les assignats qui sont en
« leurs mains. Il faut que le géant du peuple
« écrase les spéculateurs mercantiles.

« Nous sentons les maux du peuple, parce
« que nous sommes peuple nous-mêmes. Le
« conseil tout entier est composé de sans-cu-
« lottes, il est le législateur-peuple. Peu nous
« importe que nos têtes tombent, pourvu que
« la postérité daigne ramasser nos cendres...
« Ce n'est pas l'Évangile que j'invoquerai,
« c'est Platon. Celui qui frappera du glaive,
« dit ce philosophe, périra par le glaive; celui
« qui frappera du poison, périra par le poison;
« la famine étouffera celui qui voudrait affa-
« mer le peuple...... Si les subsistances et les
« marchandises viennent à manquer, à qui s'en
« prendra le peuple? aux autorités constituées?
« non.... A la convention? non.... Il s'en prendra
« aux fournisseurs et aux approvisionneurs.
« Rousseau était peuple aussi, et il disait :
« *Quand le peuple n'aura plus rien à manger,*
« *il mangera le riche.* » (Commune du 15 octobre.)

Les moyens forcés conduisent aux moyens
forcés, comme nous l'avons dit ailleurs, et
s'étant occupé, dans les premières lois, de la
marchandise ouvrée, il fallait maintenant passer à la matière première. L'idée même de
s'emparer de la matière première et de l'ou-
vrer pour le compte de la république s'agitait
dans les têtes. C'est une redoutable tentation

que celle de violenter la nature, et de vouloir régler tous ses mouvements. On est bientôt obligé de suppléer la spontanéité en toutes choses, et de remplacer la vie même par les commandements de la loi. La commune et la convention furent forcées de prendre de nouvelles mesures, chacune suivant sa compétence.

La commune de Paris obligea chaque marchand à déclarer la quantité de denrées qu'il possédait, les demandes qu'il avait faites pour s'en procurer, et l'espérance qu'il avait des arrivages. Tout marchand qui, faisant un commerce depuis un an, l'abandonnait ou le laissait languir, était déclaré suspect, et enfermé comme tel. Pour empêcher la confusion et l'engorgement provenant de l'empressement à s'approvisionner, la commune décida encore, que le consommateur ne pourrait s'adresser qu'au marchand détaillant, le détaillant qu'au marchand en gros, et elle fixa les quantités que chacun pourrait exiger. Ainsi l'épicier ne pouvait exiger que vingt-cinq livres de sucre à la fois chez le marchand en gros, et le limonadier que douze. C'étaient les comités révolutionnaires qui délivraient les bons d'achat, et fixaient les quantités. La commune ne borna pas là ses réglements. Comme l'affluence à la porte des boulangers était toujours la même, et occasionait des scènes humiliantes, et que beaucoup de gens passaient une partie des nuits à attendre, Chaumette fit décider que la distribution ne commencerait que par les derniers arrivés, ce qui ne diminua ni le tumulte ni l'empressement. Comme le peuple se plaignait de ce qu'on lui réservait la plus mauvaise farine, il fut arrêté que, dans la ville de Paris, il ne serait plus fait qu'une seule espèce de pain, composée de trois quarts de froment et d'un quart de seigle. Enfin, on institua une commission d'inspection aux subsistances, pour vérifier l'état des denrées, constater les fraudes, et les punir. Ces mesures, imitées par les autres communes, souvent même converties en décrets, devenaient aussitôt des lois générales; et c'est ainsi, comme nous l'avons déjà dit, que la commune exerçait une influence immense dans tout ce qui tenait au régime intérieur et à la police.

La convention, pressée de réformer la loi du *maximum*, en imagina une nouvelle qui remontait de la marchandise à la matière première. Il devait être fait un tableau du prix que coûtait la marchandise en 1790, sur le lieu même de production. A ce prix, il était ajouté: premièrement, un tiers en sus, à cause des circonstances; secondement, un prix fixe pour le transport du lieu de production au lieu de consommation; troisièmement enfin, une somme de cinq pour cent pour le profit du marchand en gros, et de dix pour le marchand détailliste; de tous ces éléments on devait composer, pour l'avenir, le prix des marchandises de première nécessité. Les administrations locales étaient chargées de faire ce travail chacune pour ce qui se produisait et se consommait chez elle. Une indemnité était accordée à tout marchand détailliste qui, ayant moins de dix mille francs de capital, pouvait prouver qu'il avait perdu ce capital par le *maximum*. Les communes devaient juger le cas à vue d'œil, comme on jugeait toute chose alors, comme on juge tout en temps de dictature. Ainsi la loi, sans remonter encore à la production, à la matière brute, à la main-d'œuvre, fixait le prix de la marchandise au sortir de la fabrique, le prix des transports, le gain du commerçant et du détaillant, et remplaçait, dans la moitié au moins de l'œuvre sociale, la mobilité de la nature par des règles absolues. Mais tout cela, nous le répétons, provenait inévitablement du premier *maximum*, le premier *maximum* des assignats, et les assignats des besoins impérieux de la révolution.

Pour suffire à ce système de gouvernement introduit dans le commerce, il fut nommé une commission des subsistances et approvisionnements, dont l'autorité s'étendait sur toute la république, et qui était composée de trois membres, choisis par la convention, jouissant presque de l'importance des ministres eux-mêmes, et ayant voix au conseil. Cette commission était chargée de faire exécuter les taxes, de surveiller la conduite des communes à cet égard, de faire incessamment continuer le recensement des subsistances et des denrées dans toute la France, d'en ordonner le versement d'un département dans l'autre, de fixer les réquisitions pour les armées, conformément au célèbre décret qui instituait le gouvernement révolutionnaire.

La situation financière n'était pas moins extraordinaire que tout le reste. Les deux emprunts, l'un forcé, l'autre volontaire, se remplissaient avec rapidité. On s'empressait surtout de contribuer au second, parce que les avantages qu'il présentait le rendaient bien préférable; et ainsi le moment approchait où un milliard d'assignats allait être retiré de la circulation. Il y avait dans les caisses, pour les besoins courants, quatre cents millions à peu près, restant des anciennes créations, et cinq cents millions d'assignats royaux, rentrés par le décret qui les démonétisait, et convertis en une somme égale d'assignats républicains. Il restait donc pour le service neuf cents millions environ.

Ce qui paraîtra extraordinaire, c'est que l'assignat, qui perdait trois quarts et même quatre cinquièmes, était remonté au pair avec l'argent. Il y avait, dans cette hausse, du réel et du factice. La suppression graduelle d'un milliard flottant, le succès de la première levée, qui venait de produire six cent mille hommes en un mois de temps, les dernières victoires de la république, qui assuraient presque son existence, avaient hâté le débit des biens nationaux, et rendu quelque confiance aux assignats, mais point assez cependant pour les égaler à l'argent. Voici les causes qui les mirent, en apparence, au pair avec le numéraire. On se souvient qu'une loi défendait, sous des peines graves, le commerce de l'argent, c'est-à-dire l'échange à perte de l'assignat contre l'argent; qu'une autre loi punissait aussi de peines sévères celui qui, dans les achats, traiterait à des prix différents, selon que le paiement aurait lieu en papier ou en numéraire. De cette manière, l'argent, échangé soit contre l'assignat, soit contre la marchandise, ne pouvait valoir son prix réel, et il ne restait plus qu'à l'enfouir. Mais une dernière loi portait que l'argent, l'or ou les bijoux enfouis, appartiendraient, partie à l'état, partie au dénonciateur. Dès lors on ne pouvait ni se servir de l'argent dans le commerce, ni le cacher; il était à charge, il exposait le détenteur à passer pour suspect; on commençait à s'en défier et à préférer l'assignat pour l'usage journalier. C'est là ce qui rétablit momentanément le pair, qui n'avait jamais réellement existé pour le papier, même au premier jour de sa création. Beaucoup de communes, ajoutant leurs lois à celles de la convention, avaient même défendu la circulation du numéraire, et ordonné qu'il fût apporté dans les caisses pour y être changé en assignats. La convention, il est vrai, avait aboli toutes ces décisions particulières des communes; mais les lois générales portées par elle n'en rendaient pas moins le numéraire inutile et dangereux. Beaucoup de gens le portaient à l'impôt ou à l'emprunt, ou bien le donnaient aux étrangers qui en faisaient un grand commerce, et qui venaient dans les villes frontières le recevoir contre des marchandises. Les Italiens, et les Génois surtout, qui nous apportaient beaucoup de blé, accouraient dans les portdu Midi, et achetaient au plus bas prix les matières d'or et d'argent. Le numéraire avait donc reparu par l'effet de ces lois terribles; et le parti des révolutionnaires ardents, craignant que son apparition ne fût de nouveau nuisible au papier-monnaie, voulait que le numéraire, qui, jusqu'ici, n'était pas exclu de la circulation, fût prohibé tout-à-fait; ils demandaient que la transmission en fût interdite, et qu'on ordonnât à tous ceux qui en possédaient de se présenter aux caisses publiques pour l'échanger contre des assignats.

La terreur avait presque fait cesser l'agiotage. Les spéculations sur le numéraire étaient, comme on vient de le voir, devenues impossibles. Le papier étranger, frappé de réprobation, ne circulait plus comme deux mois auparavant; et les banquiers, accusés de toutes parts d'être les intermédiaires des émigrés, et de se livrer à l'agiotage, étaient dans le plus grand effroi. Pour un moment, le scellé avait été mis chez eux, mais on sentit bientôt le danger d'interrompre les opérations de la banque, d'arrêter ainsi la circulation de tous les capitaux, et on retira le scellé. Néanmoins, l'effroi était assez grand pour qu'on ne songeât plus à aucune espèce de spéculation.

La compagnie des Indes venait enfin d'être

abolie. On a vu quelle intrigue s'était formée entre quelques députés pour spéculer sur les actions de cette compagnie. Le baron de Batz, s'entendant avec Julien de Toulouse, Delaunay d'Angers, et Chabot, voulait, par des motions effrayantes, faire baisser les actions, les racheter alors, puis, par des motions plus douces, les faire remonter, les revendre, et réaliser les profits de cette hausse frauduleuse. L'abbé d'Espagnac, que Julien favorisait auprès du comité des marchés, devait prêter les fonds pour ces spéculations. Ces misérables réussirent, en effet, à faire tomber les actions de 4700 à 650 livres, et recueillirent des profits considérables. Cependant on ne pouvait éviter la suppression de la compagnie; alors ils se mirent à traiter avec elle pour obtenir le décret de suppression. Delaunay et Julien de Toulouse le discutaient avec ses directeurs, et leur disaient : « Si vous donnez telle somme, nous présenterons tel décret; sinon, nous en présenterons tel autre. » Ils convinrent d'une somme de cinq cent mille francs, moyennant laquelle ils devaient, en proposant la suppression de la compagnie, qui était inévitable, lui faire attribuer à elle-même le soin de sa liquidation, ce qui pouvait prolonger pour longtemps encore sa durée. La somme devait être partagée entre Delaunay, Julien de Toulouse, Chabot, et Bazire, que son ami Chabot avait mis au fait de l'intrigue, mais qui refusa d'y prendre part. Delaunay présenta le décret de suppression le 17 vendémiaire. Il proposait de supprimer la compagnie, de l'obliger à restituer les sommes qu'elle devait à l'état, et surtout de lui faire payer le droit sur les transferts, qu'elle était parvenue à éluder en transformant ses actions en inscriptions sur ses livres. Il proposait enfin de lui laisser à elle-même le soin de sa liquidation. Fabre-d'Églantine, qui n'était pas encore dans le secret, et qui spéculait, à ce qu'il paraît, en sens contraire, s'éleva aussitôt contre ce projet, en disant que permettre à la compagnie de se liquider elle-même, c'était l'éterniser, et que sous ce prétexte elle demeurerait indéfiniment en exercice. Il conseilla donc de transporter au gouvernement le soin de cette liquidation. Cambon demanda, par un sous-amendement, que l'état, en faisant la liquidation, ne restât pas chargé des dettes, si le passif de la compagnie excédait son actif. Le décret et les deux amendements furent adoptés, et on les renvoya à la commission, pour en arrêter la rédaction définitive. Aussitôt les membres du complot pensèrent qu'il fallait s'emparer de Fabre pour obtenir, au moyen de la rédaction, quelques modifications au décret. Chabot fut dépêché à Fabre avec cent mille francs, et parvint à le gagner. Voici alors ce qui fut fait : on rédigea le décret tel qu'il avait été adopté par la convention, et on le donna à signer à Cambon et aux membres de la commission qui n'étaient pas complices du projet. Ensuite on ajouta à cette copie authentique quelques mots qui en altéraient tout-à-fait le sens. A l'un des transcrits qui avaient échappé au décret, et qui devaient le supporter, on ajouta ces mots : *Excepté ceux faits en fraude*, ce qui faisait revivre toutes les prétentions de la compagnie à l'égard de l'exemption du droit. A propos de la liquidation, il fut encore ajouté ces mots : *D'après les statuts et règlements de la compagnie*, ce qui donnait entrée à celle-ci dans la liquidation. Ces mots intercalés changeaient gravement le dispositif du décret. Chabot, Fabre, Delaunay, Julien de Toulouse, signèrent ensuite, et renvoyèrent la copie falsifiée à la commission de l'envoi des lois, qui la fit imprimer et promulguer comme décret authentique. Ils espéraient que les membres qui avaient signé avant cette légère altération, ou ne s'en souviendraient pas, ou ne s'en apercevraient pas, et ils se partageraient la somme de cinq cent mille francs. Bazire refusa seul sa part, en disant qu'il ne voulait pas participer à de telles turpitudes.

Cependant Chabot, dont on commençait à dénoncer le luxe, tremblait de se voir compromis. Il avait suspendu les cent mille francs, reçus pour son compte, dans des lieux d'aisance; et comme ses complices le voyaient prêt à les trahir, ils menaçaient de prendre les devants, et de tout révéler s'il les abandonnait. Telle avait été l'issue de cette honteuse intrigue liée entre le baron de Batz et trois ou quatre députés. La terreur générale qui grondait sur toutes les têtes, même innocentes, s'était communiquée à eux, et ils avaient peur de se voir découverts et punis. Pour le moment donc, toutes les spéculations étaient suspendues, et personne ne songeait plus à se livrer à l'agiotage.

C'est dans cet instant, où l'on ne craignait pas de faire violence à toutes les idées reçues, à toutes les habitudes établies, que le projet de renouveler le système des poids et mesures et de changer le calendrier fut exécuté. Le goût de la régularité et le mépris des obstacles devaient signaler une révolution qui était à la fois philosophique et politique. Elle avait divisé le territoire en quatre-vingt-trois portions égales;

elle avait uniformisé l'administration civile, religieuse et militaire; elle avait égalisé toutes les parties de la dette publique. Elle ne pouvait manquer de régulariser les poids, les mesures et la division du temps. Sans doute ce goût pour l'uniformité, dégénérant en esprit de système, en fureur même, a fait oublier trop souvent les variétés nécessaires et attrayantes de la nature; mais ce n'est que dans ces sortes d'accès que l'esprit humain opère les régénérations grandes et difficiles. Le nouveau système des poids et mesures, l'une des plus belles créations du siècle, fut le résultat de cet audacieux esprit d'innovation. On imagina de prendre pour unité de poids et pour unité de mesure, des quantités naturelles et invariables dans tous les pays. Ainsi, l'eau distillée fut prise pour unité de poids, et une partie du méridien pour unité de mesure. Ces unités, multipliées ou divisées par dix, à l'infini, formèrent ce beau système connu sous le nom de *calcul décimal*.

La même régularité devait être appliquée à la division du temps; et la difficulté de changer les habitudes d'un peuple, dans ce qu'elles ont de plus invincible, ne devait pas arrêter des hommes aussi résolus que ceux qui présidaient alors aux destinées de la France. Dès

ils avaient changé l'ère grégorienne en ère républicaine, et fait dater celle-ci de l'an premier de la liberté. Ils firent commencer l'année et la nouvelle ère au 22 septembre 1792, jour qui, par une rencontre heureuse, était celui de l'institution de la république et de l'équinoxe d'automne. L'année aurait dû être divisée en dix parties, conformément au système décimal; mais en prenant pour base de la division des mois les douze révolutions de la lune autour de la terre, il fallait admettre douze mois. La nature commandait ici l'infraction au système décimal. Le mois fut de trente jours; il se divisa en trois dizaines de jours, nommées *décades*, et remplaçant les quatre semaines. Le dixième jour de chaque décade fut consacré au repos, et remplaça l'ancien dimanche. C'était un jour de repos de moins par mois. La religion catholique avait multiplié les fêtes à l'infini; la révolution, préconisant le travail, croyait devoir les réduire le plus possible. Les mois s'appelèrent du nom des saisons auxquelles ils appartenaient. L'année commençant en automne, les trois premiers mois appartenaient à cette saison; on les nomma, le 1er, *vendémiaire*, le 2e, *brumaire*, le 3e, *frimaire*; les trois suivants, correspondant à l'hiver, s'appelaient *nivôse*, *pluviôse*, *ventôse*; les trois autres, répondant au printemps : *germinal, floréal, prairial*; les trois derniers enfin, comprenant l'été, furent nommés *messidor, thermidor, fructidor*. Ces douze mois, de trente jours chacun, ne faisaient que trois cent soixante jours en tout. Il restait cinq jours pour compléter l'année; ils furent appelés *complémentaires*, et on eut la belle idée de les réserver pour des fêtes nationales, sous le nom de *sans-culottides*, nom qu'il faut accorder au temps, et qui n'est pas plus absurde que beaucoup d'autres adoptés par les peuples. La première dut être consacrée au *génie*; la seconde, au *travail*; la troisième, aux *belles actions*; la quatrième, aux *récompenses*; la cinquième enfin, à *l'opinion*. Cette dernière fête, tout-à-fait originale, et parfaitement adaptée au caractère français, devait être une espèce de carnaval politique de vingt-quatre heures, pendant lequel il serait permis de dire et d'écrire impunément sur tout homme public, tout ce qu'il plairait au peuple et aux écrivains d'imaginer; c'était à l'opinion à faire justice de l'opinion même, et à tous les magistrats à se défendre par leurs vertus contre les vérités et les calomnies de ce jour. Rien n'était plus grand et plus moral que cette idée. Il ne faut point, parce qu'une destinée plus forte a emporté les pensées et les institutions de cette époque, frapper de ridicule ses vastes et hardies conceptions. Les Romains ne sont pas restés ridicules, parce que, le jour du triomphe, le soldat placé derrière le char du triomphateur, pouvait dire tout ce que lui suggérait sa haine ou sa gaîté. Tous les quatre ans, l'année bissextile, amenant six jours complémentaires au lieu de cinq, cette sixième sans-culottide devait s'appeler fête de la *révolution*, et être consacrée à une grande solennité, dans laquelle les Français viendraient célébrer l'époque de leur affranchissement et l'institution de la république.

Le jour fut divisé, suivant le système décimal, en dix parties ou heures, celles-ci en dix autres, et ainsi de suite. De nouveaux cadrans furent ordonnés pour mettre en pratique cette nouvelle manière de calculer le temps; cependant, pour ne pas tout faire à la fois, on ajourna à une année cette dernière réforme.

La dernière révolution, la plus difficile, la plus accusée de tyrannie, fut celle qu'on essaya à l'égard du culte. Les lois révolutionnaires, relatives à la religion, étaient restées telles que l'assemblée constituante les avait faites. On se souvient que cette première assemblée, désirant ramener l'administration ecclésiastique à l'uniformité de l'administration civile, voulut que les circonscriptions des diocèses fussent les mêmes que celles des départements, que l'évêque fût électif comme tous les autres fonctionnaires, et qu'en un mot, sans toucher au dogme, la discipline fût régularisée, comme venaient de l'être toutes les parties de l'organisation politique. Telle fut la constitution civile du clergé, à laquelle on obligea les ecclésiastiques de prêter serment. Dès ce jour, on s'en souvient, il y eut un schisme : on appela prêtres constitutionnels ou assermentés, ceux qui avaient adhéré à la nouvelle institution, et prêtres réfractaires ceux qui s'y étaient refusés. Ces derniers seulement étaient privés de leurs fonctions et pourvus d'une pension. L'assemblée législative, voyant qu'ils s'attachaient à indisposer l'opinion contre le nouveau régime, les soumit à la surveillance des autorités des départements, et décréta même que sur un jugement de ces autorités, ils pourraient être bannis du territoire de la France. La convention, plus sévère enfin, à mesure que leur conduite devenait plus séditieuse, condamna à la déportation tous les prêtres réfractaires. L'emportement des esprits augmentait chaque jour ; on se demandait pourquoi, en abolissant toutes les anciennes superstitions monarchiques, on conservait encore un fantôme de religion, à laquelle presque personne ne croyait plus, et qui formait le contraste le plus tranchant avec les nouvelles institutions, les nouvelles mœurs de la France républicaine. Déjà on avait demandé des lois pour favoriser les prêtres mariés, et les protéger contre certaines administrations locales qui voulaient les priver de leurs fonctions. La convention, très-réservée en cette matière, n'avait rien voulu statuer à leur égard, mais par son silence même, elle les avait autorisés à conserver leurs fonctions et leurs traitements. Il s'agissait en outre, dans certaines pétitions, de ne plus salarier aucun culte, de laisser chaque secte payer ses ministres, d'interdire les cérémonies extérieures, et d'obliger toutes les religions à se renfermer dans leurs temples. La convention se borna à réduire le revenu des évêques au *maximum* de six mille francs, vu qu'il y en avait dont le revenu s'élevait à soixante-dix mille. Quant à tout le reste, elle ne voulut rien prendre sur elle, et garda le silence, laissant la France prendre l'initiative de l'abolition des cultes. Elle craignait, en touchant elle-même aux croyances, d'indisposer une partie de la population, encore attachée à la religion catholique. La commune de Paris, moins réservée, saisit cette occasion importante d'une grande réformes, et s'empressa de donner le premier exemple de l'abjuration du catholicisme.

Tandis que les patriotes de la convention et des Jacobins, tandis que Robespierre, Saint-Just et les autres chefs révolutionnaires, s'arrêtaient au déisme, Chaumette, Hébert, tous les notables de la commune et des Cordeliers, placés plus bas par leurs fonctions et leurs lumières, devaient, suivant la loi ordinaire, dépasser les bornes, et aller jusqu'à l'athéisme. Ils ne professaient pas ouvertement cette doctrine, mais on pouvait la leur supposer; jamais dans leurs discours ou leurs feuilles, ils ne prononçaient le nom de Dieu, et ils répétaient sans cesse qu'un peuple ne devait se gouverner que par la raison, et n'admettre d'autre culte que celui de la raison. Chaumette n'était ni bas, ni méchant, ni audacieux comme Hébert; il ne cherchait pas, en exagérant les opinions régnantes, à supplanter les chefs actuels de la révolution; mais, dénué de vues politiques, plein d'une philosophie commune, entraîné par un extraordinaire penchant à la déclamation, il prêchait, avec l'ardeur et l'orgueil dévot d'un missionnaire, les bonnes mœurs, le travail, les vertus patriotiques, et la raison enfin, en s'abstenant toujours de nommer Dieu. Il s'était élevé avec véhémence contre les paslages ; il avait fortement réprimandé les femmes qui négligeaient le soin de leur ménage pour se mêler de troubles politiques, et avait eu le courage de faire fermer leur club ; il avait provoqué l'abolition de la mendicité et l'établissement d'ateliers publics pour fournir du travail aux pauvres ; il avait tonné contre la prostitution, et avait fait prohiber par la commune la profession des filles publiques, partout tolérée comme inévitable. Il était défendu à ces malheureuses de se montrer en public, d'exercer même dans l'intérieur des maisons leur déplorable industrie. Chaumette disait qu'elles appartenaient aux pays monarchiques et catholiques, où il y avait des citoyens oisifs, des prêtres non mariés, et que le travail et le mariage devaient les chasser des républiques.

Chaumette, prenant donc l'initiative au nom de ce système de la raison, s'éleva à la commune contre la publicité du culte catholique. Il soutint que c'était un privilége dont ce culte ne devait pas plus jouir qu'un autre ; que si chaque secte avait cette faculté, bientôt les rues et les places publiques seraient le théâtre des farces les plus ridicules. La commune ayant la police locale, il fit décider, le 23 vendémiaire (14 octobre), que les ministres d'aucune religion ne pourraient exercer leur culte hors des temples. Il fit instituer de nouvelles cérémonies funèbres pour rendre les derniers devoirs aux morts. Les amis et les parents devaient seuls accompagner le cercueil. Tous les signes religieux furent supprimés dans les cimetières, et remplacés par une statue du Sommeil, à l'exemple de ce que Fouché avait fait dans le département de l'Allier. Au lieu de cyprès et d'arbustes lugubres, les cimetières furent plantés des arbres les plus riants et les plus odorants. « Il faut, dit Chaumette, que l'éclat et le « parfum des fleurs rappellent les idées les plus « douces; je voudrais, s'il était possible, pouv « voir respirer l'âme de mon père ». Tous les signes extérieurs du culte furent entièrement abolis. On décida encore dans un même arrêté, et toujours sur les réquisitoires de Chaumette, qu'on ne pourrait plus vendre dans les rues *toutes espèces de jongleries, telles que des saints-suaires, des mouchoirs de sainte Véronique, des ecce-homo, des croix, des agnus Dei, des vierges, des cors et bagues de saint Hubert, ni pareillement des poudres, des eaux médicinales, et autres drogues falsifiées*. L'image de la Vierge fut partout supprimée, et toutes les madones qui se trouvaient dans des niches, aux coins des rues, furent remplacées par les bustes de Marat et Lepelletier.

Anacharsis Clootz, ce même baron prussien qui, riche à cent mille livres de rentes, avait quitté son pays pour venir à Paris représenter, disait-il, le genre humain, qui avait figuré à la première fédération de 1790, à la tête des prétendus envoyés de tous les peuples, et qui ensuite fut nommé député à la convention nationale, Anacharsis Clootz prêchait sans cesse la république universelle et le culte de la raison. Plein de ces deux idées, il les développait sans relâche dans ses écrits, et, tantôt dans des manifestes, tantôt dans des adresses, il les proposait à tous les peuples. Le déisme lui paraissait aussi coupable que le catholicisme même; il ne cessait de proposer la destruction des tyrans et de toutes les espèces de dieux, et prétendait qu'il ne devait rester chez l'humanité, affranchie et éclairée, que la raison pure, et son culte bienfaisant et immortel. Il disait à la convention : « Je n'ai pu échapper à tous « les tyrans sacrés et profanes que par des « voyages continuels; j'étais à Rome quand on « voulait m'incarcérer à Paris, et j'étais à Londres quand on voulait me brûler à Lisbonne. « C'est en faisant ainsi la navette d'un bout de « l'Europe à l'autre, que j'échappais aux al- « guazils, aux mouchards, à tous les maîtres, « à tous les valets. Mes émigrations cessèrent

« quand l'émigration des scélérats commença.
« C'est dans le chef-lieu du globe, c'est à Paris,
« qu'était le poste de l'orateur du genre hu-
« main. Je ne le quittai plus depuis 1789; c'est
« alors que je redoublai de zèle contre les pré-
« tendus souverains de la terre et du ciel. Je
« prêchai hautement qu'il n'y a pas d'autre
« Dieu que la nature, d'autre souverain que
« le genre humain, le peuple-dieu. Le peuple
« se suffit à lui-même, il sera toujours debout.
« La nature ne s'agenouille point devant elle-
« même. Jugez de la majesté du genre humain
« libre par celle du peuple français, qui n'en
« est qu'une fraction. Jugez de l'infaillibilité
« du tout par la sagacité d'une portion qui,
« elle seule, fait trembler le monde esclave.
« Le comité de surveillance de la république
« universelle aura moins de besogne que le
« comité de la moindre section de Paris. Une
« confiance générale remplacera une méfiance
« universelle. Il y aura dans ma république peu
« de bureaux, peu d'impôts, et point de bour-
« reau. La raison réunira tous les hommes dans
« un seul faisceau représentatif, sans autre lien
« que la correspondance épistolaire. Citoyens,
« la religion est le seul obstacle à cette utopie;
« le temps est venu de la détruire. Le genre
« humain a brûlé ses lisières. Ou n'y a-t-il

« gueur, dit un ancien, que le jour qui suit un
« mauvais règne ; profitons de ce premier jour,
« que nous prolongerons jusqu'au lendemain
« de la délivrance du monde ! »

Les réquisitoires de Chaumette ranimèrent toutes les espérances de Clootz ; il alla trouver Gobel, intrigant de Porentruy, devenu évêque constitutionnel du département de Paris, par ce mouvement rapide qui avait élevé Chaumette, Hébert et tant d'autres aux premières fonctions municipales. Il lui persuada que le moment était venu d'abjurer, à la face de la France, le culte catholique, dont il était le premier pontife ; que son exemple entraînerait tous les ministres du culte, éclairerait la nation, provoquerait une abjuration générale, et obligerait la convention à prononcer alors l'abolition du christianisme. Gobel ne voulut pas précisément abjurer sa croyance même, et déclarer par là qu'il avait trompé les hommes pendant toute sa vie, mais il consentit à venir abdiquer l'épiscopat. Gobel décida ensuite ses vicaires à suivre cet exemple. Il fut convenu aussi avec Chaumette et les membres du département que toutes les autorités constituées de Paris accompagneraient Gobel, et feraient partie de la députation, pour lui donner plus de solennité.

Le 17 brumaire (7 novembre 1793), Momoro, Pache, Lhuillier, Chaumette, Gobel et tous ses vicaires, se rendent à la convention. Chaumette et Lhuillier, tous deux procureurs, l'un de la commune, l'autre du département, annoncent que le clergé de Paris vient rendre à la raison un hommage éclatant et sincère. Alors ils présentent Gobel. Celui-ci, coiffé du bonnet rouge, et tenant à la main sa mitre, sa crosse, sa croix et son anneau, prend la parole: « Né plébéien, dit-il, curé dans le Porentruy, envoyé par mon clergé à la première assemblée, puis élevé à l'archevêché de Paris, je n'ai jamais cessé d'obéir au peuple. J'ai accepté les fonctions que ce peuple m'avait autrefois confiées, et aujourd'hui je lui obéis encore en venant les déposer. Je m'étais fait évêque quand le peuple voulait des évêques, je cesse de l'être maintenant que le peuple n'en veut plus. » Gobel ajoute que tout son clergé, animé des mêmes sentiments, le charge de faire la même déclaration. En achevant ces paroles, il dépose sa mitre, sa croix et son anneau. Son clergé ratifie sa déclaration. Le président lui répond, avec adresse, que la convention a décrété la liberté des cultes, qu'elle a dû la laisser tout entière à chaque secte, qu'elle ne s'est jamais ingérée dans leurs croyances, mais qu'elle applaudit à celles qui, éclairées par la raison viennent abjurer leurs superstitions et leurs erreurs.

Gobel n'avait pas abjuré le sacerdoce et le catholicisme, et n'avait pas osé se déclarer un imposteur qui venait enfin avouer ses mensonges; mais d'autres étendent pour lui cette déclaration. « Revenu, dit le curé de Vaugirard, des préjugés que le fanatisme avait mis dans mon cœur et dans mon esprit, je dépose mes lettres de prêtrise. » Divers évêques et curés, membres de la convention, suivent cet exemple, et déposent leurs lettres de prêtrise ou abjurent le catholicisme. Julien de Toulouse abdique aussi sa qualité de ministre protestant. Des applaudissements furieux de l'assemblée et des tribunes accueillent ces abdications. Dans ce moment, Grégoire, évêque de Blois, entre dans l'assemblée. On lui raconte ce qui vient de se passer, et on l'engage à imiter l'exemple de ses collègues. Il refuse avec courage : « S'agit-il du revenu attaché aux fonctions d'évêque? je l'abandonne, dit-il, sans regret. S'agit-il de ma qualité de prêtre et d'évêque? je ne puis m'en dépouiller; ma religion me le défend. J'invoque la liberté des cultes. » Les paroles de Grégoire s'achèvent dans le tumulte, mais n'arrêtent point cependant l'explosion de joie que cette scène a excitée. La députation quitte l'assemblée au milieu d'une foule immense, et va se rendre à l'Hôtel-de-Ville pour recevoir les félicitations de la commune.

Il n'était pas difficile, une fois cet exemple donné, d'exciter toutes les sections de Paris et toutes les communes de la république à l'imiter. Bientôt les sections se réunissent, et viennent déclarer, l'une après l'autre, qu'elles renoncent à toutes les erreurs de la superstition, et qu'elles ne reconnaissent plus qu'un seul culte, celui de la raison. La section de l'Homme-Armé déclare qu'elle ne reconnaît d'autre culte que celui de la vérité et de la raison, d'autre fanatisme que celui de la liberté et de l'égalité, d'autre dogme que celui de la fraternité et des lois républicaines décrétées depuis le 31 mai 1793. Celle de la Réunion annonce qu'elle fera un feu de joie de tous les confessionnaux, de tous les livres qui servaient aux catholiques, et qu'elle fera fermer l'église de Saint-Méry. Celle de Guillaume-Tell renonce pour toujours au culte de l'erreur et du mensonge. Celle de Mucius Scævola abjure le catholicisme, et fera, decadi prochain, sur le maître-autel de Saint-Sulpice, l'inauguration des bustes de Marat, de Lepelletier et de Mucius Scævola. Celle des Piques n'adorera d'autre Dieu que le Dieu de la liberté et de l'égalité. Celle de l'Arsenal abdique aussi le culte catholique.

Ainsi, les sections prenant l'initiative, abjuraient le catholicisme comme religion publique, et s'emparaient de ses édifices et de ses trésors comme d'édifices et de trésors appartenant au domaine communal. Déja les députés en mission dans les départements avaient engagé une foule de communes à se saisir du mobilier des églises, qui n'était pas nécessaire, disaient-ils, à la religion, qui, d'ailleurs, comme toute propriété publique, appartenait à l'état, et pouvait être consacré à ses besoins. Fouché avait envoyé du département de l'Allier plusieurs caisses d'argenterie. Il en était venu beaucoup aussi de divers départements. Bientôt le même exemple, suivi à Paris et aux environs, fit affluer à la barre de la convention des monceaux de richesses. On dépouilla toutes les églises, et les communes envoyèrent des députations avec l'or et l'argent accumulés dans les niches des saints, ou dans les lieux consacrés par une ancienne dévotion. On se rendait en procession à la convention, et le peuple, se livrant à ses goûts burlesques, parodiait de la manière la plus bizarre les scènes de la religion, et trouvait autant de plaisir à les profaner qu'il en avait trouvé jadis à les célébrer. Des hommes, vêtus de surplis, de chasubles, de chapes, venaient en chantant des *alleluia* et en dansant *la carmagnole* à la barre de la convention; ils y déposaient les ostensoirs, les crucifix, les saints ciboires, les statues d'or et d'argent; ils prononçaient des discours burlesques, et souvent adressaient aux saints eux-mêmes les allocutions les plus singulières. « O vous! s'écriait une députation de Saint-Denis, ô vous, instruments du fanatisme! saints fainéants de toute espèce, soyez enfin patriotes, levez-vous en masse, servez la patrie en allant vous fondre à la Monnaie, et faites en ce monde notre bonheur que vous vouliez faire dans l'autre! » A ces scènes de gaîté succédaient tout-à-coup des scènes de respect et de recueillement. Ces mêmes individus, qui foulaient aux pieds les saints du christianisme, portaient un dais; ils en ouvraient les voiles, et montraient les bustes de Marat et de Lepelletier. « Voici, disaient-ils, non pas des dieux faits par des hommes, mais l'image de citoyens respectables, assassinés par les esclaves des rois. » On défilait ensuite devant la convention, en chantant encore des *alleluia* et en dansant *la carmagnole*; on allait déposer les riches dépouilles des autels à la

Monnaie, et les bustes vénérés de Marat et de Lepelletier dans les églises, devenues désormais les temples d'un nouveau culte.

Sur le réquisitoire de Chaumette, il fut arrêté que l'église métropolitaine de Notre-Dame serait convertie en un édifice républicain, appelé *Temple de la Raison*; une fête fut instituée pour tous les jours de décade. Elle dut remplacer les cérémonies catholiques du dimanche. Le maire, les officiers municipaux, les fonctionnaires publics, se rendaient dans le temple de la Raison, y lisaient la déclaration des droits de l'homme, ainsi que l'acte constitutionnel, y faisaient l'analyse des nouvelles des armées, et racontaient les actions d'éclat qui avaient eu lieu dans la décade. *Une bouche de vérité*, semblable aux bouches de dénonciations qui se trouvaient à Venise, était placée dans le temple de la Raison pour recevoir *les avis*, *reproches* ou *conseils*, utiles au bien public. On faisait la levée de ces lettres chaque jour de décade; on procédait à leur lecture; un orateur prononçait un discours de morale; après, on exécutait des morceaux de musique, et on finissait par chanter des hymnes républicains. Il y avait dans le temple deux tribunes, l'une pour les vieillards, l'autre pour les femmes enceintes, avec ces mots: *Respect à la vieil-*

asile, *respect et soins aux femmes enceintes*.

La première fête de la Raison fut célébrée avec pompe le 20 brumaire (10 novembre). Toutes les sections s'y rendirent avec les autorités constituées. Une jeune femme représentait la déesse de la Raison; c'était l'épouse de l'imprimeur Momoro, l'un des amis de Vincent, Ronsin, Chaumette, Hébert, et pareils. Elle était vêtue d'une draperie blanche; un manteau bleu céleste flottait sur ses épaules; ses cheveux épars étaient recouverts du bonnet de la liberté. Elle était assise sur un siège antique, entouré de lierre et porté par quatre citoyens. Des jeunes filles, vêtues de blanc et couronnées de roses, précédaient et suivaient la déesse. Puis venaient les bustes de Lepelletier et de Marat, des musiciens, des troupes, et toutes les sections armées. Des discours furent prononcés, et des hymnes chantés dans le temple de la Raison; on se rendit ensuite à la convention; Chaumette prit la parole en ces termes :

« Législateurs, le fanatisme a cédé la place
« à la raison. Ses yeux louches n'ont pu soute-
« nir l'éclat de la lumière. Aujourd'hui un
« peuple immense s'est porté sous ces voûtes
« gothiques, qui pour la première fois ont servi
« d'écho à la vérité. Là, les Français ont célé-

« bré le seul vrai culte, celui de la liberté, ce-
« lui de la raison. Là, nous avons formé des
« vœux pour la prospérité des armes de la
« république. Là, nous avons abandonné des
« idoles inanimées, pour la raison, pour cette
« image animée, chef-d'œuvre de la nature. »
En disant ces mots, Chaumette montrait la
déesse vivante de la Raison. La jeune et belle
femme qui la représentait, descend de son siége,
et s'approche du président, qui lui donne l'ac-
colade fraternelle au milieu des bravos universels, et des cris de *vive la république! vive la
Raison! à bas le fanatisme!* La convention,
qui n'avait encore pris aucune part à ces re-
présentations, est entraînée et obligée de
suivre le cortége, qui retourne une seconde
fois au temple de la Raison, et va y chanter
un hymne patriotique. Une nouvelle importante, celle de la reprise de Noirmoutiers sur
Charette, augmentait la joie générale, et lui
donnait un motif plus réel que celui de l'abolition du fanatisme.

On voit sans doute avec dégoût ces scènes
sans recueillement, sans bonne foi, où un peuple changeait son culte, sans comprendre ni
l'ancien, ni le nouveau. Mais quand le peuple
est-il de bonne foi? quand est-il capable de
comprendre les dogmes qu'on lui donne à

croire? Ordinairement, que lui faut-il? De grandes réunions qui satisfassent son besoin d'être assemblé, des spectacles symboliques, où on lui rappelle sans cesse l'idée d'une puissance supérieure à la sienne, enfin des fêtes où l'on rende hommage aux hommes qui ont le plus approché du bien, du beau, du grand, en un mot des temples, des cérémonies et des saints. Il avait ici des temples, la Raison, Marat et Lepelletier. Il était réuni, il adorait une puissance mystérieuse, il célébrait deux hommes. Tous ses besoins étaient donc satisfaits, et il n'y cédait pas autrement qu'il n'y cède toujours.

Si l'on considère le tableau de la France à cette époque, on verra que jamais plus de contraintes ne furent exercées à la fois sur cette partie inerte et patiente de la population, sur laquelle se font les expériences politiques. On n'osait plus émettre aucune opinion; on craignait de voir ses amis ou ses parents, de peur d'être compromis avec eux, et de perdre la liberté et quelquefois la vie. Cent mille arrestations et quelques centaines de condamnations rendaient la prison et l'échafaud toujours présents à la pensée de vingt-cinq millions de Français. On supportait des impôts considérables si on était, d'après une classification tout arbitraire, rangé dans la classe des riches, on perdait pour cette année une portion de son revenu. Quelquefois, sur une réquisition d'un représentant ou d'un agent quelconque, il fallait donner ou sa récolte, ou son mobilier le plus précieux, en or et en argent. On n'osait plus afficher aucun luxe, ni se livrer à des plaisirs bruyants. On ne pouvait plus se servir de la monnaie métallique; il fallait accepter ou donner un papier déprécié, et avec lequel il était difficile de se procurer les objets dont on avait besoin. Il fallait, si on était marchand, vendre à un prix fictif; si on était acheteur, se contenter de la plus mauvaise marchandise, parce que la bonne fuyait le maximum et les assignats; quelquefois même il fallait s'en passer tout-à-fait, parce que la bonne et la mauvaise se cachaient également. On n'avait plus qu'une seule espèce de pain noir, commun au riche et au pauvre, qu'il fallait se disputer à la porte des boulangers, en faisant queue pendant plusieurs heures. Les noms des poids et mesures, les noms des mois et des jours étaient changés; on n'avait plus que trois dimanches au lieu de quatre; enfin, les femmes, les vieillards, se voyaient privés des cérémonies du culte, auxquelles ils avaient assisté toute leur vie.

Jamais donc le pouvoir ne bouleversa plus violemment les habitudes d'un peuple ; menacer toutes les existences, décimer les fortunes, régler obligatoirement le taux des échanges, renouveler les appellations de toutes choses, détruire les pratiques du culte, c'était sans contredit la plus atroce des tyrannies ; mais on doit tenir compte du danger de l'état, des crises inévitables du commerce, et de l'esprit de système inséparable de l'esprit d'innovation.

FIN DU TOME CINQUIÈME.

Commencem.t de la guerre de Russie
vol. 4 chap. 3

TABLE

DES CHAPITRES

CONTENUS DANS LE TOME CINQUIÈME

CHAPITRE PREMIER

Projets des girondins après le 31 mai. — Renouvellement des comités et du ministère. — Dispositions des départements après le 31 mai. Les girondins proscrits vont les soulever contre la convention. — Décrets de la convention contre les départements insurgés. — Assemblées et armées insurrectionnelles en Bretagne et en Normandie. — Événements militaires sur le Rhin et au Nord. Envahissement des frontières de l'Est par les coalisés ; retraite de Custine. Siège de Mayence par les Prussiens. — Échecs de l'armée des Alpes. Situation de l'armée des Pyrénées. — Les Vendéens s'emparent de Fontenay et de Saumur. — Danger imminent de la république à l'intérieur et à l'extérieur. — Travaux administratifs de la convention, constitution de 1793. — Échecs des troupes fédéralistes à Vernon. — Défaite des Vendéens devant Nantes. — Victoire contre les Espagnols dans le Roussillon. — Marat est assassiné par Charlotte Corday; honneurs funèbres rendus à sa mémoire ; jugement et exécution de Charlotte Corday.

CHAPITRE II.

Distribution des partis depuis le 31 mai, dans la convention dans le comité de salut public et la commune. — Divisions dans la *Montagne*. Discrédit de Danton. — Politique de Robespierre. — Événements en Vendée. Défaites de Westermann à Châtillon, et du général Labarolière à Vihiers. — Siége et prise de Mayence par les Prussiens et les Autrichiens. Prise de Valenciennes. — Dangers extrêmes de la république en août 1793. — État financier. Discrédit des assignats. Établissement du *maximum*. Détresse publique. Agiotage.. 95

CHAPITRE III.

Arrivée et réception à Paris des commissaires des assemblées primaires. — Retraite du camp de César par l'armée du Nord. — Fête de l'anniversaire du 10 août, et inauguration de la constitution de 1793. — Mesures extraordinaires de salut public. Décret ordonnant la levée en masse. Moyens employés pour en assurer l'exécution. — Institution du *Grand-Livre;* nouvelle organisation de la dette publique. — Emprunt forcé. Détails sur les opérations financières à cette époque. — Nouveaux décrets sur le *maximum*. — Décrets contre la Vendée, contre les étrangers et contre les Bourbons.. 169

CHAPITRE IV.

Mouvement des armées en août et septembre 1793. — Investissement de Lyon par l'armée de la convention. — Trahison de Toulon qui se livre aux Anglais. — Défaite de 40 mille Vendéens à Luçon. Plan général de campagne contre la Vendée. Divisions des généraux républicains sur ce théâtre de la guerre. — Opérations militaires dans le Nord. Siége de Dunkerque par le duc d'York. — Victoire de

TABLE DES CHAPITRES.   403

Hondschoote. Joie universelle qu'elle cause en France. —
Nouveaux revers. Déroutes à Menin, à Pirmasens, à Perpignan, et à Torfou dans la Vendée. Retraite de Canclaux
sur Nantes. — Attaques contre le comité de salut public.
— Établissement du *gouvernement révolutionnaire*. — Décret
qui organise une armée révolutionnaire de six mille hommes. — Loi des suspects. — Concentration du pouvoir dic-
tatorial dans le comité de salut public. — Procès de Custine; sa condamnation et son supplice. — Décret d'accusation contre les girondins; arrestation de soixante-treize
membres de la convention.......................... 227

CHAPITRE V.

Continuation du siège de Lyon. Prise de cette ville. Décret
terrible contre les Lyonnais révoltés. — Progrès de l'art
de la guerre; influence de Carnot. — Victoire de Wattignies.
Déblocage de Maubeuge. — Reprise des opérations en Vendée. Victoire de Cholet. Fuite et dispersion des Vendéens
au-delà de la Loire. Mort de la plupart de leurs principaux
chefs. — Échec sur le Rhin. Perte des lignes de Wissembourg... 304

CHAPITRE VI.

Effet des lois révolutionnaires; proscriptions à Lyon, à Marseille et à Bordeaux. — Persécutions dirigées contre les
suspects. Intérieur des prisons de Paris; état des prisonniers à la Conciergerie. — La reine Marie-Antoinette est
séparée de sa famille et transférée à la Conciergerie; four-
ments qu'on lui fait subir. Conduite atroce d'Hébert. Son
procès devant le tribunal révolutionnaire. Elle est condamnée à mort et exécutée. — Détails du procès et du supplice des girondins. — Exécution du duc d'Orléans, de
Bailly, de Mme Roland. — Terreur générale. Serment des

du *maximum*. — Agiotage. Falsification d'un décret par quatre députés. — Établissement du nouveau système métrique et du calendrier républicain. — Abolition des anciens cultes; abjuration de Gobel, évêque de Paris. Établissement du culte de la Raison........................ 365

FIN DE LA TABLE.

www.ingramcontent.com/pod-product-compliance
Lightning Source LLC
Chambersburg PA
CBHW050556230426
43670CB00009B/1141